本书为天津社科规划项目资助成果，项目编号为：TJFX5-012

# 风险社会视阈下食品安全
# 刑法保护研究

张晶 著

天津出版传媒集团

天津人民出版社

**图书在版编目（CIP）数据**

风险社会视阈下食品安全刑法保护研究 / 张晶著
. -- 天津 : 天津人民出版社, 2024.1
ISBN 978-7-201-20178-8

Ⅰ.①风… Ⅱ.①张… Ⅲ.①食品安全—刑法—研究
—中国 Ⅳ.①D924.364

中国国家版本馆 CIP 数据核字(2024)第 044057 号

## 风险社会视阈下食品安全刑法保护研究
FENGXIAN SHEHUI SHIYU XIA SHIPIN ANQUAN XINGFA BAOHU YANJIU

| | |
|---|---|
| 出　　版 | 天津人民出版社 |
| 出 版 人 | 刘锦泉 |
| 地　　址 | 天津市和平区西康路 35 号康岳大厦 |
| 邮政编码 | 300051 |
| 邮购电话 | (022)23332469 |
| 电子信箱 | reader@tjrmcbs.com |

| | |
|---|---|
| 责任编辑 | 岳　勇 |
| 装帧设计 | 汤　磊 |

| | |
|---|---|
| 印　　刷 | 天津新华印务有限公司 |
| 经　　销 | 新华书店 |
| 开　　本 | 710 毫米×1000 毫米　1/16 |
| 印　　张 | 18.75 |
| 字　　数 | 200 千字 |
| 版次印次 | 2024 年 1 月第 1 版　2024 年 1 月第 1 次印刷 |
| 定　　价 | 58.00 元 |

# 致　谢

　　感谢我学术路上的导师人民大学法学院刘明祥教授、上海市高级人民法院党组书记、院长贾宇教授、日本一桥大学法学研究科王云海教授。

　　感谢我慈爱的父母、亲密的爱人和女儿。

　　感谢一路相伴的学友和同事。

　　感谢天津人民出版社岳勇主任为本书付梓的辛苦付出。

# 序

天津师范大学张晶副教授的学术专著《风险社会视阈下食品安全刑法保护研究》的两个关键词是"风险社会"与"食品安全刑法保护",其中,"风险社会"是理论视阈,"食品安全刑法保护"或直接称之为食品安全犯罪则是研究对象。本书遵循"风险社会—食品安全犯罪"的主线逻辑,展开七个章节的深入研究,不仅关照到食品安全犯罪的方方面面,也显示出作者在犯罪论底层逻辑上对于"目的理性"犯罪论体系的支持,结构严谨,内容全面,逻辑感强。具体而言:前两章是关于"风险社会"理论背景与"食品安全刑法保护"研究对象的介绍,后三章是作者对于食品安全犯罪教义学中的食品安全犯罪立法模式、法益、抽象危险犯、企业刑事合规等重要问题的新见解,连接这两大部分的第三章则是关于食品安全犯罪刑事政策的内容。总体来看,本书有以下几个方面值得重点关注。

首先,在理论视阈方面,将食品安全犯罪放在风险社会理论视阈下的研究拓宽了对于风险刑法的整体性理解。以风险社会作为理论视阈的刑法学研究并不鲜见,甚至可以说较为常见,因为晚近以来在世界范围内的刑事立法活性化现象中,风险社会理论作为解释社会变迁的重要理论工具被各国学者当作解释本国刑事立法活跃的理论背景,在此之下的刑法被称为"风险刑法"。但是风险社会理论一直有两个基本疑问,其一是风险社会是一种对于现代性社会的描述,其中不包含任何规范性的内容,其如何具体指导规范科学一直在探索。其二是今天面临的各种社会问题如高房价、低生育率、超长劳动时间等与贝克时代思考的问题已经天差地别,更为重要的是现在我国面临的社会问题中还融入了国家社会治理的特征,如何进行二者的有效对接也是值得思考的问题。作者对于食品安全犯罪的选题很好地关照到上述两个基本问题,在食品安全犯罪这一维度上进行了深入探讨,对于理解理论背景层面的疑问是深有裨益的。

其次,在刑法观念方面,在食品安全犯罪的维度上支持"限制机能主义刑法观或者平衡主义刑法观",而非在当下盛行的"积极刑法观"或者"消极刑法观"之间选边站队。如何与风险共存可谓是古往今来人类社会面临的共同问题,生产力激增的背面也是风险的激增,但是这是否就意味着安全与风险的关系就一定是一维的、此消才能彼长的关系?当下的"积极预防性刑法立法观"证明立法者或许存在着这样的理论预设。回顾我国历次刑法修正过程,无不体现着扩大犯罪范围、加重处罚力度、回应社会关切的立法基本特征。但是至为明显的是,一方面,理论上,目的正当不可能直接证明手段正当,实践上,盲目扩张犯罪圈会带来一系列现实问题(最为典型的就是犯罪人数剧增,由此带来犯罪前科消灭制度的新讨论)。所以作者提出以比例原则为筋骨,以实质法益保护为抓手的"限制机能主义刑法观或者平衡主义刑法观",以期纠正"风险刑法"的无序发展,寻找预防刑法的正当化边界,而且兼顾食品工业发展与食品安全保护。

最后,在具体问题方面,在食品安全犯罪的保护法益类型与结构、犯罪类型即抽象危险犯的法律属性与判断规则等方面提出新的见解。在保护法益方面,作者认为食品安全法益属于复合型法益,即既包含个人层面的健康生命权、消费者权益,也包含非个人层面的产品质量管理秩序。确定具体犯罪的保护法益是分则的研究基础也是难点所在,具体到食品安全犯罪,在事实层面其无疑具有人身(对应健康生命权益)、财产(对应消费者权益)和秩序(对应产品管理秩序)等多重法益属性,再对应到具体犯罪,其处在伤害罪、诈骗罪、破坏秩序罪等交叉的地带。这也正是必须进行食品安全犯罪立法的内在原因,而赋予其独特性的又是健康生命权法益,所以作者对于食品安全法益的结构与类型界定是非常准确的。在犯罪类型方面,抽象危险犯是食品安全犯罪规定的主要犯罪类型,抽象危险犯中危险的判断无疑应当采取实质标准,否则违反"无法益侵害无犯罪"的法益保护原则,所以允许反证也是自然的结论,作者的思考也是正确的。但是可能存有疑问的是,抽象危险犯是一种犯罪类型,其如何与保护法益,特别是只与超个人法益存在逻辑连接的,这可能是需要进一步强化论证的。

综上所述,本书不仅具有广阔的研究视野、丰富的研究前景、独到的研究方法,还提出了诸多对于传统问题的创新性见解,是一本具有鲜明个人特色的优秀学术专著。作者在"风险社会"的理论视阈之下,在"限制机能主义刑法观或者平衡主义刑法观"底层逻辑之上,完整构建了食品安全刑法保护相关的具体技术,不仅如此,在研究内容上还照应到食品安全保护领域的最前沿问题,例如基因食品的风险控制及刑法介入的边界问题,在研究方法上,除了传统扎实的刑法教义学研究方法之外,作者还运用了司法大数据等统计学方法,为本书增色不少。本书内容丰富,序言挂一漏万,未能具体论及的世界各国的食品安全刑事立法、食品企业刑事合规等相关内容留待读者自由探索。对于未来可能存在的疑问以及今后该领域可能出现的新问题,比如违法性认识中"外行人平行评价标准"的适用等相关问题,期待作者以后的大作进一步探索。

是为序。

舒洪水

2023年12月17日于西安

# 前　言

在20世纪80年代，德国著名社会学者乌尔里希·贝克（Ulrich Beck）明确提出了"风险社会"（risk society）的概念，其基本观点为现代科技深刻改变了人类的生存方式和生活秩序，一方面为人类提供传统社会难以匹敌的物质便利，另一方面也创造出诸多新生性的危险源，这种风险随着社会发展日益扩散。人们曾经引以为傲的科技发展在给人们的生活带来日新月异变化的同时，也使人类生存危机如影随形般地产生。环境破坏、生态危机、恐怖威胁等使人不寒而栗的"科技"副产品亦从默默无闻的小角落中走出来，成为公众批判和科学审查的主题。显著的技术革新使人们受到了实益，但并非如人们所预想的通过这些革新就能使社会的基本矛盾与问题得到解决，反而是在这些实益的背后潜伏着使矛盾加深、环境恶化的力量。①虽然人类在对待现代科技风险的态度问题上仍未达成最终的一致，但不可否认的是，经过风险意识"启蒙"之后，过去习以为常的偶发种种意外事件、微不足道的副作用，都可以串联起来，产生新的意义。②诚如贝克在其发表的"风险社

---

① ［日］中山研一：《刑事法および刑事法学の課題——二一世紀を展望して》，载《犯罪と刑罰》第15号（2002年），第20页。
② 李仲轩：《风险社会与法治国家——以科技风险之预防为立法核心》，台湾大学，2007年硕士研究生毕业论文，第5页。

会——通往另一种现代之路"中指出：高度先进的工业国家因为科学技术的发达致使生产力激增，却也带来潜在未知危险的可能性，促使民众不安感的增加。因此，确保安全性成为社会关注的重要课题。同时由于犯罪问题日益严重，且因为全球化的相互影响效果，促使民众对犯罪的恐惧感也日益加深，导致犯罪问题的政治化和民粹化。

2014年4月15日，习近平总书记在中央国家安全委员会第一次会议上，创造性提出总体国家安全观，即："既重视传统安全，又重视非传统安全，构建集政治安全、国土安全、军事安全、经济安全、文化安全、社会安全、科技安全、信息安全、生态安全、资源安全、核安全等于一体的国家安全体系。"①总体国家安全观的形成标志着安全作为国家存续和发展的核心内容。食品安全是关系着国计民生的重大课题，也是国家整体安全观的重要内容，其兼具传统安全和非传统安全的双重性，集政治安全、经济安全、社会安全、科技安全、生态安全等多个领域于一体。此外，随着全球化进程，新的食品经济模式对食品供应链的发展产生深远影响，从而也使得与食品相关的问题成为全球性的社会问题。联合国以"食品安全，人人有责"（Food safety, everyone's business）为主题的宣传活动意在促使全球提高食品安全意识，并呼吁各国政府和决策者、私营部门、民间社会、联合国组织和公众采取行动。食品安全已经成为各国政府、食品生产者和食品消费者的共同责任。每个人都有责任确保我们的食物从农场到餐桌都是安全的，且不会对我们的健康造成损害。②

作为维系人类生命健康的必要保障的食品，与社会成员的切身利益息息相关。随着食品更加依赖这些科技所带来的"成就"时，关乎民众重大利

---

① 中共中央宣传部、中央国家安全委员会办公室：《总体国家安全观学习纲要》，学习出版社、人民出版社2022年版。

② https://www.un.org/en/observances/food-safety-day 2023年7月20日浏览。

益的食品安全问题也随之日益凸显。在当代社会,食品不再单纯来自于自然界,而是经过复杂的加工程序以及制造者添加各种化学物质之后的合成品。日本学者梶川千贺子将食品体系比作河流,上游的农林水产业、中游的食品制造业和食品流通业、下游的餐饮业和终端的消费者。在上游的农林水产业阶段,存在着BSE(牛海绵状脑症,俗称疯牛病)、转基因作物、农药残留、放射性物质污染等问题;在中游的食品制造业阶段,为了防止因食物中毒造成的健康损害的卫生管理和防止掺入异物等而规定的食品标准、质量认证制度,就食品流通过程中出现的食品添加剂等问题,对食品原料的流通追踪与食品标示等问题;下游阶段的餐饮业除了存在以上问题外还涉及不良反应后果的标示问题。①相较于传统风险,现代食品安全风险程度更高、范围更广,任何一起严重的食品安全事件几乎都超出人们的想象,容易造成消费者群体的恐慌,甚至会影响企业声誉以及民众对食品安全监管职能部门的不信任感。

近年来,备受关注的如阜阳劣质奶粉事件、苏丹红事件、毒奶粉事件或中国奶制品污染事件、地沟油事件、黑心酸菜事件等一系列食品安全事件深深刺痛民众的神经,民意的呼声是促使相关法律完善的动因之一,食品安全立法的修改和完善是回应民意的最佳良策。从食品卫生到食品安全立法观念的转变,从事后处罚到事前预防的食品社会政策的演进,尤其自《食品安全法》出台后,"食品安全"理念的确立,以立体式的多元保护思维为起点,试图建立完整齐备的食品安全保护体系,意味着我国食品安全立法进入了全新的时代。从系统论角度而言,刑法作为法律体系中的重要环节和最后手段,势必要进行相应的调整,使其在整个法律体系中能充分发挥自己的机能。

---

① [日]梶川千贺子:《食品安全问题与法律、制度》,农林统计出版社,2012年,第8—10页。

食品安全应当成为刑法对食品犯罪规制的法益基础和立法理念,强调食品安全有利于刑事规制范围的划定和立法模式的选择。刑法与社会生活各个领域息息相关,不能忽视其他社会领域对刑法理念和发展潜移默化的影响,只有这样才能从中寻求刑法在风险社会下所应担当的角色和承担的任务,使刑法朝着目的理性的方向发展,更好地发挥其功效。现代意义上的食品安全问题与风险社会的科技风险或者技术性风险不可割离,所以应突破传统的视角研究食品安全问题。风险社会下强调刑法的预防机能(风险评估和预警)具有特别重要的意义。与以往的风险不同,风险社会的"风险"从强度和范围上已经达到了足以致人类世界濒于毁灭的边缘,一旦出现后果便不堪设想,此时,作为法益保护最后手段的刑法对食品安全领域中"风险"进行事先预防就存在必要性和合理性。因此,本书主张采用限制机能主义刑法观或者平衡主义刑法观,即既要注重刑法对食品安全的充分保护,又不能阻碍现代科技和社会的发展。

本书共分七个部分。

第一章风险社会与风险刑法。贝克认为风险是现代乃至可预见的未来社会的核心,它将取代诸如财富、科学、理性等因素而主导个人及社会生活的开展。现代工业社会所造成的安全不确定性、生态灾难已经无法再用旧的社会观点、制度来解决。人类的工业化进程中自我孕育出来的风险有着很明显的社会化特征。这种社会化特征,使得具有强大威力和潜在风险的现代社会技术之负面影响所造成巨大风险,已经不可避免地成为一个政治问题。现代科技革命的迅猛发展,使某些风险性行业(核工业和基因科技)已成为严重危及人类生存的潜在性威胁,因此风险社会下的刑法便成了风险刑法。

第二章食品安全与食品安全犯罪。食品安全概念的提出与风险社会息息相关,科学技术作为双刃剑,引发诸多现代食品安全的风险。国际上将

"食品安全"界定为食品的种植、养殖、加工、包装、存储、运输、消费等活动符合国家强制标准和要求，不存在可能损害或威胁人体健康的有毒、有害物质致消费者病亡或者危及消费者及其后代的隐患。包括生产和经营安全；结果安全和过程安全；现在和未来安全。对于食品安全标准，在理论上存在着绝对安全论与实质安全论两种对立的观点。理论上的安全性是指无危险度或危险度可达到忽略的程度，而实际上不可能存在绝对的无危险度，食品安全不等于零风险。通常以国家或者行业的食品安全标准划定相对"安全值域"。既然要对食品的危害进行合理、有效的控制，那么标准的制定中就涉及对危害性的评估。影响食品安全的因素包括食源性疾患、化学性污染以及非法添加剂滥用食品添加剂等，所以对食品安全研究应把握影响安全的源头进行综合性治理。在风险社会食品安全犯罪亦呈现出全球化、科技性以及影响深远等新态势。

　　第三章风险社会下食品安全犯罪刑事政策。刑事政策和刑法的关系经历了从彼此疏离到有效沟通的演变，刑事政策与刑法之间的有效沟通意味着从方法论上改变了以往两者"各自为政"的状况，使刑事政策融入犯罪论体系之中，两者之间的联系也更为紧密。在风险社会下刑事政策的转向表现为：宏观层面的预防性导向、中观层面的活性化立法、微观层面的目的性释义。我国的食品安全刑事政策经历了从轻缓到严厉、从分散性单行刑法到刑法典为主的食品安全犯罪治理体系的发展过程。我国食品安全保护的刑事政策应进行理念和制度的双重调整：立法理念包括倡导积极刑法观、恪守比例性原则、法益保护的实质化以及与国际标准接轨；制度调整包括双轨并行模式立法体系调整、刑事法网和刑罚配置合理化、行政法与刑法体系有效衔接。除此之外，本章对基因食品的风险控制及刑法介入的边界进行探讨，包括从技术与制度的冲突与调和视角下分析基因食品刑法规制的正当性。

第四章食品安全刑事立法模式之考察。食品安全刑事规范的架构主要以美国为代表的分散立法模式、与欧盟高度统一的德国模式、以日本为代表的特别刑法模式以及我国的单一立法模式。我国食品安全刑事法体系不仅要兼顾刑法与相关法律法规间的外部关联性，同时也要顾及刑法体系中与食品安全相关的犯罪类型间的内部关联性。

第五章食品安全犯罪刑法规制教义学展开。应确立食品安全法益。其一食品安全法益属于复合型法益，包括公众的健康生命权、消费者权益以及产品质量管理秩序，其中生命健康权是食品安全的核心法益。其二食品安全法益属于超个人法益类型，本章认为可以暂时搁置法益一元论和二元论的争议，采纳缓和的一元论，食品安全虽然表现为超个人法益或集体法益，但是能够还原于个人生命、健康法益的类型。其三食品安全法益应作实质性解释。法益论解释机能是指法益具有作为犯罪构成要件解释目标的机能。作为实质解释论核心的目的解释就是对犯罪构成要件的解释结论，必须使之符合这种犯罪构成要件的行为确实侵犯了刑法规定该犯罪所要保护的法益，从而使刑法规定该犯罪、设立该条文的目的得以实现。刑法理论和司法实践在解释犯罪构成时，应该以法益为指导对构成要件做实质的解释。抽象危险犯的限缩化。各国为了有效解决不断发生的食品安全问题，刑事立法不仅提高刑度，还增设抽象危险犯类型对相关行为予以规制。不论这样的修法是否真能降低食品安全犯罪的比例，以及避免司法实务操作具体危险犯的困难，仅就法律本身的正当性而言就备受质疑，因此必须在适用中对抽象危险犯进行适当限缩以符合立法目的。抽象危险犯属于法律拟制的危险，其保护的是超个人法益类型且刑罚配置应当合理，抽象危险犯应允许反证。

第六章我国食品安全犯罪司法实践状况之考察。从司法解释、指导性案例以及司法数据研析三个层面进行考察。首先，我国是成文法主义国家，刑法典作为最主要的刑法渊源形式发挥重要作用。然而,在实践中刑事审判的法律依据除了刑法典之外还包括大量的有权解释(立法解释和司法解释),且这些有权解释对于刑事司法审判而言作用不亚于刑法典,这也是我国刑事司法体制的一大特色。司法解释对食品安全犯罪的认定具有积极指导意义,但也存在着司法解释类推解释倾向明显、司法解释之间存在逻辑冲突以及司法解释与指导性案例重合的弊端,建议司法解释应遵循坚持合法、合理、明确标准作出。其次,案例指导制度作为我国司法改革制度中的重要内容,经历十年的发展和完善已经迈向了新的历史阶段,成为中国特色社会主义司法制度的重要组成部分。案例指导制度在实现刑法规范的明确化方面具有独特的、不可替代的作用,是弥补刑法缺陷、消除刑法规范模糊性不可缺少的路径。指导性案例的规范意义和功能在食品安全相关犯罪司法适用中发挥积极,但亦存在类型援引率低的现实,司法改革的推进为指导性案例参照适用提供规范化指引。最后,通过司法大数据统计、梳理和分析,从宏观层面分析食品安全犯罪的整体情况,并对食品安全犯罪数据进行类型化的审视增强研究的针对性和说理性。

第七章食品企业刑事合规的具体展开。食品供应链全球化不仅使得消费者可能面临越来越多的健康风险,而且业已使得食品从业者因为不同的规制而需要承担更多的合规成本。因此,划定刑事合规涵摄范围、厘清单位犯罪处罚模式以及对刑事合规研究体系的整合具有重要的现实意义和价值。

# 目　录

# 第一章　风险社会与风险刑法

## 第一节　风险社会的宏观图景

### 一、风险社会的样态

风险社会作为一个概念并不是历史分期意义上的,也不是某个具体社会和国家发展的历史阶段,而是对目前人类所处时代特征的形象描绘。风险社会理论有助于我们清醒地认识我们当前所处的历史阶段、面临的挑战并做出合理的反应。

1986年,德国社会学家贝克最先在德国出版其专著《风险社会》一书,在该书中首次使用了"风险社会"这一概念。①1994年,他在《反省的现代化》(*Reflexive Modernization*)一书中指出,我们所处的现代世界在转化中,亦即从工业社会向风险社会的转化。他将风险社会描绘为现代社会的一个发展阶段,在此阶段社会的、政治的、经济的和个人的风险日益游离于工业社会所

---

① 1986年,乌尔里希·贝克在德国出版了《风险社会》一书,但反应平淡。由于风险社会的概念有许多含糊不清的漏洞,因此当时许多欧洲学者以此为理由将贝克当作一个广告员,说他更多的兴趣在于建立一个哗众取宠的概念,而不是作为一个严谨的社会学家捕捉环境实验中的证据。直到1992年该书被马克·里特(Mark Ritter)译成英文后,"风险社会"作为一个概念和理论才被更多的西方学者和公众所接受。

建立的风险预防和监督机制之外。[①]风险社会的构想是对现代社会的一种新表述,意味着"风险"是现代社会的核心问题,并将取代诸如财富、科学、理性等因素而主导社会和个体的生活。

贝克是风险社会理论的主要创始人之一,他借助现代性理论改变了风险问题讨论的方向。根据贝克的理论,我们正处在从古典工业社会向风险社会的转型过程中,抑或说,我们正处在从传统工业现代性向反思现代性的转型过程中。贝克提出了风险社会的构想,这是对现代社会之社会状况所作的一种全新表述。在贝克的理论中,风险是全球化时代毋庸置疑的客观社会现实。沃特·阿赫特贝格(Wouter Achterberg)指出风险社会之风险所具有的客观主义特征,即风险社会不是一种人们可以选择或拒绝的,它产生于不计后果的自发性现代化发展这种势不可挡的运动中。安东尼·吉登斯(Anthony Giddens)也指出,无论我们是否喜欢,有一些风险是我们都必须予以面对的,诸如生态灾变、核战争,等等。[②]

工业社会已经为绝大多数社会成员创造了相对舒适、安逸的生存环境,但同时也带来了前所未有的生态危机和核危机等足以毁灭全人类的巨大风险。自20世纪中期以来,工业社会的运行机制就已经开始发生了微妙的变化,任何一项人类的重大决策都存在足以可能毁灭地球上的所有生命的风险。仅此一点就足以说明当今时代(后工业化时代或者后现代社会)与人类以往的任何一个时代都存在根本性的差别,这已经呈现出人类社会已经从工业社会向风险社会过渡的种种迹象。工业社会陈旧的思维理念与调控模式将难以适应险象环生的风险社会。随着后工业社会的发展所带来的人为

---

① Urich Beck et. Al, *Reflexive Modernization*. Stanford University Press, 1994. 转引自李维著:《风险社会与主观幸福——主观幸福的社会心理学研究》,上海社会科学院出版社,2005年,第2页。

② 参见[德]乌尔里希·贝克:《从工业社会到风险社会(上篇)——关于人类生存、社会结构和生态启蒙等问题的思考》,王武龙译,《马克思主义与现实》,2003年第3期。

灾难的不断发生,人们在生活的各个领域都能感受到潜在风险:核泄漏、疯牛病、核战争和恐怖事件等。在现代工业国家现代化发展进程中,社会的安全阀随着现代化程度的不断提升而日益地脆化,因为这个社会的安全系数已被现代化自身不断演化的逻辑所逾越。①公众也变得越来越敏感和脆弱,人们的恐惧感与日俱增,风险问题由此成为当今社会的核心主题。

在当代的新生社会中,如何有效地组织社会规避风险成为公共论坛的主题和当代社会学的研究任务。人类社会面临着像切尔诺贝利灾难、印度博帕尔毒气泄漏、日本福岛核泄漏和基因工程对人类的变异等现实问题,这使我们对人类状况满怀希望的假设前提失去了意义。关于科技的争论在当代社会中处于核心地位,它实际上已经超出了传统社会体制的框架,将社会本身变成了一个巨大的实验室。②

贝克与吉登斯等的现代社会理论想要探索的,恰是当现代性注意到其所带来的巨大破坏力而进行反思(即以现代性的立场反思现代性)时,会发生什么情况。反思可以说是当代风险社会的核心特征。这些社会学者所关注的重点不是在全社会对激进的思想应进行控制与否,而是怎样以改革或改良的方式应对环境等方面的风险和其他已察觉和认识的风险进行有效的控制。

## 二、风险社会的根源——工具理性主义

目前存在一种社会必然性,即像贝克的风险社会理论所提出的这个社会的疾病——风险存在的社会必然性。正如他所言:"风险的来源不是基于无

① 参见薛晓源、刘国良:《法治时代的危险、风险与和谐——德国著名法学家、波恩大学法学院院长乌·金德霍伊泽尔教授访谈录》,《马克思主义与现实》,2005年第3期。

② 参见周战超:《当代西方风险社会理论研究引论》,载薛晓源、周战超主编:《全球化与风险社会》,社会科学文献出版社,2005年,第1—3页。

知的鲁莽的行为,而是基于理性的规定、判断、分析、推论、区别、比较等认知能力,它不是对自然缺乏控制,而是期望于对自然的控制能够日趋完美。"①

现代社会是个科技的社会,这意味着这个社会文明是由科技所建构,随处可见科技工具形成的生活环境,人们被逐渐地卷入自己所创造的工具中,受其"摆布"而全然不觉。风险社会可以说是工业社会中科技工具主义②泛滥的结果,科学技术的发展已经成为一把双刃剑,在给人类和社会发展带来巨大物质利益的同时也带来了巨大的破坏和风险。人们竟未警觉到已不能再依照自己的意愿去运用科技了。人们以为科技只是改变这个世界的手段,而显然现在的科技已由手段变成了目的,甚至演变为科技操纵人类。现代科技的发展所带来的,不是世界的稳定性和可控制性,而是世界的不可预测性,科技知识的积累带来的是难以控制的知识与技术,以及基于高度不确定性与偶发性的复杂风险。

18世纪,是自然科学革命方兴未艾的时代,因此哲学上关于认识论的问题也演变成学术上的热门话题。其中有两大派别,其一是经验主义,另一则是理性主义。理性主义主张,人可以凭借着人独有之理性,认识到客观上存在的因果关系。人有可以完全掌握因果关系的潜力,这种潜在的能力就是人的理性。配合自然科学革命突破性的发展,人的理性能力就被抬高到空前的高度。随着人类的自信心空前提高,人类往往对于主宰自己的各种不确定因素所进行技术控制本身业已成为更大的且不确定因素的根源。人类在审视技术本身优越性及其所带来的各种机会的同时,已经逐渐清醒地意

---

① 参见薛晓源、刘国良:《法治时代的危险、风险与和谐——德国著名法学家、波恩大学法学院院长乌·金德霍伊泽尔教授访谈录》,《马克思主义与现实》,2005年第3期。

② 社会学家韦伯指出,指导人们行为的理性共有两种:一种是"价值理性"(实质理性),另一种是"工具理性"。价值理性强调的是动机的纯正和知识的终极价值,而不管结果如何;工具理性看中的不是动机,而是效果。从工具理性看,一种行为是否理性取决于效果,即该行为是否最有效地达到做出该行为的目的。

识到现代科学技术的负面影响所会造成的潜在的风险和巨大的破坏力。然而，无论如何人类在权衡利弊之后所做出了继续发展科学技术和技术经济的决策，并愿意为此接受和承担了由此所产生的各种风险。随着能力信心的增长，人类开始思考，这种能够发现、理解因果关系的理性，应该不只能适用在自然界的因果关系上，也应该可以扩展至人文环境中。基于这种思考方式，便从自然科学研究的领域扩张至人文社会，形成一种文化价值取向。在工具理性的支配下，人类眼中只剩下目的，所有的行动，其评价标准都只剩下其对于目的实现的效益强度，而其他所有的考量全部隐没在其中。理性的行动，就是可以达成目的，而且花费最小的手段。所有的行动均被认为是达成目的的手段，而对于与目的无关的行为则一概视而不见。

工具理性对目的的实现是卓有成效的，但是这种效率却是建立在其盲目与专制之上，而这种盲目与专制就是风险社会的成因。正如韦伯所言：工具理性形式上是理性的，而实质上却是不理性的。科学技术进步、工业文明发展似乎可以给人类带来福祉，在理性之光的普照下，人类却没有进入真正的人性完善状态，反而深深地陷入失控状态。批判理论对现代工业社会进行反省，才发现工业文明的发展却是以人的异化为代价的。工具理性的膨胀，不仅造就了毁灭自然的力量，也造就了控制人的力量，它足以使人类毁灭。因此，启蒙理性作为工具理性实际上以非理性而告终。工具理性及其衍生的科学、经济无限进步观，垄断了人类所有行动的目的，实际上剥夺了人类设定、思考、反省目标的自由与能力，形成工具理性对思维的专制统治。

工具理性的诟病是显而易见的。一方面，在工具理性下，人类眼中只有目的，只看到其想要看到的，在这种偏狭的心态下，自然会对很多其他重要的事物视若无睹。如科技所带来的副作用一直伴随着它的存在，而人类却到现在才对其予以高度重视，而采取有效控制的手段则更为迟延。另一方面，人类只是盲目地向特定的目标前进，浑然不觉目标之外的其他重要事物、价值，而这些特定的目标往往都是虚伪的目标。如对环境的严重破坏，只是出于当代发展的短视效应，却牺牲了更高的生态价值。

对于工具理性的弊病，韦伯尝试提出责任伦理作为一种解决的可能途径。基本观点是希望在工具理性下，人类可以妥善地选择其目的，并必须为此负责。如果工具理性是一种现代社会不可逆的现象，则在一定要接受工具理性的前提下，责任伦理的确是唯一的出路。与其观点相近，德国学者汉斯·约纳斯（Hans Jonas）于1979年出版《责任原则》（*Das Prinzip Verantwortung*）一书中提倡一种因应现代科技发展下高度风险社会的伦理学（风险伦理学），以弥补既有归责体系的缺陷①。他主张从伦理学的角度，从实然（本体）与应然（规范）的重新结合说起，而不仅将负责任的义务视为纯粹规范性的理解。

社会学家涂尔干和米德认为，理性化的生活世界，其特点更多地在于对丧失了本质特征的传统进行反思，在于行为规范的推广，以及把交往行为从狭隘的语境中解放出来并扩大其选择空间的价值的普及；最终还在于以培养抽象的自我认同为目标和促进成年个体化的社会化模式，这是古典社会理论家们所勾勒的现代图景（*das Bild der Moderne*）。②这种观点后被德国学者雅科布斯所接受并用于解释其所倡导的积极一般预防理论。

---

① 德国伦理学家汉斯·约纳斯的学术贡献在于创立了责任伦理学。责任伦理学思想的提出并不是孤立的现象，它与当前技术时代的状况有着紧密的联系。技术应用成为人类社会不可缺少的组成部分，技术在给人类带来便利的同时，正在从最初的工具和手段逐渐变成目的本身，从而蕴含着风险和危机。伦理学应该对技术的制约力量而发挥作用，但传统伦理学体系却因为自身的缺陷而无法实现这个目标。因此约纳斯提出了"责任命令"的伦理原则。在约纳斯看来，每个人都对作为整体的人类的发展延续负有责任，都要考虑如何行动来维护人类在地球上的持久存在。具体内容详见朱彦元：《汉斯·尤纳斯的责任伦理》，大连理工大学，2006年硕士研究生毕业论文。

② 参见［德］于尔根·哈贝马斯：《现代性的哲学话语》，曹卫东等译，译林出版社，2004年，第2页。

## 三、风险社会的应对

### (一)相应制度的调整

贝克认为风险是现代乃至可预见的未来社会的核心,它将取代诸如财富、科学、理性等因素而主导个人及社会生活的开展。现代工业社会所造成的安全不确定性、生态灾难已经无法再用旧的社会观点、制度来解决。[①]人类在工业化发展的进程中,自我孕育出来的风险存在着很明显的社会化特质,亦即具有强大威力和潜在风险的现代社会技术的负面因素所造成的社会巨大的风险已经不可避免地成为一个政治性问题。贝克与吉登斯被认为是制度主义风险论者。他们认为,在工业化的现代社会之后,人类将进入全球风险社会的时代;随着对现代性的反思,逐渐增强的风险意识将引发生态启蒙运动,专家和技术垄断将被打破,一种新的公众参与的技术民主化和生态民主化进程将最终在世界范围内得到制度上的确认。在全球化的社会中,经济、福利、国际和平等利益与个人权利保护的表里关系是明显的。[②]对个人自由与权利保护的实现不可避免地要构筑在可能的制度下或"社会系统中"[③]。

就无法预测的结果(unintended consequence)的模式而言,从工业社会向现代性的风险时代的转变在无意中悄悄地,且难以抑制地发生在已变得自发的现代化的动态发展过程之中。几乎可以说,一个个风险之所以被创造

---

① 参见薛晓源、刘国良:《全球风险世界:现在与未来——德国著名社会学家、风险社会创始人乌尔里希·贝克教授访谈录》,《马克思主义与现实》,2005年第1期。

② 工业化社会时代强调个人的解放,不免产生权利滥用之嫌;而在后现代社会中,由于坚持个人行动的不可计算性和恣意性这一原理,为了防止个人的自由被滥用,有必要设计限制权利的制度。

③ 为了保护后现代社会所提出的新的人权,包括社会权、环境权、和平生存权等,刑法的介入是必要的。所以不仅要对个人的人权加以明确保护,同时也必须认识到维持社会系统的制度保护的重要性。

出来,是因为工业社会不证自明的真理(对进步的一致意见,对生态后果与危险的疏忽)支配着人们的思想和行为。风险社会不是在政治讨论过程中可以被拒绝或接受的一个抉择。它经由对后果与危险毫不知晓的自发的现代化过程的自动运行而产生。①危险在增长,但它们在政治上没有被改造为预防性的风险管理政策,甚至哪种政治体系或政治制度能够承担这项任务还是不明确的,而它更多地仍旧是一个理念而不是现实。与此同时,一个制度化的政治能力或者甚至是一种有关它的理念的真空出现了。这个有关危险如何在政治上被处理的问题的开放性,与不断增长的行动和制定政策的需要形成鲜明的对比。②随着风险社会理论在纵深领域的研究不断得到加强,在横向上它也与其他研究相互结合形成了新的研究领域和研究视野。

从工业社会向风险社会的转变是在工业现代性"模式启示"的基础上,在缺乏考虑的情况下自动发生的,危险的情境因此稳稳安置了自身,这种情况——已经变成了政治和公共讨论的主题与重心——导致了对活动重心和社会决策的质疑、分裂。③根据贝克的观点,工业社会的建立是围绕着匮乏性社会中社会财富怎样以不平等但合法的方式被分配的这样一个中心论题,而风险社会的建立则是基于要解决这样一个核心问题:作为现代化一部分的系统性地生产出来的风险和危害怎样才能被避免、被最小化或引导?从一个匮乏社会中以财富分配为主导的逻辑转向晚期现代性中以风险分配为主导的逻辑就意味着"风险社会"的来临。④因此,为了证明社会面临潜在风险,重大灾害可能引发对当前社会基础、制度目标和伦理规范的一系列批

① 参见[德]乌尔里希·贝克:《世界风险社会》,吴英姿、孙淑敏译,南京大学出版社,2004年,第97页。

② 参见[德]乌尔里希·贝克:《风险社会》,何闻博译,译林出版社,2004年,第55页。

③ 参见[德]乌尔里希·贝克:《世界风险社会》,吴英姿、孙淑敏译,南京大学出版社,2004年,第106页。

④ 参见刘挺:《风险社会与全球治理》,《社会科学家》,2004年第2期。

判性反思。高科技在给人类社会带来经济发展的同时,也给人类带来了潜在的风险。人们失去了对科学旧有的迷信,整个社会失去了信任感。在科学与社会信任发生冲突的地方,我们可以看到这样的讨论可以引发新的"政治反思"。①

不可否认的是贝克所提出的风险社会理论存在着诸多的局限性②,但人们仍然相信他所提出的"风险社会"这一新观点是强有力的,为人们正视现实社会的样态打开了一扇窗,这对于人们正确把握以及采取有效措施以应对后工业社会化科技发展与生态冲突所带来的副作用是极其重要的。一方面,风险社会理论可以为人类广泛而深入地探讨生态危机奠定坚实的理论基础。虽然风险社会的概念本身还不成熟,但它确实影响了人们平时的思维方式,也打破了人类过分依赖工业发展和科技革命的积极作用的传统思维,培养了人类的自我反思和自省意识,使人类进入了一个反思的时代(后现代意识即自我反思意识)。对现代性的反思,人类至少逐渐认识到科学应该理性发展。另一方面,风险社会理论强化了公众的风险意识,凸显出了科技发展和生态危机带来的风险。另外,值得注意的是风险社会理论对于建构制度层面具有极为重要的现实意义。在风险社会中,工业社会体系已经过时,民族国家已经无力应对威胁全人类的现代风险,这必然要求并引发社会结构的深刻变革和政府体制的改革与角色的转变。③

---

① 参见周战超:《当代西方风险社会理论研究引论》,载薛晓源、周战超主编:《全球化与风险社会》,社会科学文献出版社,2005年,第27页。

② 贝克在阐释"风险社会"的概念时缺乏明确的界定,因为自社会化的最初时期以来,"风险"一直都在改变着社会。而贝克也承认:这是一个能轻易使此概念的创造者陷入尴尬境地的问题。而贝克试图释义"风险社会"概念的独特之处格外重要时,也无法避免这样一种事实,即"风险社会"仍是观念上的概念,甚或一种"构想"或为一种社会定义,只有当人们相信它的时候,它才会因此变得真实并有效。详见[德]乌尔里希·贝克、乌廉姆斯:《关于风险社会的对话》,载薛晓源、周占超主编:《全球化与风险社会》,社会科学文献出版社,2005年。

③ 参见周战超:《当代西方风险社会理论研究引论》,载薛晓源、周战超主编:《全球化与风险社会》,社会科学文献出版社,2005年,第29—30页。

早期工业化的危险与会造成全球化后果的风险社会的危险相比,似乎确实属于不同的时代。高度发展的核能和化学生产力的危险,摧毁了我们据以思考和行动的基础和范畴,在风险社会中,不明的和无法预料的后果成为历史和社会的主宰力量。①费尔希认为,风险社会受困于过时的政治反应,根本不适合应对现代灾难。因此,我们面临着一个悖论:正如风险和灾难似乎越来越迫在眉睫和明显,它们同时从证据、义务和企图捕获它们的法律体系的裂缝中溜走。正如贝克所说,我们用19世纪的制度来应对20世纪后期的危机,而官僚机构的明显不负责任是这个过时制度的特征,这是一个令人发笑的难解谜题。②

风险延伸至食品安全领域,贝克在其风险政治学理论中指出:"疯牛病(BSE)危机不仅仅是命运决定论,而且还是决策和选择,科学和政治,工业、市场和资本的问题。这不是外在的风险,而是在每个人的生活中和各种不同的制度中内生的风险。风险社会的核心悖论是这些内在的风险由现代化过程所引发,而现代化过程却极力去控制它们。"③

**(二)风险沟通的强化**

风险分析中最困难的部分是风险沟通,政策推动者与科学评估者都需要对利害关系人以适当的方式阐释彼此的想法和意见以实现沟通的目的。德国联邦风险评估研究所(German Federal Institute for Risk Assessment,简称BfR)④指出,在民主社会中,对于公共政策的实施,民众希望与其生命和健康相关的事务受到合法的约束,因此采取说服民众的方式无法达到预期的目

---

① 参见[德]乌尔里希·贝克:《风险社会》,何闻博译,译林出版社,2004年,第20页。

② 参见周战超:《当代西方风险社会理论研究引论》,载薛晓源、周战超主编:《全球化与风险社会》,社会科学文献出版社,2005年,第27页。

③ [德]乌尔里希·贝克:《风险社会政治学》,刘宁宁、沈天霄编译,《马克思主义与现实》,2005年第3期。

④ https://www.bfr.bund.de/en/home.html 2023年7月21日浏览。

的,必须搭配单向的沟通方式(One-way Communication),提供相关信息以及双向的沟通方式(Two-way Communication),与利害关系人对话,让公众根据对风险知识的了解、风险评估的结果、不确定度的范围等信息,评估自身所面对的风险,进而考量决策的可接受性。

由于饮食与民众息息相关,食品安全已成为消费者关注的话题,例如饮食习惯、健康饮食、加工食品、食品污染等。食品安全直接影响消费者的健康,所以抗生素残留、基因改造食品、农药残留量等都受到密切关注。

1.民众风险认知(Risk perception)

民众对风险的认知与科学对于风险的了解不完全相同。例如德国2011年二噁英鸡蛋事件,民众当时只看到媒体所报道的二噁英就含量超过标准值77倍所呈现的风险印象,民众对二噁英的风险认识为世纪之毒或超级毒素(Dioxin=ultra toxin),即使向民众说明受污染的食品已经不能在市面上贩售或交易,且不会对健康造成影响,却仍然无法消除民众对二噁英的恐慌。可见仅由数值的大小决定风险的高低,而不是从客观或相对的比较进行判断确是风险沟通的一大挑战。

民众的风险感知大多为主观性的,常与客观的专家看法存在巨大差异。例如有些非常低的风险在民众认知中是非常重要的事情,而有些严重的风险却常常被民众有意或者无意地忽略或视而不见。例如对于"天然"(nature)的看法,民众普遍认为天然就是好的;对于天然的原料给予人工改变或介入,在民众的风险认知上就会产生问题;如果产品与天然成分存在偏差,民众就认为会对健康造成风险等。但事实上却不尽然,例如民众可能会高估农药带来的致癌风险,却低估某些具有致癌性天然物质的致癌风险。主观的风险认知会让消费者认为其所认识的就是事实,因此有效风险沟通的前提必须是提供更多的知识以及了解民众对风险物质的认知。

2.不确定度的认识(Understanding uncertainty)

消费者对于风险的认识与实际经常存在很大的差异。而且因为情境不同,风险有所不同,风险评估存在着不确定度(uncertainty),或者说对于风险的解释,需要对外清楚说明其限制,因为消费群体对风险一知半解,所以针对不确定度的说明更显重要。对于不确定度,德国联邦风险评估研究所提出风险轮廓(Risk Profile)的概念及模式,将风险轮廓作为风险沟通的一环,在提出风险意见的同时,透过风险轮廓整合科学意见,提供给消费者快速掌握相关资讯。风险轮廓由五项风险元素(Risk element)组成,并配合风险等级描述风险特征,分别为受影响对象(视情况而定)、健康损害概率(分成五个等级:不可能、不会、可能、可能会、确定会)、健康损害程度(分成四个等级:无、轻度、中度、严重)、资料有效性(分成三个等级:高、中、低)以及风险管控(分成四个等级:无须管控、透过预警措施管控、透过避免管控、不可管控。)

## 第二节 风险刑法的宏观图景

近年来,社会中对于如何规避及降低风险的讨论业已成为核心课题。不可否认的是,各学科对于风险的关注和研究多受到社会学对风险以及风险社会研究成果的启迪。"如何以在社会学上受到启发和得到训练的思想来把握和概念化这些当代精神中的不安全感"[1]实际上也给素来保守的刑法学提出了新的挑战,风险社会理论的发展对于"保守的"刑法学的冲击也近乎是颠覆性的。在现代社会,风险和风险意识的提高带来了"安全"和"不安全"等重大社会问题,应对未来的"风险"已成为重要的社会话题。未来的安全与不安全的增加所产生的安全需求是密切相关的,这一问题甚至在刑法

---

① [德]乌尔里希·贝克:《风险社会》,何博闻译,译林出版社,2004年,第3页。

领域都是亟待解决的问题。换言之,现代或未来的刑法都应该着力于安全的保障和不安的消解。

纵观刑法发展史,刑法的触角从最初只处罚实害犯延伸到对某些具体危险犯的处罚,进而再触及对某些抽象危险犯的处罚,刑法每每扩张均与社会发展密切相关,工业革命的兴起产生很多危险性行业,严重危及人类生存的潜在性威胁已成为法益保护前置必要性的根据,因此风险社会下的刑法便成了风险刑法。刑法介入的时间不断向前推移并不是没有任何阻力,通过与传统刑法理论的激烈对撞,一方面为其找到了存在的价值与意义,另一方面在修正刑法原有的传统理论基础上使之得到了发展。诚如德国刑法学者许迺曼所言:根本的规范原则的展开必须考虑到在规范上被认为重要的现实层次的"具体详细的结构";同时规范的评判也总是涉及我们熟悉的现实。①

现代刑法所呈现出来的新特征为我们重新审视传统刑法理论提供了契机。通过考察大陆法系国家刑法发展史,我们不难发现德国和日本刑法理论的每一次超越和发展都深受社会变革的影响,从工业社会的信赖原则、超新过失理论以及疫学因果关系(Causation in epidemiology)等理论的提出到风险社会下创出的预防罪责理论、客观归责理论、抽象危险犯等无一例外。刑法只有因应社会的变化,同时体现不同的时代精神,才能赋予其不竭的生命力。在风险社会下如何防范风险的研究中,根本问题不在于刑法本身能否发挥风险社会下的预防功能,而在于刑法本身是否适合担当防范风险的任务。如果我们假设风险刑法的存在,那么如何使刑法发挥预防风险的功能是一个重要的研究课题。为了防范风险,现代刑法不得不进行自我调整,但这些调整冲击了传统刑法体系中的罪责原则和法益保护原则、使得作为刑

---

① ［德］托马斯·魏根特:《论刑法与时代精神》,樊文译,《刑事法评论》,2006年第2辑。

罚正当化基础的罪责概念出现了虚无主义的发展趋势,作为刑法核心的法益概念亦呈现了抽象的发展趋势。这种功能化[①]的立法发展趋势引发刑法学界的激烈论争,而这种争论也主要是围绕风险刑法的适用与现有刑法体系之间的内在紧张关系而展开的。

相对于政治场域而言,刑法学部分接受了风险社会理论。德国的法兰克福学派(Frankfurter Schule)却用风险社会理论来批判刑法在风险社会中的预防功能。他们认为,面对不确定的风险挑战,刑法逐渐演变为"风险刑法"并发展了"风险教义学",其中以抽象危险犯罪激增为最,依其看法,这种发展不仅违背了法治原则,也无法真正达到降低风险的目的。相反,另一派(如 Hilgendorf)则支持用刑法应对现代风险,认为不改变传统的刑法教义学的研究范式,现代风险根本无法被有效应对,因此抽象危险犯罪的增加有其自身的合理性。库伦(Kuhlen)基本赞成后者,但其强调在以刑法缩减风险的过程中,刑法的法治国界限仍应被遵守,这是极为重要的前提。[②]

## 一、积极一般预防机能

### (一)积极一般预防的意涵

积极一般预防,又称为"整合性一般预防",这种预防模式是通过适用刑罚积极地形塑一般人对于法规范的忠诚性或强化人民自愿遵守法规范的效果。

---

① 刑法功能化的发展趋势表明刑法欲构建一种以"目的理性"为主导的刑法体系,即刑法的体系形成不是与本体的预先性相联系,而是从刑法的目的设定性中引导出来,而这里所指的目的性是要使刑法达到规范同一性,对宪法和社会的保障。换言之,刑法功能化的发展趋势实质上是刑法的日益工具化发展的另一种表述。据此,被工具化的刑法已经被当作威胁的样态,作为单纯的附属物运用于任意的调整与规范内容之中,这种发展趋势也因其面临使刑罚范围过度扩张而受到质疑。具体内容详见张晶:《风险刑法:以预防机能为视角的展开》,中国法制出版社,2012年。

② [德]Lothar Kuhlen:《全球风险社会中的食品安全法制》,许恒达译,载《高大法学论丛》,2015年第2期,第177—178页。

　　传统的消极一般预防理论假设公众是受到刑罚的威吓而不情愿或非自愿地放弃犯罪动机，然而这样的假设，基本上与现实世界的情况不大相同。在社会中，绝大多数的公民都没有实施犯罪的想法。换言之，大部分人都具有守法意识。刑罚的适用意义并不是在于威吓潜在的犯罪人实施犯罪，而是为了向公众强化规范的有效性及其守法意识。易言之，刑罚是使大多数人自愿遵守法律规范的动机来源。

　　德国著名刑法学者罗克辛将积极的一般预防功能阐释为三个方面。首先，刑罚具有以社会教育为动机的"学习效应"。因为透过刑罚的实践过程，社会大众学习并塑造遵守法规范的忠诚性。其次，刑罚的实践可以维持公民对于遵守法规范的信赖感。刑罚的行使得以使公民看见法律规范被实践，并进而期待与信赖法规范会一直被实践。最后，刑罚具有平复效应，即通过刑罚的实践得以使原来法规范被破坏所引起的不安，以及因犯罪人所造成的冲突得以获得平抚，并重新达到社会整合的效果。[①]犯罪是对法律规范的破坏，而刑罚是对破坏法律规范的一种反应，这种反应是为了平复一般社会公众因犯罪所引起的骚动不安而产生的。

　　无论是消极的一般预防理论还是积极一般预防理论都不认为刑法机能所要传达的对象是个别犯罪人，而是社会整体或社会一般公众。但是两者最大的不同在于，前者认为刑罚的作用所要传达的对象是潜在的犯罪人，而后者则是认为通过刑法所要传递信息的对象是社会中大多数遵守法律规范的公众，因为刑罚的目的是要证明规范确实存在。积极的一般预防理论是在社会连带性的前提之上来思考刑罚制度，而且承认刑罚与社会规范之间是有意义的结合关系，并且承认"破坏规范—给予反应—规范效力的再承

---

　　① Claus. Roxin, Strafrecht Allgemeiner Teil, 1997, S. 49. 转引自王皇玉：《论刑罚的报应与预防作用》，载《自由·责任·法——苏俊雄教授七秩华诞祝寿论文集》，元照出版有限公司，2005年，第182页。

认"之间的关联性。如果规范破坏却没有伴随制裁效果,无疑会使公众对于规范应被遵守的期待落空,其结果不仅会削弱社会对于遵守规范的集体意识,更会造成社会系统的不稳定或崩坏。①

较之消极的一般预防理论,积极的一般预防理论同样大受诟病。对于其最大的批判无疑是只强调刑罚的作用而忽略了刑罚的本质,甚至将刑罚的作用直接视为刑罚的本质。其结果是,实际受到处罚的人不是因为其犯罪而受处罚,而是为了维系社会集体认同或法规范的效力而受处罚。这样就不仅模糊了罪责概念,而且肯定了犯罪人可以为了社会集体利益而被工具化或手段化。而且刑罚的执行是否真的能达到强化社会一般公众对法规范的忠诚性的目的,这一命题是逻辑上的假设,在经验上仍然无法证明积极的一般预防的有效性。由于积极的一般预防效果无法通过经验性标准证明其有效性,所以对其质疑不断也是容易理解的。但是这一问题同样存在于特别预防与消极预防中,至今也没有被合理地解决。因此,笔者认为,对于社会科学而言,很多理论是无法通过实证方式加以证明其正确性或有效性的,更多的是通过逻辑上的推论而得出的结论,所以过多囿于该问题的争论而举步不前,不利于刑法学的发展。

德国法兰克福学派代表人哈塞默(Hassemer)认为:现代法系统以法定的结果(Folgen)为指向作为其特征。同时,他指出,以消极的一般预防为主要任务的刑法被称为"输入"(input)刑法,将以积极的一般预防为主要任务的刑法称为"输出"(output)刑法。前者着眼于过去的事与概念,是以对不法的正当解决为任务;后者则关注将来事与结果。如上所述,从积极的一般预防论脉络来看,将输出刑法解释为或指向效果的刑法并不为过。在指向效果

---

① Vgl. Jakobs, Strafrecht Allgemeiner Teil, 2. Aufl., 1993, S. 6, 13. 转引自王皇玉:《论刑罚的报应与预防作用》,载《自由·责任·法——苏俊雄教授七秩华诞祝寿论文集》,元照出版有限公司,2005年,第185页。

的刑法系统中,其所关心的是追诉刑法上的不法,而不是通过行为者的赎罪来抵消(ausgleichen)所造成的恶。诚如德国学者阿尔布雷希特(Peter-Alexis Albrecht)所言,"(刑法正经历着)从追求报应效果的刑罚法向实质目的合理的预防法转变"①。

由上可见,刑法的预防机能应从立法和司法两个方面来诠释:一方面,通过立法上对某些行为的禁止,可以以示范性的方式达到规制效果,从而起到一般预防的作用;另一方面,司法上在对某一犯罪行为追究刑事责任时,要考虑到一般预防的积极作用,既能确证法律规范的有效性,同时也能唤醒行为人的规范意识。

**(二)积极一般预防的倡导**

倡导积极的一般预防机能并不代表否定特别预防及消极一般预防的效果及意义,而是表明在当今社会中,强调积极的一般预防现实意义更大。特别预防与消极的一般预防都关注的是"人",无论是犯罪人还是潜在的犯罪人,无论是改造还是威吓,都不是从刑罚本身寻求其正当性,更多的是从社会意义或者社会效果上寻找正当化的根据。

在风险社会中,积极一般预防模式是一种更为合适的预防刑法模式。这种预防模式通过向忠诚的公民表明犯罪是不受欢迎的,从而加强了他们对法律的忠诚。这也是因为在这种预防模式下的刑法被理解为向社会成员提供安全的一种手段。因此,只有这种模型才能满足合理安全模型的要求。②如果刑法的目的是保护法益,那么这种保护根据其各自所依据的刑法理论一定都有着不同程度的失败:特别预防论者希望遏制行为人的进一步

---

① 参见[德]哈塞默:《现代刑法体系的基础理论》,[日]崛内捷三编译,成文堂,1991年,第22页。

② 参见薛晓源、刘国良:《法治时代的危险、风险与和谐——德国著名法学家、波恩大学法学院院长乌·金德霍伊泽尔教授访谈录》,《马克思主义与现实》,2005年第3期。

行为;消极的一般预防论者希望威慑其他潜在的犯罪行为人;而今天积极的一般预防论者的另一种说法提出,对行为的持续惩罚产生的效果,是在公民间增强利益不可损害性的信念,至少是使这种信念不会受到侵蚀。①

日本刑法学者山中敬一对刑罚规制的研究也是将现代社会视为"风险社会"为前提而进行的。他从对抽象危险犯的犯罪构成要件的创设、伦理形成机能的是非、国民行动规范的订立来列举刑法机能的是非可否。他认为:当下如果担心动用国家刑罚会导致权力滥用,因而应当在一定范围内加以控制(刑罚的使用)。但是这样做会导致处理风险社会下的犯罪变得十分困难。尤其是环境犯罪、经济犯罪、有组织犯罪等多种情况下,会对市民平和生活造成侵害,此时不应无视国家保护的必要,作为必要恶的刑罚也不应该被否定。具体而言,刑法应具有确定国民行动的规范机能,通过刑事立法而形成社会意识,特别是唤起(公民)守法意识机能,这一点在交通道德与环境道德中具有实际重要意义。②

我们认为刑法积极预防机能理应得到大力提倡,具体理由如下:

首先,积极预防机能可以证明风险刑法的正当性。通过刑事立法方式增加抽象危险犯使刑法保护的重点从个人法益向社会普遍法益转移。例如,战后的日本,责任论与预防论中的预防指向可从对环境污染的累积犯(蓄积犯)处罚的象征性立法中窥见一斑。在刑法机能化刚刚萌发时,日本著名刑事法学者平野龙一就对作为社会控制手段的刑法作出如下概括:(1)对市民安全的保护。(2)对地域社会的控制。(3)对市民生活不安定的保护。基于此,他主张为了市民的安全,刑法的特征与治安刑法在伦理秩序维持方面的差别是显著的,要求两者相调和,并寻求刑法的适当界限以有利于刑法

---

① 参见[德]G.雅科布斯:《刑法保护什么:法益还是规范适用?》,王世洲译,《比较法研究》,2004年第1期。

② 参见[日]山中敬一:《刑法理论的展望》,(日本)《犯罪与刑罚》,2002年第15号。

效果的发挥。①通过刑法对危险的禁止来实现安全。现代社会中"安全"欲求与"不安"增强的原因都是围绕"危险"为焦点的。现代的刑法是为保护普遍法益而适用刑罚,而且抽象危险犯构成要件日益显著化。为了说明其正当性,积极的一般预防论是有力的理论。

德国刑法学者赫尔佐克(Herzog)指出:为保护规范意识的创出及对被漠视规范的信赖,对尚未造成实害的行为者的外部态度,通过科处刑罚达到确立正确态度效果的目的是现代抽象危险犯创出的目的。作为社会中各种危险状况的处理手段,为了寻求理论上的正当化,积极一般预防论得以产生。②积极的一般预防论在赋科刑罚的情况下,与现行法规范妥当的确证相伴而生,此时规范意识得以强化和觉醒。在环境刑法与经济刑法等领域中,立法形式是象征性的(Symbolic),它与赋科刑罚方法同样都是重视新规范意识的创出和使规范象征化。

其次,积极一般预防理论是建设"安全社会"的规范保证。德国刑法学者瑙克(Naucke)发现了一种"从法治国刑法向强大的社会国色彩的刑法"的重点转移,并且坚持一种无条件的"法治国刑法也要承担的预防责任"。③瑙克的观点虽然被批判违背法治国的精神,但是他却指出应对风险社会,刑法不能再消极地等待结果的发生或危险的实现,而要发挥其预防的功能。当然,过度强化发挥刑法的预防功能,则法治国的精神将彻底被抛弃,这是不能逾越的底线。

积极的一般预防论的特征,在科处刑罚的情况下具有使市民的规范意识觉醒与强化的作用。但是就系统保护与信赖保护而言,为体现新的规范

---

① 参见[日]金尚均:《危险社会与刑法——刑法的机能与界限》,成文堂,2001年。

② Felix Herzog, Gesellschaftliche Unsicherhe it und strafrechtliche Daseinsvorsorge, 1991, S. 53ff. 转引自[日]金尚均:《现代社会中的刑法机能》,(日本)《刑法杂志》,2001年第40卷2号,174页。

③ 参见[德]克劳斯·罗克辛:《德国刑法学　总论》(第1卷),王世洲译,法律出版社,2005年,第20页。

意识创出的必要性及防范重大违法的发生,就产生了对市民的态度进行规制的必要性。最适当的实现方式是将行为者的违法行为规定为抽象危险犯的构成要件。对违法者科处刑罚是向社会一般人确证规范的妥当,而且通过培养、训练其对规范的信赖,创出规范意识,即积极的一般预防论的意思。如美国法学家卡多佐所言:"事实上,我们追寻的是某种外在的东西,一种习惯或公众信念表达出来的规范,但是,这种发现一经宣告,就会演化成一条新的规范,一个新的标准,习惯和公众信念也会倾向于遵从它。"①例如,在环境问题上,若事前仅以用少量费用就能保护人类生存的健康的自然环境却在被破坏致人类无法生存以后再作补救,而用于恢复人类最基本的适宜人类生存的环境费用将大量增加,其结果必然使人类的生存、生活的内容减少、质量下降。另外,责任所在的不分明、被害者的分散等原因也必定造成恢复环境的内容减少和质量下降。为了解决这些问题,在风险社会里不能把法律的作用局限于对危险源的事后对应性机能,而应承认事前预防性机能的必要性。同时刑法要求其机能的前置化和缓和法益的保护,将犯罪行为的非法性立足于行为规范的不履行上。这些都是为了强化刑法的预防性质,通过所谓刑法的有利渠道把危险社会建设成安全的社会。②

## 二、罪责原则的功能化

现代刑法理论突破传统刑法理论首先是从罪责理论开始的。自19世纪确立"没有责任就没有刑罚,刑罚必须与责任相适应"的原则,罪责原则就一直作为刑法的基石而被坚守着。正如德国著名刑法学者耶赛克所言:"如果

---

① [美]本杰明·N.卡多佐:《法律的成长、法律科学的悖论》,董炯、彭冰译,中国法制出版社,2002年,第54页。

② 参见[韩]许一泰:《在危险社会之刑法的任务》,韩相敦译,载《现代刑事法治问题探索》(第一卷),法律出版社,2004年,第256页。

刑罚失去了与罪责相联系的合法性,那它就不会得到被判刑人的认真接受而且社会共同体也不会认为他是对犯罪行为的国家公正反应。"①由此可见,罪责原则创设的任务是限制刑罚权的发动,在现实中能够有效保障行为人的权利,使之免于成为国家公权力的牺牲品。但是,随着20世纪70年代德国以刑事政策为导向的预防刑法逐渐抬头,要求赋予罪责以预防内容甚至要求放弃罪责原则理论也日渐具有影响力。罪责原则与预防刑法之间的微妙关系也是罪责原则功能性障碍的体现。但从目前来看,以刑事政策为导向的目的功能论虽然具有较大的影响力,但仍无法撼动罪责原则。换句话说,罪责的报应观念(道义罪责向规范罪责的转变)可以被抛弃,但罪责原则的功能仍然应该被保留。

　　罪责的概念一般被表述为"非难可能性"(Vorwertbarkeit)。但是刑法中的罪责概念并非一成不变,它随着时代的发展历经了概念的演变。从预防角度解读罪责的实质内涵是晚近德国学界发展出来的重要思潮。但是这种主张令人疑惑的是:罪责原则的确立是为了限制预防功能的滥用,但为何又会在其中加入其所要限制的(预防)内容呢？面对它会与罪责原则相抵触的质疑,功能预防论者试图通过探求罪责的目的来寻求正当化的根据,对此在德国文献上以学者京特·雅科布斯的功能罪责理论和学者克罗克辛的答责性理论为代表。他们认为,罪责不外乎是一种限制刑法的工具,而如何限制刑法则需要透过刑罚目的与刑罚必要性加以确立。但是前者主张以法规范的违反作为罪责的实质理由,又以训练人的法忠诚性为刑罚必要性的范围,由法社会学的观点对于罪责非难的理由提出了很多颇具创意的说理方式；后者则主张引入刑事政策的衡平性作为决定罪责原则实际适用上的界限。雅科布斯和罗克辛的罪责理论虽然具体内容各异,但是由于他们均认为应

---

① ［德］托马斯·魏根特:《论刑法与时代精神》,樊文译,《刑事法评论》,2006年第2辑。

由预防的需求来说明罪责概念，所以被统称为预防罪责理论。预防罪责理论自诞生之日起便招致无数的质疑和批评，主要涉及以预防为导向的罪责理论会把罪责概念架空，使罪责丧失限制刑罚的功能，而且会把人当物，破坏对人性尊严的尊重等问题。①

由上可见，现在所倡导的预防罪责理论是在将刑罚的目的或刑罚的正当性包含预防功能（特别是积极一般预防）的前提下创出和发展的。传统罪责论存在的一个悖论就是：罪责理论的创出之始是为了限制刑罚的发动，尤其防止罪责中出现预防目的而归责于行为人，但是刑罚的目的是出于预防（无论是个别预防还是一般预防），而且预防是刑罚目的的核心，如果将罪责理论与刑罚目的割裂则不存在问题，但是在刑法中两者是不容分割的。这样就会出现两难的困境：一方面，如忽略罪责原则，则刑罚缺乏存在的正当化根据；另一方面，如果罪责原则限制了能实现目的的手段到一定的程度，而且罪责原则发挥其重要性且不再是空洞的概念，刑罚则可能无法达到目的。换言之，不受罪责原则限制、能实现目的的刑罚，是将受处罚的人当作物看待，而在相当程度上受罪责限制的刑罚，则失去实现目的的能力。②

随着规范罪责论的出现，直至发展到预防罪责论，都表明刑法学界越来越认识到罪责原则和刑罚目的之间的"深厚"关系。尤其是雅科布斯教授更加将两者关系极端化，即认为罪责的确定必须取决于一定的目的，而这个目的就是刑罚的目的，这里所指的刑罚的目的是积极一般预防，即刑罚的正当性或刑罚的目的在于维护法秩序的稳定、法规范的信赖以及人们对法的忠诚度。笔者认为，我们不应该完全否定雅科布斯教授的功能罪责论，虽然他的理论尚不成熟甚至仍有很多谜题无法破解，但是他毕竟一针见血地指出

---

① 详见张晶、舒洪水：《预防罪责理论介评——以德国刑法学说为主线的展开》，《河北法学》，2012年第11期。

② ［德］京特·雅科布斯：《罪责原则》，许玉秀译，《刑事法杂志》，1996年第40卷第2期，第47页。

了研究罪责原则不能忽视它与刑罚目的之间的关系,并开诚布公地提出罪责论中应包含预防的内容。之后他的观点走向了极端并招致无数批评,但这种片面的深刻恰恰引发了学者们对两者之间关系的重新审视,以致后来罗克辛教授答责性理论的提出也强调在原有罪责论基础上考虑预防功能,只是未将预防功能融入罪责原则中,而是与罪责原则相并列作为答责性之下位内容。他对罪责的看法排除了预防需求的层面,因此以预防必要性另外补充罪责概念的不足,可见其答责性阶层与一般的罪责概念相去未远。由此,我们应该重点考量如何将预防的功能与罪责原则进行协调,以解决两者之间的冲突。由上可见,似乎有两个解决途径可供参考:其一认为罪责中包含预防的思想,即将预防直接纳入罪责原则中;其二是如罗克辛的答责性理论将罪责原则与预防需求作为同一层面内容置于答责性之下。[1]

由刑罚理论的发展脉络可见,从刑罚是为罚(报应)而存在,到具有目的性(功利)构想,其间对于刑罚概念的认知,从无目的到赋予特定之目的,可视为一种思维上的转化。现代刑罚具有目的性已经成为通识,只是在目的性内容如何上存在争议,那么刑罚的目的性如何实现,以及它与限制刑罚发动要素的罪责原则之间的矛盾如何协调都是刑法理论不容回避的问题。预防罪责理论正是为了解决刑罚目的与罪责原则两者的矛盾关系而使罪责论得到了实质性的发展。

我们当下所处的风险社会与之前的工业社会的社会运作模式并不相同,并出现了很多新的方式,因此与之前工业社会相适应的刑法思想在风险社会下有所新的突破也在所难免,毕竟作为社会上层建筑的法律也必须适应社会的变动,否则就会僵化,无法满足新的社会系统的要求,那么法律自身的有效性就会被质疑,因此法律(包括刑法)也要在时代发展的同时做出

---

① 详见张晶、舒洪水:《预防罪责理论介评——以德国刑法学说为主线的展开》,《河北法学》,2012年第11期。

自我调整。预防罪责论的发展与风险刑法的出现密不可分,它是在风险社会下人类理性思维不断深化认识的结果。但以风险控制为核心的风险刑法尚未形成完整的体系,而是通过对现有刑法体系的突破性立法或扩张解释解决风险社会下的新风险预防的问题。对传统的犯罪行为仍有必要坚持传统罪责理论(规范罪责论),而对新风险的预防用原有的刑法罪责理论是无法解释和解决的,罪责理论中必须融入预防的内容对该类行为进行刑法干预才能获得正当性,这也是罪责原则突破其功能化障碍的必然路径。[①]

### 三、法益保护的机能化

法益是现代刑法的核心,被认为属于刑法建立刑罚正当性的前提与特定行为入罪化的实质标准。随着社会的复杂化和多样化,法益所涵摄的内容越来越宽泛,并逐渐形成三种趋向:法益的内涵由物质向精神扩张、法益的范围蔓延至超个人法益、法益的基点扩展至非人本思维。[②]法益日趋功能化虽然已经偏离法益理论设立的初衷,使得法益理论陷入了困境,甚至出现了根本否认法益原则的主张,但突破法益功能化的障碍,却是解套法益理论困境的最佳方式与维系法益理论存续的必然出路。

从法益发展的趋势来看,一方面法益的扩张稀释了法益理念,造成法益概念的贬值,使其节制可罚性范围的最初目的也难以达成;另一方面法益概念的扩张使法益概念逐渐变得模糊,此种不清晰表现在法益概念的过度负荷上。法益不再作为实体,这意味着法益理念的功能化的发展,而法益内涵的过度负荷,可视为法益理念自我功能局限所致。对于这种扩张可作如下

---

① 详见张晶、舒洪水:《预防罪责理论介评——以德国刑法学说为主线的展开》,《河北法学》,2012年第11期。

② 舒洪水、张晶:《法益在现代刑法中的困境与发展——以德、日刑法的立法动态为视角》,《政治与法律》,2009年第7期。

理解：刑法体系复杂性的增加，致使刑法必须不断提升自我运作的功能，法益理论为了妥善处理现代刑法的复杂性而不断扩张其范围或逐渐功能化。

法益理论发展不断突破其功能障碍，逐渐功能化的趋向虽然饱受质疑，但是法益理论在现代刑法中仍被认为有保留的必要。如德国法兰克福学派①著名刑事法学者哈塞默教授所言："用刑罚威胁来禁止一种行为，而这种禁止不能以法益作为根据，那么这种禁止就可能是国家的错误……对于行为自由的干预就可能不具有体现干预意义的合法化根据。"同时，他也指出："法益概念不是静态的，而是在符合宪法的目的设定的范围内，向历史的变化和经验性知识的进步开放的。"②许逎曼解释：放弃法益保护原则的批判潜力就会使得刑法再次回到"启蒙之前的水平"，"不仅要坚持法益概念对于刑法学理的核心地位，而且法益理论的真正充实甚至就在眼前"。③许逎曼主张刑法透过预防来保护法益。刑法禁止规范尝试依照威吓的一般预防及整合的一般预防的模式来影响人类的行为，并借以保护法益。因为要保护已经受到侵害的法益，刑法的宣判总是来得太迟，要保护法益，显然不能而且不必透过犯罪行为事后的制裁，而是可以且必须透过针对每个犯罪行为而设的事前的刑法禁止规范。④

很多学者尝试对法益进行新的诠释，以寻求法益保护原则在风险刑法中仍应作为基础性原则，并发挥其应有功效的理论支撑。这似乎可作为其对于功能-规范主义的立场作出宣示。罗克辛教授支持法益理论不可放弃，也支持法益理念可以因为更多的吸纳性功能而扩大其功能范围。他将法益

---

① 法兰克福学派的法益观有两个特点：其一是主张超个人并没独立存在的必要，因为它可以还原于个人法益；其二是主张法益应以人的利益为中心，即人本主义法益观。

② ［德］克劳斯·罗克辛：《德国刑法学 总论》（第1卷），王世洲译，法律出版社，2005年，第16页。

③ ［德］克劳斯·罗克辛：《刑法的任务不是法益保护吗？》，樊文译，《刑事法评论》，2006年第2辑。

④ ［德］许逎曼：《刑法上故意与罪责之客观化》，郑昆山、许玉秀译，《政大法学评论》，1983年第50卷。

概念界定为：法益是为了设定所有以个人的自由发展为导向、其个人基本权利的实现以及以此目标观念为基础建立的国家制度的机能运作所亟需的现实存在以及目的设定。在此应该指出，现实存在和目的设定的区别在于，对于立法者来说，法益并不必然像人的生命一样是预先给定的，也是可以通过立法者创设的。罗克辛教授再次重申刑法的任务是保护法益，只是对法益的含义进行了充实，这一诠释将抽象的法益（超个人的法益）内容当然地纳入法益的概念中。因为罗克辛教授承认对未来防卫的刑法，甚至超出具体法益与仅保护"与生命关联性"为界限的保护范围也可承认为法益。[①]这使得法益概念相对化的趋势无法避免，这种方式的优点是法益概念可以扩张其功能且更弹性化，缺点是法益的不明确性与贬值。这种法益功能化（法益预设可基于政策性的理由）的倾向，仍然无法避免法益被架空的危险。[②]因为对法益进行与时俱进的诠释只能是将刑事政策的内容填充到法益中，法益也因此失去了刑罚限定机能。

另有学者明确反对法益概念的超验性，主张法益的内涵真正源于刑事政策，即法益的内涵是由法律预先设定的。因此，法益内容的发展可从刑事政策中推导出来，但某些词语却是出于不受约束的状态。德国刑事法学者赫尔茨（Hirsch）认为：不存在一个预先给予立法者的法益概念。对刑法上预先给出的限制，法益概念没有提供适当的根据。耶塞克（Jescheck）和魏根特（Weigend）认为，对于刑事政策问题"从法益概念中推导不出任何东西，重要

---

① ［德］克劳斯·罗克辛：《刑法的任务不是法益保护吗？》，樊文译，《刑事法评论》，2006年第2辑。

② 德国著名刑事法学者罗克辛教授就是尝试运用刑事政策内容充实法益内涵的代表人之一，此处必须指出的是，笔者认为，不能将法益成为政策化工具的倾向与运用刑事政策内容充实法益内涵混为一谈，两者虽然都是在法益内容日趋抽象化的背景下出现的，但是两者有本质的不同.前者将法益作为工具来看待，有取消或者否定法益作为刑法基石的趋向，法益内容完全根据政策的需要而确定，缺乏明确性和限制性；而后者则仍坚持法益的基石地位，即认为法益仍然是刑法的本体，而政策化可以成为解读法益内涵的来源之一，这也是德国刑法信条学发展的结果。

的是法律政策的决定,而对于此等决定基本法当然有一些预先的规定"。又如齐普夫(Zipf)所言:实体的犯罪概念是一种由宪法秩序和刑法理论预先铸就的概念。在此对于多极的国家和社会形象的信念就产生了特别的意义。在我们当今的社会秩序中,犯罪不可能是从偏离的世界观或者从不同的道德的观念中产生的。所有的一切包含了在此所提出的理论的重要元素。但是,这些元素纳入补充的法益保护理念还需要大量的刑事政策结论的具体推导。①

　　在风险刑法下如何发挥法益理论的功能是值得研究的。笔者认为,法益理论并不是现代刑法/风险刑法的建构基础。因为法益理念无法完全应付风险刑法的要求,风险刑法也未必得采取法益保护原则才能够运作。法益理论在于划定出刑法干预的合理界限,而风险预防的基点在于尽可能地在符合自身预防能力的范围内预防风险。换言之,法益理论是以限缩刑法适用为建构基础的,风险预防则是建立在提升管制能力的基础上。但是风险刑法并没有形成自己的体系,而是寄于原有刑法体系中,寻求与原有刑法体系的协调,因此,法益理论虽不是风险刑法的建构基础,但是也要受法益保护原则的限制,而事实也说明法益理论真正的贡献也的确是节制功能主义下功能化的理论界限。法益理论为了适应风险刑法,也通过功能化扩展了自身的适用范围以及充实法益理论的内容使其容纳更多的保护利益。通过协调风险刑法的限制范围与法益功能化的发展使两者能够兼容,但这些都是权宜之计,并非真正解决问题的最佳方式。

　　风险社会下刑法发展的功能化趋势促使我们思考这样一个问题:刑法在什么范围内处于这样一种境地,需要以牺牲其传统法治国自由的全部手段,其中包括法益理念、罪责原则来克服现代生活的风险(例如以核材料的、化学的、生物的或者遗传技术方式造成的风险)。在动用刑法预防风险发生

---

① ［德］克劳斯·罗克辛:《刑法的任务不是法益保护吗?》,樊文译,《刑事法评论》,2006年第2辑。

时,必须考量法益原则和其他法治国的适用原则。在无须动用刑法的地方,刑法的介入就必须停下来。为刑法提供的空间,仅仅是能够把风险决定看成具体正义之处。关于这个问题的矛盾症结就是:又要用刑法来克服现代社会的风险,而反之处理不当便会违背法治国的原则,其中不乏涉及利益衡量原则。对此,德国的法兰克福学派的其他代表人物也反对通过一种预防性的刑法来与现代社会的问题(环境、经济、电子数据处理、毒品、税收、对外贸易,尤其是有组织犯罪)作斗争的努力。在这些问题后面,存在着这样一种担心:在这些领域中使用有效的刑法干涉,就必须以牺牲十分重要的法治国保障为代价。[①]

从德、日近期刑事立法特点来看,随着刑法规制对象趋于多元化、范围扩大化,以超个人法益为名的刑事立法不断扩张,已渗透至环境刑法、交通刑法等领域中,刑法如何找出其自身的处罚基础,在现有的刑法解释构架下是否能够解释这些发展,仍存有异议。面临这些异议可能有两种应对态度:维持古典刑法既有可罚性范围,否认在此之外的入罪化标准;或是试图建立起另一套刑法思维体系以掌握这些新型犯罪入罪化的实质理由与解释方案。毋庸置疑,对科学技术危险的控制除了刑法以外其他手段是远不可及的。因此,在风险社会下重点探讨的内容在于刑法的机能到底该以何方式应对科学技术危险。虽然风险社会下刑法如何应对的问题还没有获得任何结论,但目前所显示的可知以强化抽象危险犯的扩大和刑法的象征化简约之。[②]换言之,目前重要的任务是探讨对于需要采取刑法对策的科学技术危险,刑法的任务是什么,如何应对才是正当的并且对于生活在风险社会的我们才是有效而合适的应对手段。针对现代刑法所面临的矛盾,理性运用刑

---

① [德]克劳斯·罗克辛:《德国刑法学 总论》(第1卷),王世洲译,法律出版社,2005年,第18页。

② [韩]许一泰:《危险社会之刑法的任务》,韩相敦译,《现代刑事法治问题探索》(第一卷),法律出版社,2004年。

法:一方面,要对个体和集体利益的新的损害形式用适当的现代化的刑法规范予以反应;另一方面,刑法要限制在绝对不能够容忍的行为方式的领域范围并要避免它的滥用。禁止为达到任意目的而随意使用刑罚的附属和威胁功能的界限设定的必要性,应该抵制民法和刑法混合应用于任意的一般预防目的。在这个日益去伦理化的、功能化的世界上,应该保持"刑罚的严肃性"①。

以风险控制为核心而建构的刑法理论体系,与以法益保护为核心的传统刑法体系不同。但是两种体系是否能够兼容,对风险刑法进行定位来讲是一个十分棘手且重要的问题。对此有两种解决方案:其一是如果两者不兼容,就需要在颠覆现有刑法体系基础上,建立全新的以预防风险为核心的刑法理论体系,这对于发展完备、体系完整的现有刑法体系来说似乎并不是一件轻而易举的事情;其二是如果现有刑法体系并不完全排斥风险刑法,而且在某些领域可以接纳风险刑法对其的修正,也不失为一权宜之计。

---

① [德]克劳斯·罗克辛:《刑法的任务不是法益保护吗?》,樊文译,《刑事法评论》,2006年第2辑。

# 第二章 食品安全与食品安全犯罪

## 第一节 食品安全

### 一、食品安全的法律意涵

#### （一）食品的规范释义

自然意义上的食品概念与规范意义上的食品概念并非完全一致。从自然意义上理解的食品一般意指能吃的东西。但这种理解并不能合理划定食品的范围，例如无法将食品和药品加以区别，亦可能不当涵摄宠物食品，等等。鉴于此，从规范层面对食品加以释义实属必要。《中华人民共和国食品安全法》（2021年修正）（以下简称《食品安全法》）第150条规定，食品是指各种供人食用或饮用的成品和原料以及按照传统既是食品又是中药材的物品，但是不包括以治疗为目的的物品。2002年的欧盟《食品安全规则》[VERORDNUNG（EG）Nr. 178/2002]第2条规定，食品是指所有物质或产品，其被视为依合理裁量后可被期待，于加工、半加工或未加工之状态下可为人体所吸收者。其涵摄范围相当广泛，然而未经人类贩售通路之动物饲料及活体动物、未经采摘之植物、化妆品、烟品及药品皆被排除在外。日本《食品安全基本法》第2条和《食品卫生法》第4条规定：本法律所称"食品"，是指所有饮食物(医药品、医疗器械等的品质、有效性及安全性的确保等相关法律规定的医药品、医药部外品及再生医疗等产品除外)。①

由上可知,首先,食品与药品具有一定关联,且具有质的差异,而且食品限于供人类食用的食品。②其次,这里所指的食品不包括动物食用产品,这也是人本主义食品观的立场。食品仅限于供人食用的,对于动物所食用的物品不属于其调整范围,但是如果对供人食用的动物的饲料中添加有毒有害物质可能构成相应的犯罪。最后,食品包括天然食品和加工食品。

关于《刑法》中的"食品"是否与《食品安全法》中的"食品"范围相一致,存在不同的观点。其中,有学者认为:《刑法》中的"食品"概念应当按照《食品安全法》的规定进行理解,并根据立法目的对其进行扩大解释。③笔者认为,我国刑法中的"食品"含义不应与《食品安全法》中的"食品"等同理解,这与我国单一刑事立法模式有关。具体而言,食品安全是以食品为中心构筑的规范化体系,涵盖了食品"从农田到餐桌"的整个领域,但是我国《食品安全法》调整的内容仅属于其中一个重要环节,它只能与相关法律法规共同构筑起整个食品安全行政规制法律体系,比如《农产品质量安全法》《兽药管理条例》等,如果将《刑法》中所规定食品安全犯罪的具体罪名中的"食品"限定为《食品安全法》中的"食品"范围,就可能造成刑法处罚漏洞或者类推解释

---

① 2003年日本《食品安全基本法》第2条原文如下:"この法律において「食品」とは、全ての飲食物(医薬品、医療機器等の品質、有効性及び安全性の確保等に関する法律(昭和三十五年法律第百四十五号)に規定する医薬品、医薬部外品及び再生医療等製品を除く。)をいう。"

② 传统意义的食品安全限定于供人类的饮食物的安全,虽然有些国家法律未对此作出明确规定,但是从其食品安全的立法目标或宗旨来看,除特别将食品范围扩大至宠物食品外,都是为了确保公众的健康及消费者的知情权。比如:美国FDA食品法案(2022)1-102.10规定,本法的目的是保障公众健康,为消费者提供的食品是安全的、未掺假的、如实陈述的;日本《食品安全基本法》第3条规定,为了确保食品安全,必须在保护国民健康最重要的基本认识下采取必要措施;等等。这种立法仍是在人本主义法益观指导下制定的,换言之,非人本主义法益观理念仍存于理想化状态。

③ 陈烨:《刑法中的"食品"概念辨析》,《时代法学》,2013年第1期。

之嫌疑。例如，如果将生产、销售不符合安全标准的食品罪，生产、销售有毒、有害食品罪中"食品"词语和《食品安全法》中的"食品"作同义理解，那么一方面会导致对于农产品或供人类食用动物等初级产品不能被评价为两罪的对象而无法被适用；另一方面如果将"食品"被生产销售伪劣产品罪之"产品"所涵摄评价的话，也可能会导致罪刑适用的不均衡和法律的漏洞。

### (二)食品安全的规范界定

食品是人类生存与发展的物质基础。人类对食品的追求从最初的吃饱(生存需要)到要吃好(营养追求)，直至现在要健康(安全需求)。食品安全是一个包罗万象的议题，涵盖消费者保护、环境保护、企业责任等不同面向。食品安全是相对食品卫生而提出的概念，凸显人类社会对食品关注层面的提升，从满足食品卫生初级层次的需求到对食品安全高级层次的关注，这一过程是人类认知能力的升华和物质化发展的必然，也是生活品质高标准的保障。

虽然食品安全理念已经得到普遍认可，然而其意涵却未能形成共识。目前学界的研究也多采用世界卫生组织(WHO)对此的界定。1955年世界卫生组织将"食品卫生"界定为"食品卫生是指为了确保从栽培(或养殖)、生产、制造到最终消费的全过程中食品的安全性、完全性和健全性而采取所有的必要手段方法"。1996年世界卫生组织将"食品安全"界定为"对食品按其原定用途进行制作和食用时不会使消费者健康受到损害的一种担保"。从世界卫生组织对"食品卫生"和"食品安全"的界定来看，虽表述明显不同，但是其实质似乎差别不大，均强调过程安全和结果安全，涉及从农场到餐桌的整个过程。[1]2000年世界卫生组织召开的第53届世界卫生大会上，首次通

---

① 根据世界卫生组织对"食品卫生"和"食品安全"概念的不同表述，有学者认为"从这一界定来看，食品安全与食品卫生似乎并没有多大的差别"。详见王贵松：《日本食品安全法研究》，中国民主法制出版社，2009年，第8页。也有学者认为"传统的定义(食品卫生)显然已经不适应现实的发展，而新的定义(食品安全)仍有待进一步的阐述"。详见杨洁彬、王晶、王柏琴等编著：《食品安全性》，中国轻工业出版社，2002年，第5页。

过了有关加强食品安全的决策,并将食品安全列为世界卫生组织的工作重点和最优先解决的领域。

日本学者一般将食品安全作为食品卫生的上位概念,认为食品安全就是通过食品的"营养"、预防食品中毒的"卫生"和无化学污染的狭义"安全"三要素,达到食品的"安全无瑕状态"。①概言之,食品安全应包括三个基本要素:营养(nutrition)、卫生(sanitation)和安全(safety)。其中,营养要素虽与食品安全相关,但是更多属于营养学研究的范畴,在法律层面探讨的营养应该是其无害的最低标准以及如实标示等问题。据此,食品的卫生和安全两大要素应是法律关注的重点。另有日本学者认为,食品安全包括三要素:食品安全保障(Food Security)、食品的安全(Food Safety)和食品的防御(Food Defense)。首先,食品安全保障是应对如何确保国际粮食的安全和提高日本粮食自给率的问题。其次,食品安全是应对食物中毒、农药残留、食品添加剂、转基因农产品等的安全问题。最后,第三个要素食品防御是应对恐怖主义和故意投毒等犯罪问题,确立安全管理和质量保障体系等日常回避风险措施,并构筑发生危险时的危机管理体制。②这种观点是从国家战略高度审视食品安全的地位和作用,强调食品安全对国际社会和国家的意义,以及建立食品安全危机应急体系的必要。

我国将"食品安全"界定为食品无毒无害,符合应当有的营养要求,且对人体健康不造成任何急性、亚急性或慢性危害。总之,食品安全的核心应是"健康",防止因饮食而引起对人体健康的危害,即食源性疾病(foodborne disease)。我国对食品安全的表述,即从形式上应具备营养性和安全性两要素,

---

① [日]藤原邦達:《食品に求められる安全要件とは》,载于梶井功编:《食品安全基本法への視座と論点》,農林統計協会,2003年,第147页。转引自王贵松:《日本食品安全法研究》,中国民主法制出版社,2009年,第8页。

② 参见[日]野村一正:《食品安全確保の現状と課題》,《共済総研レポート》,2008年,第19—20页。

但实质上无毒无害,已然涵盖了卫生性和狭义的安全性两个方面,所以我国与日本对食品安全要素的理解基本相同,食品的卫生和安全仍是我国法律关注的核心。

我国颁布并实施了一系列食品安全管理法律法规,如《中华人民共和国食品安全法》《中华人民共和国产品质量法》《中华人民共和国农产品质量安全法》《中华人民共和国农业法》等。从保护食品安全的法律体系来看,我国关于食品安全的立法数量较多,但因为行政责任主体的多元化导致制定的法律法规间缺乏有效的衔接,缺失统一的指导思想,缺乏法律法规制定的基本原则,实践中又缺少恒定的适用规则,容易受到社会舆情与地方性利益的左右。我国食品安全法律法规体系基本上由非人为设计(耦合形成)演进而成,因此缺乏整体性的指导以及精心的顶层总体策划,不可避免地造成一定程度的冲突、交叉或者空白。我国食品安全法律体系还有很多需要完善的余地,而最核心的问题莫过于理念的缺失。

食品安全危险主要来自迅猛发展的科学、技术所带来的愈来愈多的新食品,例如基因改造的蔬菜,我们利用日常生活知识根本无法了解其存在的危险性(技术信息的不对称),而科学研究上对其危险性亦只能是推测而无法证实。除此之外,食品的产销过程日趋工业化,在市场竞争以及成本压缩条件下,食品量产出来,因产销数量极大而出现产销分流现象,从生产者通过流通者直至最后的消费者整个过程很长,此过程中因管理不当而引发损害的可能性极大,甚至使得损害结果的责任归属愈加难以处理。

## 二、食品安全的判断标准

对于食品安全标准,在理论上存在着绝对安全论与实质安全论两种对立的观点。绝对安全论认为,就一般人而言危害本身就是风险,所以当然应从食品中排除一切危害,达到绝对的安全,只有实现零风险才是安全的,虽然完全排除危害是一种理想状态,但即便无可能也要尽量逼近零风险。日本食品安全委员会曾指出:近年来,随着分析技术的提高,日渐认识到食品安全零风险是不可能的,只能以风险的存在为前提,对其做出科学的评价,并力图降低风险,国际上正在根据这种风险分析的方法展开食品安全行政。[1]事实上,如果全面禁止农药等化学物质的使用,虽然不再对食品安全造成威胁,但也难以维持当下饮食的丰富性。为了人类的存续和食物的多样,必须做出一定的退让和妥协。实质安全论主张,在现实社会中,要实现安全就必须付出经济代价,然而安全与经济并非对立的,而是可以共生共存的,可以在成本效益分析基础上尽可能采取安全对策。目前大多数国家的立法和实践都倾向于实质安全论,即在立法中以风险评估为基础实施风险管理。正如贝克所言:风险第二阶段,即"人为的不确定性"(manufactured uncertainty),风险的产生是控制或使风险最小化的科学和政治行为的结果。[2]日本安全委员会提供的风险(risk)分析的思考方法如下:(1)危害要素(Hazard):食品中可能存在的对人体健康产生不良影响的物质或食品状态。有害微生物等生物学的因素,污染物质和残留农药等化学的因素,放射线和食品被放置温度的状态等物理的因素。(2)风险(Risk):食品中存在危害而对人体健康产生不良影响的可能性及其程度(对健康产生不良影响的概率和影响程度)。(3)风险分析(Risk Analysis):这是为了防止或降低因摄取食品中含有的危害而对人体健康产生不良影响的情况发生。(4)风险评价(食品健康影响评价)(Risk Assessment):通过摄取食品中所含的有害物质,科学地评估有多大概率会对健康产生多大程度的负面影响。例如关于残留的农药和食品添加剂,以动物的毒性试验结果等为基础,人一生中即使每天持续摄

---

① ［日］食品安全委员会:《食品の安全性に関する用語集》(第4版),2008年,第5页。

② ［德］乌尔里希·贝克:《风险社会政治学》,刘宁宁、沈天霄编译,《马克思主义与现实》,2005年第3期。

取也不会对健康产生不良影响的量(一天容许摄取量;ADI)设定等符合。(5)风险管理(Risk Management):根据风险评估的结果,与所有相关人员进行协商,在考虑技术可行性、成本效益、民众情绪等各种情况的基础上,降低风险。制定并实施适当的政策和措施(例如制定标准和规格)。(6)风险沟通(Risk Communication):在风险分析的全过程中,风险管理机构、风险评估机构、消费者、生产者、运营商、流通、零售等相关人员从各自的立场出发,相互交换信息和意见。通过风险交流,可以加深对应探讨的风险特性及其影响的知识,使风险管理和风险评估有效地发挥作用。①

理论上的安全性是指无危险度或危险度可达到忽略的程度,而实际上不可能存在绝对的无危险度。食品安全不等于零风险。因为无论是自己种植还是大规模种植,无论是初级农产品还是精加工,也无论由谁来监管,食品安全都没有零风险。所以食品安全承诺的不是零风险,而是将风险控制在安全"限量值"以内。通常以国家或者行业的食品安全标准划定相对"安全值域"。既然要对食品的危害进行合理、有效的控制,那么标准的制定就涉及对危害性的评估。对于违反食品安全标准的行为应该区别对待:首先,对于食品超标的行为评价,部分超标的食品并不会即刻造成健康危害(一般食品标准留有"安全余地"),但是对部分食品则绝对不能超过安全标准,如婴幼儿食品绝对不允许检出重金属;其次,对于国内外标准的差异,要区分情况考虑产生的因素,比如对于茶叶,欧盟制定严苛的农残标准,部分原因可能源于贸易壁垒;最后,对于标准处于不断的修订过程情况,各项标准和健康危害之间的关系并非绝对。

----

① [日]食品安全委员会:《食品の安全性に関する用語集》(第4版),2008年,第5—6页。

## 三、食品安全的影响因素

食品的供给和消费往往容易受到微生物或化学物质的污染。食品污染（food contamination）是指有毒有害物质在食品的种植、养殖、生产、加工、贮存、运输、销售、烹调直至餐桌的各个环节中，进入到食物中，造成食品的营养和感官性状发生改变，并可能对人体健康造成危害，包括生物性污染、化学性污染和物理性污染。食品污染不仅会造成食品感官性状和营养价值的贬损，也会对人体机能健康造成不良影响。例如，为了增加粮食的产出，农药被大量用于粮食生产，而超量的化学物质残留可能导致健康风险。事实上，从食品业内看，食源性疾病是食品安全风险最高的区域，其次是化学性污染（包括重金属污染、农残药残、天然霉素），最后是非法添加和滥用食品添加剂。各种食源性疾患以及对于源于新技术食品安全的质疑，使消费者从"食品热爱者"转型为"食品恐慌者"。因此，食品安全规制已经成为一个典型的风险规制内容。

### （一）食源性疾病

食源性疾患的发病率居各类疾病总发病率的前列，是当前世界上最突出的公共卫生问题。每年，全世界近十分之一的人在食用受污染的食物后患病。这些疾病多数是由腹泻疾病而引发的。食源性疾患的其他严重后果包括肝功能衰竭、肾衰竭、脑和神经紊乱、反应性关节炎、癌症和死亡，等等。1984年世界卫生组织将"食源性疾病"规定为正式的专业术语，取代以往的"食物中毒"一词，并将其定义为"通过摄食方式进入人体内的各种致病因子引起的通常具有感染或中毒性质的一类疾病"。引发食源性疾病的因素包括不健康的饮食行为、个人卫生习惯差、不当的烹调方式、误食有毒的动植物、摄食受到化学品污染的食物等。

食源性疾病是由食品污染引起的，发生在食品生产、运输和消费链的任何阶段。它们可由几种形式的环境污染造成,包括水、土壤或空气污染,以及不安全的食品储存和加工。食源性疾病在世界各地都是一个日益严重的公共卫生问题。随着国际贸易的增加和食品链的延长和复杂化,食品污染和受感染食品跨国界运输的风险也随之加剧。不断发展的城市、气候变化、移民和日益增长的国际旅行使这些问题复杂化,并使人们面临新的危险。

世界卫生组织致力于协助会员国建设预防、发现和管理食源性风险的能力。食源性疾病反映在可持续发展目标3的若干具体目标中,是本组织工作的一个优先领域。活动包括食品相关危害的研究和独立科学评估,食源性疾病认识规划,以及通过国家卫生保健规划帮助促进食品安全。世界卫生组织《食品安全五要点》手册就如何生产、加工、处理和消费食品以限制食源性疾病的传播和感染提供了简单的提示和指南。世界卫生组织与联合国粮食及农业组织合作,创建了食品法典委员会,这是一个非政府机构间组织,其任务是制定食品标准、准则和行为守则以促进国际食品贸易的安全、质量和公平。这两个机构还建立了国际食品安全当局网络(INFOSAN),以便在食品安全紧急情况下迅速共享信息。[1]

**(二)农药、兽药残留造成化学污染**

农药残留指任何由于使用农药而在食品、农产品和动物饲料中出现的特定物质、包括农药本身的残留及被认为具有病理学意义的农药衍生物。主要源于直接污染、环境吸收、食物链、食品加工运输销售过程、事故等。兽药残留是指食品性动物用药后,动物产品的任何可食部分所有与所用药物有关的物质的残留,包括原型药物和其代谢产物等。兽药残留污染的主要原因包括使用违禁或淘汰药物、未落实休药期、药物滥用、饲料污染、药物错误、宰前用药、排泄物二次污染等。食品化学性污染的典型案例包括"瘦肉

---

[1] https://www.who.int/health-topics/foodborne-diseases#tab=tab_1 2023年7月22日浏览。

精"中毒事件、日本水俣病事件、日本米糠油事件等。

农药是用来控制害虫的化学物质,如昆虫、杂草和疾病,以保护作物和确保食品安全。虽然农药通过提高作物产量和防止作物损失在现代农业中发挥着至关重要的作用,但如果管理不当,其残留物可能对消费者构成潜在的健康风险。

农药残留的研究涉及几个方面内容,具体而言:(1)法规和最大残留限量(MRLs):不同国家的监管机构制定了最大残留限量,即食品中农药残留的最大允许水平。这些最大限量是基于对农药安全性的科学评估,并考虑到对人类健康的潜在风险。(2)健康问题:接触超过规定最大限量的农药残留可能导致健康问题。长期接触某些农药与各种健康问题有关,包括癌症、神经发育障碍、激素紊乱和其他不利影响。(3)监测和测试:食品安全管理部门定期监测和测试食品的农药残留,以确保符合最大残留限量。如发现食物的农药残留量超过容许限量,应采取适当行动,召回或限制其分销。(4)风险评估:与农药残留有关的风险取决于所使用的农药的种类、毒性、消费量和接触频率。市场上大多数食品所含的农药残留量远低于规定的最大残留限量,对消费者构成的风险很小。

2016年我国食品药品监督管理总局发布了三个季度食品安全监督抽检情况分析报告,其中食品中微生物污染已成为"新常态"问题。食品微生物的污染来源横跨食品生产、加工、储存、运输、零售等食品产业链的各个环节,广泛涉及食品生产者、加工者、物流方、零售业主和消费者等多个利益相关方,技术上需要考虑环境因素、食品因素、微生物因素、消费者行为因素等。

### (三)滥用食品添加剂(Abuse of Food Additive)

食品添加剂是在加工过程中有意添加到食品中以实现特定技术功能的物质或物质混合物。这些功能包括增强风味、改善外观、保持新鲜度、延长保质期和保持食品的营养价值。食品添加剂在现代食品工业中发挥着至关重要的作用,为制造商和消费者提供了各种好处。食品添加剂有几类,包括:(1)防腐剂:这些添加剂通过防止或减缓微生物、酶或氧化引起的腐败和变质,帮助延长食品的保质期。(2)风味增强剂:这些添加剂改善了食品的味道和香气,使它们对消费者更有吸引力。例如味精(MSG)和各种天然香料提取物。(3)着色剂:这些添加剂用于增强或恢复食品的颜色,补偿加工过程中的颜色损失或提供吸引人的外观。(4)甜味剂:食品甜味剂用于增加食品和饮料的甜味,而不增加糖的卡路里。它们可以是天然的(如蜂蜜和甜菊糖)或人工的(如三氯蔗糖)。(5)乳化剂和稳定剂:这些添加剂有助于保持不相混的成分,如油和水,在食品中均匀混合,防止分离并提供一致的质地。(6)抗氧化剂:这些添加剂有助于防止食品中脂肪和油的氧化,延长其保质期并保持质量。(7)增稠剂和胶凝剂:这些添加剂改变食品的质地,使其黏稠或凝胶状。对食品添加剂还有其他的分类方式,如日本食品安全委员会按用途可分为以下几种。(1)保证食品质量的物质(防腐剂、杀菌剂、抗氧化剂)。(2)食品的颜色(着色剂、漂白剂等)、味道(甜味剂、酸味剂)、香味(香料)等以提高为目的的物质。(3)制作或加工食品时需要的东西(豆腐凝固剂、乳化剂、提取剂眼睛的溶剂等)。(4)为了补充食品的营养成分所必需的东西(维生素、矿物质、氨基酸),对于新指定的食品添加物,食品安全委员会规定每日允许摄取量(ADI)设定等风险评估。[①]

现代社会人们对食品质量的改善、食品品种多样化的要求与日俱增,食品添加剂在食品工业领域的发展也扮演着至关重要的角色。食品添加剂不仅可以改善食品的风味,平衡营养成分,防止食物变质等,还可以使加工的食品类型丰富,以满足不同消费者的各种需求。食品添加剂作为科技的产物有利于推动整个食品行业的发展进程。换言之,没有食品添加剂亦就没有现

---

① [日]食品安全委员会:《食品の安全性に関する用語集》(第4版),2008年,第21页。

代化的食品工业。现在市场上近97%的食品均不同程度使用了食品添加剂。

食品添加剂在被批准用于食品之前要经过彻底的安全评估。监管机构,如美国食品和药物管理局(FDA)、欧洲食品安全局(EFSA)以及日本的厚生劳动省,根据科学数据评估食品添加剂的安全性,以确保它们在预期水平下可以安全消费。监管食品添加剂的使用,以防止潜在的健康风险,并维持食物供应的整体安全。

食品添加剂滥用是指在食品中不当或过量使用这些物质,可能给消费者带来潜在的健康风险。食品添加剂,如果在批准的限度内使用并用于其预期用途,则被认为是安全的。然而,误用或过度使用食品添加剂会对健康和安全产生不利影响。食品添加剂可被滥用的方式有以下几种:(1)超过允许限量:某些食品制造商可能会添加超过批准限量的食品添加剂,以试图提高食品的某些特性,如风味,颜色或质地。这可能会导致饮食中添加剂的不平衡,潜在地导致健康问题。(2)使用禁用添加剂:在某些情况下,不道德的食品生产商可能会使用禁用或非法的食品添加剂来降低成本或改善食品的外观。这些被禁用的添加剂可能对健康有害,并可能在消费者中引起不良反应。(3)隐瞒食品质量问题:添加过量的食品添加剂可以用来掩盖或掩盖原料质量差或腐败的存在。这可能导致食用受污染或变质的食物。(4)过敏反应:有些人可能对特定的食品添加剂过敏或敏感。在食品中滥用这些添加剂会引发易感人群的过敏反应。(5)长期健康风险:长期食用含有过量添加剂的食品可能对健康产生长期影响,因为一些添加剂在长时间大量食用时与健康状况有关。

为了防止滥用食品添加剂,各国的监管当局制定了严格的准则和法规来管理这些物质的使用。食品制造商必须遵守这些规定,以确保安全、负责任地使用食品添加剂。消费者还可以通过阅读食品标签,了解自己的饮食敏感性来选择食物。

## 第二节　食品安全犯罪新样态

危害食品安全的犯罪行为有着极其严重的社会危害性。首先,危害食品安全的犯罪行为严重危害人们的身体健康和生命安全。其次,危害食品安全的犯罪行为影响我国经济的持续健康发展,不仅危害食品安全管理秩序,影响市场经济秩序,还直接制约我国食品出口,破坏我国在国际市场上的形象,造成巨大的经济损失。最后,危害食品安全的犯罪行为影响我国社会稳定。食品安全事故的频繁发生,给人们造成巨大的心理压力,影响人们对经济社会发展的信心,从而影响社会的长期稳定。

随着科学技术的飞速发展以及工业化、信息化的不断深入推进,食品产业的生产技术得到大幅提高,生产规模急剧扩大,加之食品产业相关配套技术如物流配送技术的提高,食品对人们生活的影响越来越显著。与此同时,科学技术是一把双刃剑,科技使食品产业飞速发展的同时,也带来了食品安全隐患,近年来严重危害人们健康的食品安全犯罪问题逐渐增多,食品安全犯罪也呈现出一些新特征与新态势。

### 一、食品安全的全球化

在经济全球化的大潮下,食品产业的发展也渐趋全球化,现代科技带来了食品产业的全球化,通过全球购等先进服务,人们足不出户就可以品尝到来自世界各地的美食。食品产业的迅速发展使得食品安全问题全球化与严重化的趋势逐渐显现出来,食品安全问题是没有国界的。没有任何国家可以在全球性的食品安全问题中独善其身。食品安全治理问题是当前全世界共同关注的问题,同时也是全人类共同面对的难题,必须通过全人类的共同合作与努力解决。风险社会下,食品安全已经上升到国家安全的层面,属于"安全法"群组。

第一，在经济全球化的背景下，食品安全涉及全人类的共同利益，食品安全问题成为全球性问题，对食品安全的治理需要政府、政府间国际组织以及非政府组织等国际法主体的积极合作。各国在食品安全治理领域进行积极国际合作，不仅仅是一项法律义务，同时也是国家食品产业发展与食品安全犯罪法律治理的需要。各国政府均负有尊重、保护和帮助公民享受食品安全的义务。

第二，食品安全随着世界贸易的不断发展，国际性的食品安全犯罪刑事案件逐渐增多。一个食品类产品的出世可能是由多个国家合作完成的，这种国际性的食品安全犯罪案件的犯罪人可能来自不同国家，犯罪行为的不同阶段可能发生在不同国家，对这类案件的侦查、起诉和对犯罪人的逮捕都需要国际司法上的积极沟通与协作，需要国际法相关制度的支撑。

第三，食品安全犯罪的特征具有全球性，经济全球化之下不同国家食品产业的发展必然具有相同或类似的特点与属性，而这些共同点使得不同国家的食品安全犯罪问题存在着一定的共同特征。需要特别指出的是，我国的食品产业以及相关立法比之西方发达国家具有一定的滞后性。往往发达国家几十年前发生的犯罪行为及其特征与我国现在的情况非常相似，这也给我国提供了可以借鉴的地方。

第四，食品安全犯罪问题属于食品安全治理的一部分，其规模、波及范围、危害都具有全球性。应对与解决食品安全问题日益加剧与全球扩散的问题只有通过全球合作与治理的方式才能实现。但由于各国的经济发展水平、科学技术水平、相关食品安全法律法规和标准、饮食文化等方面存在差异，各国之间的食品贸易产生一些摩擦是不可避免的。这就需要各个国家和地区、政府间国际组织以及非政府组织等国际法主体携起手来，加强国际交流与合作，共同促进食品安全全球治理水平的提高。

目前与食品安全相关的国际组织如世界卫生组织、联合国粮食及农业组织（FAO）、世界粮食计划署（WFP）等都在致力于国家社会通用规则的建设，以消除食品国际贸易中的技术壁垒，更好地实现食品安全全球治理。

## 二、食品安全的科技性

风险社会产生的根源在于科学技术的两面性，伴随着科学技术的不断深入发展，食品安全犯罪的犯罪手段逐渐呈现出科技化、多样化、专业化趋势。食品安全检测标准日益严格与检查水平逐渐提高的同时，食品安全犯罪的犯罪手段也在逐渐更新升级，使得犯罪行为的危害性与隐蔽性逐渐增强。犯罪手段从对食品外部着手发展到从食品内部着手，从使用物理手段发展到使用化学手段。诸如三聚氰胺事件、用化学物质合成假鸡蛋、使劣质食品检验合格的化学物质等，各种包含大量高科技专业技术的新奇犯罪手段和方式相继出现。

新技术和新资源的广泛应用给食品业的发展带来巨大影响，同时也给食品安全提出巨大挑战。晚近以基因工程技术为代表的现代生物技术已经在农业和食品领域显现出极大的潜力，丰厚的利润和高额回报使现代生物技术的发展势不可当，由此生物安全所致的食品安全也逐渐成为国际社会关注的焦点。基因改造食品不仅间接缓解了粮食危机，为人类社会带来巨大的经济收益，随之而来的基因食品可能带来的负面效果也被日益关注和审视。基因改造作物并非没有风险，除了为环境及物种的多样性带来新的威胁或危害之外，如若基因改造食品无法确保基因改造成分的安全性，那么就不能确保不会危及民众的健康和代际利益。基因食品对食品自然状态做出了本质上的人为修改，食用这种基因被改造的食物不会像有毒的化学物质一般对人体健康造成重大损害，但是如果人类长期或广泛地食用基因食品，这种物质在人体内累积之后对人类健康的危险是难以评估和预测的。尤其是科技信息的不对称以及专家、商家片面的宣传，使普通民众难以获得有效的信息,更易受到虚假或剪辑信息的影响而产生心理恐慌。

现代的食品安全问题不是传统意义上的食品安全,而食品不安全的因素主要源于现代科技的发展,对技术的合理规制才是解决现代食品安全的核心。

### 三、食品风险的潜在化

食品安全犯罪的影响不止在于当下对人们身体健康的影响,同时由于有些食品安全犯罪的危害不明显,食品安全犯罪的损害具有可累积性和代际性,当损害累积到一定程度就会对人体造成难以挽回的损失和伤害。

#### (一)食品安全犯罪的累积性

食品安全犯罪的累积性主要体现在有些食品安全犯罪对健康存在潜在性的损害,通过量的累计逐渐使损害显性化。

首先,食品安全与食用产品质量安全密切相关,具体包括:在蔬菜、瓜果等农产品生产中使用的高毒农药;在水产品养殖和运输、存储过程中使用孔雀石绿、硝基呋喃类、氯霉素类等禁止使用的物质;超出范围或超出限量而使用农药或兽药的情形;违反安全间隔期、休药期等相关要求而使用农药或者兽药;未如实记录或未获保留记录行为;等等。这些食品安全违法犯罪行为有些在较短时间内就能明显地表现出来,被人们所认知理解,如我们所熟知的"毒奶粉""毒豆芽"等食品安全事件,再如农药、兽药的残留,造成人畜中毒死亡,大量杀伤其他有益生物等,这些都属于显性危害;还有些行为在实施后较短时间内不会马上表现出来,需要经过较长的时间才能被人们所察觉,这些危害被称为隐性危害。"六六六""滴滴涕"等有机氯和某些含磷农药经过富集积累到一定的数量和程度,会使人畜和其他动物慢性中毒,有致癌变、致畸形、致突变的风险,属于隐性危害。

随着养殖业的规模发展和兽药使用数量、范围的不断增加,食用动物过量用药后,动物源性食品中大量存在兽药残留,在影响产品质量的同时,也会严重危害人体健康。比如激素属于危害较为严重的兽药成分,通过食物链进入人体,可能会导致人体内分泌失调、代谢紊乱,甚至可能导致儿童性早熟。

除农药、兽药领域存在着大量的隐性危害外,食品添加剂的不当使用也会对人体健康造成潜在的损害。以常见的食品添加剂——防腐剂为例,过多食用防腐剂会导致人体腹痛、腹泻,心跳加快,而且还可能危害肝脏、肾脏机能,增加患癌风险。

食品安全犯罪的潜在性损害因为短时间内无法被人发现因而无法避免,而且行为与结果发生的时间间隔太长,使得因果关系的识别存在严重困难。这就给了那些具有潜在性损害的有毒、有害食品累积的机会,而一旦损害累积达一定限度,所产生的严重的损害就难以挽回。

### (二)食品安全犯罪代际性

随着食品安全犯罪的专业性、技术性的不断提高,食品安全犯罪的危害不仅仅停留在对人体健康的损害方面,对生态环境以及动植物也都产生了很大影响,不仅严重危害着当代人的利益,对后代的生存环境以及身体健康亦产生了极大威胁。这些食品安全犯罪对代际利益的危害也体现了食品安全犯罪的影响深远性。

其一,有机农药残留在土壤过多,超过土壤的自净能力,会引起土壤的组成、结构和功能的变化,从而抑制微生物的活动,有害物质及其分解产物在土壤里逐渐累积,再通过水或者通过植物间接被人体吸收,最终对人体健康造成实害。导致土壤污染的此类食品安全犯罪不仅危害着当代人的利益,同时对后代的生存利益也造成了极大威胁。恢复被污染的土地不仅需要大量物质成本,而且还需要大量时间成本,因此由当代人污染的土壤可能需要后代付出大量成本去恢复;而一旦不能完全恢复,后代人也同样会被土壤污染所害。其二,有机农药也是造成水污染的一个重要污染源。农药、化肥使用量日益增多,但被附着或被吸收的都是很小的一部分,其余绝大部分残留在土壤或空气里,通过降雨进入地表水和渗入地表水造成污染。水污染会使得各种水生动物与植物之间的动态的平衡关系遭到破坏,有益的水生生物中毒死亡,而耐污的水生生物反而会提高繁殖速度,进一步挤占有益的水生生物的生存空间,最终危害人类自身健康与生命。

# 第三章　风险社会下食品安全犯罪刑事政策

## 第一节　风险社会下刑事政策转向和立场

### 一、风险社会下刑事政策的转向

关于刑事政策的概念,不同的学者基于不同的时代背景、研究角度、研究方法、发展状况,有着不同的认识与了解。"刑事政策"由德国著名法学家费尔巴哈最早提出,主要是指刑事立法政策。之后德国刑事学者李斯特在费尔巴哈刑事政策思想的基础上对刑事政策进行了发展,赋予其更宽泛的含义,即"刑事政策"是研究犯罪的原因和刑罚的效果,并在此基础上得出各种原则的科学方法。根据这一原则,国家应通过惩罚和类似制度来抗制犯罪。由国家或社会团体以预防和镇压犯罪为目的所采取的各种措施,这意味着刑事政策不仅停留在立法政策层面上,而是包含了司法、行政上的各种措施,因此也被称为"犯罪政策"。无论如何,刑罚都不是犯罪对策的全部,从以刑罚为中心的传统刑事政策到以追求更多样的犯罪预防为目的的犯罪政策的发展都不容忽视。[1]

---

[1] [日]森本益之、濑川晃:《刑事政策学》,戴波、江溯、丁婕译,中国人民公安大学出版社,2004年,第1页。

　　德国学者对刑事政策得见解，大致可以归纳为广义、狭义和最狭义三个方面：第一种是广义的刑事政策，它是指国家为预防和打击犯罪而采取的一切手段或方法。换句话说，广义的刑事政策并不局限于以预防犯罪为直接目的的刑罚制度，而是包括与间接预防犯罪有关的各种社会政策。第二种是狭义刑事政策，是指国家以预防和打击犯罪为目的，以刑法或刑事司法手段提出的预防和控制犯罪的对策。第三种为最狭义刑事政策，指限于刑法规范体系内的法律政策而言，即将其范围限制在"刑法的立法政策上"。①日本学者大谷实认为："所谓刑事政策是国家机关（国家和地方公共团体）通过预防犯罪，缓和犯罪被害人及社会一般人对于犯罪的愤慨，从而实现维持社会秩序的目的的一切措施政策，包括立法、司法及行政方面的对策。"②而无论采取广义说还是狭义说，都可以得出刑事政策的终极目的是预防犯罪，维护社会安定，这点和刑法是一致的。

　　社会中的犯罪现象千变万化，犯罪政策也自然不是一成不变的。它因犯罪的产生而诞生，也随着社会发展和犯罪现象的不断变化而调整。如今在风险社会的大背景下，刑事政策也必须随之调整。

　　刑事政策和刑法的关系经历了从彼此疏离到有效沟通的演变。刑事政策融入刑法体系之中，成为现代刑法体系的重要组成部分，刑事政策应涵摄三个层面：一是宏观层面，刑事政策是国家应对犯罪的总体对策，具有明显的纲领性和时代特征；二是中观层面，刑事政策是指导立法活动、协调司法活动和规范执行活动的重要依据；三是微观层面，刑事政策通过司法活动间接影响裁判结果。③

---

　　① 许福生：《刑事政策学》，中国民主法制出版社，2006年，第3—4页。

　　② 参见［日］大谷实：《刑事政策学》，黎宏译，中国人民大学出版社，2000年，第3页。

　　③ 参见刘艳红：《形式入罪实质出罪：无罪判决样本的刑事出罪机制研究》，《政治与法律》，2020年第8期。

**(一)宏观层面：预防性导向**

后现代的脱产业化、情报化社会已经转变为德国社会学者贝克所定义的风险社会。现代化与产业化甚至大量产出了颠覆自身基础的风险，而且像原子能威胁、化学威胁、生态威胁、基因工程威胁这些新的风险已经威胁到了人类的生存本身。在很多情况下，小的失误就会招致大的危险，只有从小的失误开始禁止才能防止出现更多更大的危险。因此，风险社会中的风险预防必须是从小的、恶的萌芽状态就开始消除彻底的事前预防。风险问题的处理最主要是进行风险预防，也就是防微杜渐。这种处理有两个特征：一是国家使用强制力提早介入，二是国家可以采用比较软性的介入方式进行管制。如果在风险已经濒临实现时国家才介入管制，到了那样的危急存亡关头，为求堵截风险，恐怕也必须采取高强度管制措施。而且由于面临紧急状态，高强度管制措施便构成限制基本权的合理事由。所以在这样的时点，就会形成一个假性的利益冲突。①在这种不确定性与日俱增的风险社会下，纵使许多人可认知到犯罪风险的存在，但仍无法接受此结果的发生，为了因应民众的犯罪恐惧感及保护被害者，"刑罚的民粹主义"（penal populism）也因而形成，导致现在的刑事政策朝向"管理""监控""隔离"的趋势。刑法解决的内容集中于未来的安全保障与不安的消解。风险预防的课题是任何社会学科都应予以高度关注的，刑法也不例外。事实上，风险理论的发展对素来"保守的"刑法的冲击也近乎是颠覆性的。

刑法对现实的依赖性不仅在于刑法规范要反映生存的现实条件，而且还应该根据社会的变迁调整其适用的范围及方式。关于刑法中的经验实证的评论，德国著名刑法学者耶塞克认为："刑法必须和我们能够知道和认识到的关于我们社会的生存条件和人类精神的作用方式的情况相一致。在这

---

① 参见李建良：《从正当法律程序观点透析SARS防疫相关措施》，《台湾本土法学杂志》，2003年第49期。

个意义上,刑法(和所有的法一样)与现实就有一种难分难解的相互关系:它塑造现实(即使是在很有限的程度上),同时它又受到现实的影响。""刑法之于现实的关系是何等的敏感:刑法还是否胜任它制裁无法容忍的、此时此地被人们认为是他们共同生活不可放弃的基本准则的行为规范的违反行为的任务,并不取决于永恒的价值或者不变的认知观点,而是取决于具体社会在具体时点(常常是很难探索到的)细致微妙的心理现状。"①面对风险社会对社会体制(包括法律体制)的挑战,更为重要的任务摆在刑法学者的面前:积极思考可以预见的刑法未来,针对此我们采取所应为的行动。所以21世纪的刑法典肯定要禁止科学技术的滥用。可见,刑法的价值与命运与它所处时代的思潮是联系在一起的。

就刑法面临风险社会的挑战是否应当做出调整的问题,德国曾展开过讨论。1993年德国召开的以"刑法是保护未来的手段"为主题的演讲中,以法兰克福学派②的为代表(包括哈塞默、瑙克、吕德森)的反对派学者批判现代刑法过度扩展,随之而来是对个体自由进行了限制,在许多生活领域刑法过度的调整致使刑法出现通货膨胀现象,该膨胀以消极的方式造成了刑罚的贬值。为了使现在与未来的人类能够存续,刑法应如何发展?人类是破坏的潜在力,即科技进步会在短时期内使地球上有价值的生命受到致命的威胁。在新技术革命时代,随着经济—技术的不断进步,社会关系变得依赖性更强且呈多样化,并且致使该制度更加易于受到攻击。这种现实呈现在刑法层面上表现为经济刑法、环境刑法和计算机刑法的不断膨胀。与此相关领域的刑法膨胀亦受到了某些迫切现代化的学者的赞同。德国刑事法学

① ［德］托马斯·魏根特:《论刑法与时代精神》,樊文译,《刑事法评论》,2006年第2辑。

② 对法兰克福学派的批判,人们可以责难的是,他们的主张使得面对现代形式损害下的公民处于无保护的境地,但是持这种基础性批判的一方倒是对于立法的现代化趋势的必要限制没有进行足够的研究。

者许逎曼指出：刑法只有在适应了源自20世纪生存条件和生存危险之后,才能充分地予以保障公民免遭诸如环境犯罪对这些生存条件不可恢复的永久破坏。横贯刑事政策前沿的京特·雅科布斯的著作引发了关于犯罪行为系统的功能化及其概念的激烈讨论。雅科布斯及其追随者主张:与刑法灵活运用于众多的社会和经济利益的保护相协调,学理的基本理念应该丧失它们传承下来的、明显确定的轮廓而完全适应于这一具有决定性的目的。通过积极的一般预防实现对于犯罪行为当时有效的社会规范的承认,并且反事实地证明其对于社会的持续有效性。①

以现代社会环境问题与经济犯罪等为例,污染河川、入侵计算机系统、扰乱情报处理等科技发展的危险都是在人类追求合理化的过程中产生的。"新的风险"的确引起了自然灾害,但是它的出现最终难以与人类的决定脱离关系,对此依然能够加以阻止。德国刑法学者乌·金德霍伊泽尔教授认为:风险社会最终是由人的相关行为所产生的问题。从这一点来看,危险主要源于人类自身,人类是风险社会中的不安定因素,完全为人类根据规范进行操纵,才能对社会加以控制,异常处理(Dispositonen)行动会在危险系统内部使引发的损害越来越大,对越来越不安定化的人类进行安全保障训练,就须强调规范要求性。②为了处理此种情况,德国立法者采用了刑法手段。防范因重大化事项的决定而引发蔓延至社会体系紊乱(Grobströrung)的发生、以规范意识强化为目的并以蔓延社会中的危险与不安的消解为目标。

由上可见,针对风险社会下刑法膨胀的现实,基本上分为两种不同的观点:其一认为刑法的过度膨胀会损及个体自由,其二认为刑法有必要也必然现代化。第一种观点是严格遵从法治国原则,坚持它是现代法律体系的根

---

① [德]托马斯·魏根特:《论刑法与时代精神》,樊文译,《刑事法评论》,2001年第2辑。
② 参见[日]金尚均:《危险社会与刑法——刑法的机能与界限》,成文堂,2001年,第22页。

本基础。其意义在于，当人类透过合作形成国家组织，以实现各种其他方式的合作所无法达成的目标时，也要避免国家权力的反噬。权力分立及基本权保障，构成节制国家权力的基本主轴。但在风险社会下，这项法治国原则的基石却有松动的迹象。由于现代型风险的发生，往往带来各种重大的伤害，以致刑法在干预风险时，只要打着风险预防的立法目的，在进行基本权审查，即宪法上的利益衡量时，往往容易向风险预防倾斜，导致基本权保障的核心价值，在风险实现的现实压力下，不得不做出退让，这必然会造成对个体自由的损害。但事实上，在我们这个时代出现的不是刑法批判方向上所预期的刑法紧缩，而恰恰相反，是刑法的膨胀。事实恰恰支持了第二种观点。要回避近在眼前的重大伤亡损失，还是要维护远在天边的所谓"人权"，在这种情况下，宪法对基本权的保护也会变得非常无力。然而，这种冲突是假性的，因为这种冲突是人为所造成，是虚幻而非本质的冲突的，因为这种冲突状态其实是完全可以避免的。因此，风险预防原则特别强调预防原则（the precautionary principle），有很大的原因就是要避免落入这种假性冲突，非此即彼的陷阱中。如果能够及早处理风险，防患于未然，就可以避免付出严重侵害公民基本权这样惨痛的代价。当然国家提早介入管制的时间点，本身当然也是一种增强干预，但由于提早了管制介入的时点，所以不需要采取太强硬的管制手段，这样既可以有效堵截风险，又可以防止过分滥用国家公权侵入公民私权领域。

由于20世纪七八十年代的经济技术的巨大进步促使社会内部不同的制度之间的相互依赖性和必要性，随之而来的是社会和个人的脆弱和易受攻击性，他们在要求中变得更加狡猾和欺骗，在恐惧中变得更加敏感和脆弱。在世界范围内以灾难性的方式进行的恐怖袭击和环境灾难使人们注意到现代社会的危险和威胁，有时是无助和无奈。在其他方面，人们试图以这样一种方式来思考这些现实，即通过制定新的犯罪规范来保护现代社会的运作条件。①

针对风险社会下刑法干预过多会违背刑法最后手段原则的批判，德国著名刑法学者许迺曼对此给予回应：刑法最后手段原理是从启蒙运动以来未曾改变的刑法基本思想中发展而来，刑法可以而且必须只能作为防止社会损害的最后手段理性。进一步言之，对这种近似天真的想法，必须予以排斥，亦即认为刑法是一种直接有效的，可说是功能紧密、能滴水不漏地保护法益的工具。但是社会损害性的判断绝大多数是经验上的问题，这个问题无法透过所谓规范性的理解来加以克服，仅能加以补充。想要以落伍的刑法来对抗先进的犯罪是做不到的。所谓落伍，指在刑法的领域内拒绝任何一种现代化，而且虽然社会的互动和造成社会损害的偏差行为的策略长久以来已经无法把数波的现代化动力抛在后面，欲以19世纪的刑法手段来制裁21世纪的犯罪，如果没有事先对后现代社会重要基础加以改革，保护法益实际上的实现可能性看起来是不可能的，从而保护法益目前应该被理解成一个具体的乌托邦。②

刑法作为所有法律中最严厉的、最终手段的制裁措施，它的干预应该以其他手段无法有效控制为限。从这一理论来看，刑法的守备范围应该给予人的生命、身体及财产等人们的生活以最大限度的尊重，与生活相关的最低限的条件及与此相关的诸多领域不能轻易适用刑法。然而，为了应对风险，刑法却不断扩大其所干预的领域。既要限制刑法的发动，以避免侵犯公民的自由，防止对法治国原则的破坏，这可以被视为防止刑法危险；同时又要动用刑法防范危险，满足公民的安全需求，有效保护法益，这可以被视为刑

---

① 参见［德］托马斯·魏根特：《论刑法与时代精神》，樊文译，《刑事法评论》，2006年第2辑。

② 参见［德］许迺曼：《从下层阶级刑法到上层阶级刑法在道德要求中一种具示范作用的转变》，陈志辉译，载许玉秀等著：《法治国志刑事立法与司法——洪增福律师八十五寿辰祝贺论文集》，成阳印刷股份有限公司，1999年，第30—32页。

法防止危险。防止刑法危险与刑法防止危险的平衡可以认为是平衡法治国原则与风险预防的需要,其实两者还可以同时兼顾,不用牺牲现行的法治国原则或是风险社会中的安全,来换取相对的利益。

无论如何,刑法在应对风险社会时,必须在不限制自由甚至可以在不背弃最基本的自由法治的本质特征的前提下,对刑法进行必要的革新。在这个变动不居的社会里,刑法有理由应当随之变动而变动。但是这种变动却不能以采取猛烈的兴废方式进行,而应以一种悄无声息的、渐进的方式进行。①刑法学从刑法规范对现实的依赖转向对难以把握的时代精神氛围的依赖,这实际上是两个截然不同但又密切相关的问题。因为正如刑法科学与它的基础有关,另一方面塑造(或至少应该)这些基础一样,时代精神反映并同时塑造着不断变化的生存条件。此外,规范与现实的关系,科学与时代精神的关系,在这两套关系的内在关系中,还存在着两个问题:一是研究法律及其制定和改革的人如何从周围的现实中获得知识;二是他们以何种方式和目的处理这些信息。②

**(二)中观层面:活性化立法**

在社会各界普遍关心如何应对风险社会对人们生存与发展影响的同时,法学界也担负起自身的使命,即如何有效运用法律对风险社会运作进行调整展开系统而深入的研究。最早涉及的领域应该当属环境法的研究,随之蔓延于行政法、刑法等各部门法领域。纵观刑法发展史,刑法的触角从最初只处罚实害犯延伸到对某些具体危险犯的处罚,进而再触及至对某些抽象危险犯的处罚,刑法每每扩张前行均与社会发展密切相关,工业革命的兴起产生很多危险性行业,为此法益保护前置的必要性成就了刑罚早

---

① 参见[德]乌尔斯·金德霍伊泽尔:《安全刑法:风险社会的刑法危险》,刘国良编译,《马克思主义与现实》,2005年第3期。

② 参见[德]托马斯·魏根特:《论刑法与时代精神》,樊文译,《刑事法评论》,2006年第2辑。

期介入的合理性,而现代科技革命的迅猛发展,使某些风险性行业(核工业和基因科技)已成为严重危及人类生存的潜在性威胁,因此风险社会下的刑法便成了风险刑法。刑罚介入的时间不断向前推移并不是没有任何阻力,通过与传统刑法理论的激烈对撞,一方面为其找到了存在的价值与意义,另一方面在修正刑法原有的传统理论基础上使之得到了发展。诚如德国刑法学者许逎曼所言:根本的规范原则的展开必须考虑到在规范上被认为重要的现实层次的"具体详细的结构";同时规范的评判也总是涉及我们熟悉的现实。①

社会关系的变化将会带来刑法的变化。在已经从19世纪的自由国家转变为20世纪的社会国家的同时,刑法的基本观点也从事后镇压性统制模式转变为预防性调整模式,即预防思想替代报应;积极的一般预防思想替代特别预防或消极的一般预防开始作为刑事立法正当性的论据加以登场。后现代的风险社会为应对新的风险具有扩张刑法的保护并扩大其保护范围的倾向。这种预防思想诱导人们把传统的法治国家刑法再解释为具有社会国家灵活性的调整机构。甚至刑法的目标也已经不仅仅停留于与犯罪作斗争的阶段,而是对投资、环境、健康、外交政策的一种充分的支援。而且已经放弃对具体法益侵害的单方面的固守,为从宏观上应对问题状况试图把新的风险行为自身规范的对象。总而言之,诚如德国刑法学者乌·金德霍伊泽尔教授所言:"今天的刑法不仅是对侵害的反应,而且它还有这样的任务:使保障社会安全的基本条件得到遵循。从社会安全的角度来观察,立法者应将刑法的防卫线向前推置,这是历史发展的必然性,是每一个公民、团体、社会、国家无论在过去、现在乃至未来都应面临的问题。"②

---

① 参见[德]托马斯·魏根特:《论刑法与时代精神》,樊文译,《刑事法评论》,2006年第2辑。

② 薛晓源、刘国良:《法治时代的危险、风险与和谐——德国著名法学家、波恩大学法学院院长乌·金德霍伊教授访谈录》,《马克思主义与现实》,2005年第3期。

叶林内克(G. Jellinek)认为,文化越进步,社会的相互关联也越紧密,对于个人所受的妨碍的反作用也就越带有强烈的社会性,而不再是个人的问题。此时刑罚作为抑制或预防犯罪的手段,就在促进社会进步的名义下被正当化。但同时,他也认为在法律的领域里,刑罚的概念比任何事物都更具有文明史的意义,它反映时代的思绪、感情的样式。从社会的进步来看,刑法的领域将逐步缩小,刑罚也势必为民事损害赔偿所取代,"刑罚的历史就是它的持续死亡的历史"①。刑罚也是历史的产物,它亦会随着文明的进步磨去其固有的"野蛮"性,对于社会问题的解决,刑罚未必是最佳的、最明智的选择,终会被更合理的替代手段所取代。但是在社会日益复杂化的当下,又无法通过实证方式来确证刑罚的无效性,所以以刑罚方式的干预措施亦不能被认为是不当的。

根据传统的法治国家刑法观,刑法一方面既是伴有强制力的统制手段,另一方面也是保护市民自由的措施。法治国家的刑法不是立法者的自由之路,而仅仅是解决社会问题的最后手段。只要固守这种古典的法治国家刑法观,即使是应对风险社会中新的风险的刑法手段,也无法摆脱法治国家的界限。与此相反,认为传统的法治国家刑法已经不适合应对新的犯罪类型尤其是与未来安全相关联的犯罪类型的人们,为应对风险社会中新的风险主倡风险刑法的登场。这是一种具有如下内容的提案:因为在与未来安全相关联的保护领域中,难以确定轮廓相当明显的保护法益,所以不要再固守以正当的犯罪化之消极的基准坚固其位置的法益思想,而是应该把从文化角度确认的行为规范作为基准。因此,风险刑法不是把"新的法益"而是应该把"新的行为"作为刑法规制的对象。这是因为18世纪的精神工具无法解决21世纪所面临的问题。

---

① 参见黄丁全:《机能刑法观的后退与挫折》,载陈兴良主编:《刑事法评论》(第9卷),中国政法大学出版社,2001年,第526页。

　　赫尔茨教授也以刑法是国家行为的最后手段而不是根本性社会政策的对策手段为前提,强调刑法仅仅具有补充性的附属性任务,并不能因为是现代社会的刑法而在现代科学技术领域中恶意运用伽利略形态式的审判。然而,赫尔茨教授认为,今天的刑法性工具,与其说是18世纪的遗物,不如说其更加是200年来渐进发展所获取的精神上的产物。因此,应该在传统的法治国家模式下通过立法与信条学(Dogmatik)的调和来谋求解决针对危险社会中新的危险矛盾要因的刑法上的对策问题。在今天占据统治地位的见解认为,即使是危险社会的刑法也不能成为完全脱离传统法治国家刑法限制的危险刑法。然而,刑法绝对不能不触及克服危险社会中的难题的具有实效性的对策。问题是,针对现代性的危险,刑法究竟要如何行事。①

　　20世纪70年代,德国的刑法学者就已经在汲取哲学、社会学以及伦理学等社会科学领域的成果基础上,对风险刑法、危险刑法进行了研究,直至今日已经形成了有规模的学派式的论争态势。学派之争可以使理论研究走向深入,事实也正是如此,目前德国风险刑法理论的研究已初见规模,同时也形成了对传统刑法体系和理论强有力的挑战。日本在借鉴德国对风险刑法研究的基础上,结合本国的具体情况不断地修正日本刑法相关条款,形成近来日本刑事立法活性化②的现象。晚近以来,我国两个刑法修正案也凸显出

---

　　① 参见[韩]金日秀:《转折时期的法学及刑法学的课题》,郑军男译,法·人间·人权,1996年,536页。

　　② 参见张明楷:《日本刑法的发展及其启示》,《当代法学》,2006年第1期。"活性化"是日本刑法学者使用的概念。另见[日]井田良:《刑事立法の活性化とそのゆくえ》,《法律时报》,2003年第75卷第2号。

刑法规制社会生活的范围在扩展、力度在增强,这种积极刑法立法观[1]已初步形成。

德国刑法学者普里特维茨(Prittwitz)率先以"刑法与风险"为题对风险刑法进行了初步、系统的研究。这里涉及的问题是:刑法在什么范围内处于这样一种境地,需要以其传统法治国自由的全部手段,其中包括法益概念,来克服现代生活的风险(例如以遗传技术方式造成的风险)。这个问题经常被否定,并且要求考虑排除产生这种风险的社会原因的必要性。因为这总是仅仅具有有限的必要性,所以人们在这个领域内,肯定无法完全放弃刑法的干涉。但是在运用刑法对抗风险时,必须坚持法益原则和归责原则等其他法治国原则。在无法做到这点的地方,刑法干涉就必须终止。关于这个问题的矛盾争点在于:既要用刑法来克服现代社会的风险,又可能因处理不当而违背法治国的原则,以此不得进行利益衡量原则。对此,法兰克福学派的其他代表人物也反对通过一种预防性的刑法来与现代社会的问题("环境、经济、电子数据处理、毒品、税收、对外贸易,尤其是有组织犯罪")作斗争的努力。但同时也会引发担心:在这些领域中使用刑法进行有效干涉,这必须以牺牲十分重要的法治国原则为代价。[2]

在德国,刑法正经历着犯罪性质的转变。从古典刑法所强调实害犯。即犯罪者给那些特别的利益造成了某种程度的实际损害。换言之,实害犯

---

[1] "积极刑法立法观"又称积极刑法观,该观点主张随着社会的发展需要刑法加以保护的法益不断增加,在现有刑法存在处罚漏洞之时,应该通过积极增设新罪来满足保护法益的合理要求。具体详见周光权:《积极刑法立法观在中国的确立》,《法学研究》,2016年第4期;周光权:《转型时期刑法立法的思路与方法》,《中国社会科学》,2016年第3期;周光权:《增设新罪实现妥当处罚——积极刑法立法观的再阐释》,《比较法研究》,2020年第6期;张明楷:《增设新罪的观念——对积极刑法观的支持》,《现代法学》,2020年第5期;付立庆:《论积极主义刑法观》,《政法论坛》,2019年第1期;付立庆著:《积极主义刑法观及其展开》,中国人民大学出版社,2020年,等等。

[2] 参见[德]克劳斯·罗克辛:《德国刑法学 总论》(第1卷),王世洲译,法律出版社,2005年,第18页。

是古典刑法的核心。但是在风险社会下刑法却恰好相反,危险犯才处于刑法关注的核心地位。一方面实施具体的危险犯者已经把行为客体带入了危险状态,此情状下特定财产的损害只是一种偶然性。由于刑法所保护的法益愈发错综复杂,导致对该法益造成明显的损害是不可或难以证明的,所以立法者越来越多地依赖抽象危险犯这一工具。①近来,德国实体法中的经济刑法和环境刑法以及之后的计算机刑法的膨胀主要也是依赖抽象危险犯方式加以规制。

在日本,立法活性化发展是其刑法发展的重要特征之一:刑事立法活性化,是当今社会市民产生不安的表现。随着社会生活的复杂化、科学化、高度技术化,对于个人而言,社会就像一个巨大的黑匣子,不可能进行主体性的控制。人们的生活主要依赖脆弱的技术手段,与此同时,个人行为引发损害的可能性也飞跃性地增大。人们无法想象瞬间会发生何种灾难,未知领域频繁出现,另外,逸脱行动(无法控制行为)造成重大损害的领域也日益增多。运用扩大刑罚方式来抑制与实害发生的相关行为,这一立法倾向的背后是因为人们所具有的共同的不安所驱使(但并不以此为限)。现代社会中,危险犯处罚(或"处罚早期化")的立法重要性得到了提高,部分危险犯已经实害犯化了。②

日本的近期刑事立法活性化的趋势也体现了对抽象危险犯的扩大适用。③从日本刑法学的发展看,犯罪论吸收了新派的科学主义理论,根据分

---

① 参见[德]托马斯·魏根特:《论刑法与时代精神》,樊文译,《刑事法评论》,2006年第2辑。

② 参见[日]井田良:《刑事立法の活性化とそのゆくえ》,《法律时报》,2003年第75卷第2号,第4页。

③ 在此需要指出的是,日本近期修改刑法出现的立法活性化、早期化的趋势,其根据并不完全是为了防范"风险社会"下出现的新危险,而是有些早期化处罚是为了满足市民的不安全感,市民不安感的产生可能源于新危险的出现,亦有可能是对社会治安不好导致犯罪率激增的感受,比如强奸罪的处罚加重,就是传统意义上的犯罪类型。但是笔者从掌握的日文资料来看,日本大多刑法学者对此并未严格区分,而是笼统地认为刑法处罚早期化或法益保护早期化就是满足社会的不安感而采取的必要举动。

析科学主义"效果"的规范评价构筑其国人的意识是必要的。解释国民规范意识的基准是与民主主义相对应的,实务者应从防止犯罪的角度来强化国民的规范意识。①"政治的不安定法"以当下市民的不安感为理由不断扩大,作为"市民治安法"机能具有极大可能性。现代科学技术的发展同时带来了对其滥用或者控制的不充分或失败而引起的无论从质上还是量上都非常深刻和重大的社会损坏。如果说无法制止科学技术发展的话,那么只能禁止或控制引起这种损害的行为。日本学者伊东研祐从"危险犯"或"危险预防"的观点解析了日本刑事法对策的特点。②

由德国、日本近期刑事立法动态审视,随着刑法规制对象日趋多元化、范围日益扩大化,以超个人法益/集体法益之名行刑事立法扩张之实,早已渗透至环境刑法、食品安全、基因安全等刑法等领域中。刑法如何寻求其自身处罚的正当化基础,在现有刑法解释构架下是否能够容纳这些发展,仍存有疑义。面临这些疑义可能有两种应对态度:维持古典刑法既有可罚性范围,否认在此之外的入罪化标准;或是试图建立起另一套刑法思维体系以掌握这些新型犯罪入罪化的实质理由与解释方案。毋庸置疑,对科学技术危险的控制除了刑法以外其他手段是远不可及的。因此,在风险社会下重点探讨的内容在于刑法的机能到底该以何种方式应对科学技术危险的问题。虽然风险社会下刑法如何应对的问题还没有获得任何结论,但目前所显示的可知以强化抽象危险犯的扩大和刑法的象征化简约之。③换言之,目前重要的任务是探讨对于需要采取刑法对策的科学技术危险,刑法的任务是什么,如何应对才是正当的并且对于生活在危险社会的我们才是有效而合适的应

---

① 参见[日]中山研一:《刑事法·刑事法学的课题》,《犯罪与刑罚》,2007年第15号,第22页。

② 参见[日]伊东研祐:《现代社会中危险犯的新类型》,何鹏、李浩主编,《危险犯与危险概念》,吉林大学出版社,2006年。

③ 参见[韩]许一泰:《在危险社会之刑法的任务》,韩相敦译,《现代刑事法治问题探索》(第一卷),法律出版社,2004年,第256页。

对手段问题。针对现代刑法所面临的矛盾,理性运用刑法:一方面,要对个体和集体利益的新的损害形式用适当的现代化的刑法规范予以反应;另一方面,刑法要限制在绝对不再能够容忍的行为方式的领域范围,并要避免它的滥用。禁止为达到任意目的而随意使用刑罚的附属和威胁功能的界限设定的必要性,应该抵制民法和刑法混合应用于任意的一般预防目的。在这个日益去伦理化的、功能化的世界上,应该保持"刑罚的严肃性"。[1]

不容回避的是我们的社会也是世界风险社会一部分,风险社会的影响亦会波及我们的生存与发展。刑法介入早期化的研究就是有效应对风险社会的一种举措。

### (三)微观层面:目的性释义

象征刑法并非刑事法专有概念,而是源于立法理论上的象征立法现象。所谓的象征立法原本在法社会学领域被理解为欠缺效率的国家作为。有学者指出,这种立法是一种社会的病理现象、欺瞒式的立法,甚至是不幸的立法结果。[2]一旦某个刑事立法结果被划归到象征立法的范畴,即表示该法无法通过比例原则检验,而有违宪之嫌。[3]对于象征立法应该辩证看待,一方面理性建构的法律未必能够解决设定的社会冲突,象征立法也在所难免;另一方面,有些象征立法能够影响社会民众行为认知取向,通过规范塑造民众的守法意识和行为准则,例如毒品犯罪和危险驾驶罪的规定。德国学者Newig指出,应依据法律有无效率将"规范及事实上的效率"和"象征及政治上的效率"两者严格区分,后者才是真正的象征立法。[4]

---

① 参见[德]托马斯·魏根特:《论刑法与时代精神》,樊文译,《刑事法评论》,2006年第2辑。

② Newig, Symbolische Gesetzgebung zwischen Machetausübung und gesellschaftlicher Selbsttäuschung,2010,S.302. 转引自古承宗:《刑法的象征化及规制理性》,元照出版有限公司,2017年,第164页。

③ 参见古承宗:《刑法的象征化及规制理性》,元照出版有限公司,2017年,第164页。

④ Newig, Symbolische Gesetzgebung zwischen Machetausübung und gesellschaftlicher Selbsttäuschung,2010,S.305-306.转引自古承宗:《刑法的象征化及规制理性》,元照出版有限公司,2017年,第165页。

风险社会下的刑法逐渐发展成风险微量化或对整体社会的宏观调控功能,又缺乏反思性观点的刑法功能变革,迫使为了解决风险问题的刑法立法基于空洞的刑事政策,沦为平衡社会不安全感的手段,以及纯粹确保立法威信的手段。[①]德国学者哈塞默认为:象征刑法的发展初衷是为了传达出下述的批判性观点:(1)为了因应当代的社会重大问题,往往在未经深思熟虑的情形下扩张刑事立法—刑法工具化吗?(2)过度高估立法于实证经验上的成效。(3)过度高估成效的结果导致实际上根本不期待刑法任务可以获得实现。(4)刑事立法者根本就无意对于立法是否有成效提出任何解释,因此衍生的立法不足亦无进一步调整的必要,特别是执行能力不足导致选择性适用刑法规范。(5)刑事立法者获得政策上的(象征性)利益,例如回应社会问题的敏捷性、行动能力,以及企图让刑法适用范围更具全面性。[②]Lauterwein对象征刑法总结为:刑法对外传达一定讯息而产生的沟通效果,能够让其达到更有效率的法益保护目的,只不过这样的沟通效果欠缺立法行为应当兼备的目的理性。[③]象征立法有可能只是立法者基于特定政治目的所形成的价值偏好,或者单纯反映出某个时空背景下社会的集体心理情绪。实际上,不排除有可能只是为了让社会大众感到安全,或是与法规范之间产生某种程度的联系,即纯粹强化与巩固一种关于规范有效性的宣示作用。

现行刑法释义学作为维系古典刑法体系的概念,与风险刑法运作的架构必然有所冲突。唯一近于风险刑法释义学的理解方案,是刑法的前置化,以各种前置化所采取的立法策略(如未遂犯、预备犯、危险犯、行为犯、客观处罚条件)为代表性方案。在法律解释上可能产生的疑义是,解释风险刑法

---

① Prittwitz, aaO.(Fn.34),S.253-254. 转引自古承宗:《刑法的象征化及规制理性》,元照出版有限公司,2017年,第121页。

② 参见古承宗:《刑法的象征化及规制理性》,元照出版有限公司,2017年,第121页。

③ 参见古承宗:《刑法的象征化及规制理性》,元照出版有限公司,2017年,第121页。

必须配合既有的概念工具,但这些概念工具的发展远早于功能－风险体系的发展,并依附于以法益保护为核心的刑法体系之下。然而,既有的概念工具仍有可能放置于不同的理论脉络而改变其固有内涵。从新的角度来看,刑法体系发展到现在,当然在很多方面都存在问题。教义学/信条学因此可能会失去可靠性,这些可靠性从法治国的意义上而言并非不重要,在出现变化的征兆时,教义学还必须重新获得这种可靠性。[①]

刑法如与自由保障机能相关,则会引出罪刑法定主义问题。就风险社会下刑法过早介入是否会违背作为现代法治基石的罪刑法定原则,日本刑事法学者前田雅英认为:即使在罪刑法定主义原则中,也必须探求(日本)社会中的最合理性。"犯罪与刑罚"的制度能够反映国民的规范意识,在实际事件处理中,处理能体现国民犯罪意识的事件,期待裁判官能够如法律实务家一样实现民主主义的机能。在对被告人的权利、利益与处罚必要性相衡量时,罪刑法定主义并非形式的普遍的原则,从社会安定见地来看,平衡理论可以被解释。[②]现行法上罪刑法定原则严格禁止类推,那么能否肯定将构成要件该当性判断委托给立法,平衡论从立法的非动机性、处罚的必要性、社会的安定化来看,得出应该以国民的规范意识了解为限,并尽可能做出限制解释。结合被告人权利、法的安定性与处罚必要性及社会安定性进行综合衡量。

自启蒙运动以来,保障人民的权利一直被视为国家政权的主要任务。随着法治思想的发展,对人民权利的干预必须限于合法的法律行为,对打击犯罪手段的刑事制裁也更加审慎。在犯罪的认定和刑法的适用上,刑罚的界限除了受法定刑罚原则的约束外,还以"罪责原则"为基础进行设定。同

---

① 参见[德]冈特·施特拉藤韦特、[德]洛塔尔·库伦:《刑法总论Ⅰ——犯罪论》,杨萌译,法律出版社,2006年,第33页。

② 参见[日]金尚均:《危险社会与刑法——刑法的机能与界限》,成文堂,2001年,第274页。

时,在法律指导和规范的宪法中,通过宪法确立了刑罚的边界,明确指出了刑罚的前提和范围,同时加入逾越禁止原则(Grundsatz des übermaßverbots)更使得刑罚必须在行为罪责的范围内才有可能。

## 二、风险社会下刑事政策的立场

### (一)刑事政策的两种模式

日本刑事学者山中敬一认为:谦抑的刑事政策指导下的刑法理论与积极的刑事政策指导下的刑法理论含义相去甚远。后者首先是以行为规范的特别预防为指向的刑法理论,其次是经验的一般预防指向的刑法理论;而前者代表的刑法理论是除报应刑的自由主义刑法理论之外,还表现为谦抑的事后预防刑法理论。[①]

针对两种刑事政策走向、四种犯罪论表现形式逐一加以审视。

1.行为规范论的犯罪论模式

"行为规范论"的刑法学概念是在"二元规范论"框架下建立的。"二元规范论"主张刑法规范是由行为规范与制裁规范组成的。这种犯罪论模式是围绕刑法的本质是行为规范而展开的。对违反(法)行为进行报应或采取特殊预防措施作为刑法的目的来加以把握。据此,犯罪论是以行为规范为中心模式建立的。这种立场认为结果的发生是行为无价值的实现,其在犯罪论中占有一定的位置。这种刑事政策是相对报应刑论的特殊预防观及消极的一般预防理念而言的。

但这种模式体现的是刑法保护法益机能,行为规制机能是其手段之一。与其他控制性规范一样,刑法作为行为规范应该具有犯罪事前预防机能。另外,从处罚的意义上寻求一般的报应、特别预防来看,也具有积极的意义。

---

① 参见[日]山中敬一:《刑法总论Ⅰ》,有斐阁,1999年,第42页。

2.一般预防机能主义的犯罪论模式

这种犯罪论模式，从经验科学、社会学的观点来把握，认为刑法是有效控制社会手段的规定，犯罪论是以一般预防的刑罚效果为中心坚持犯罪预防的犯罪要件论。以经验科学为基础的刑事政策指向产生的就是机能主义刑法理论。

这种模式的犯罪论被视为堕入一般预防（目的）的制裁规范论范畴，对国民行为的行为规范，或是构成要件的罪刑法定主义机能的倒退，危及刑法的自由保障机能。另外，犯罪论与体系的一贯性、整合性相比，倒不如说是解决问题的有效手段。因此是解决问题为优先，而体系性追求则后退。

3.侵害、报应原理的犯罪论模式

这种犯罪论模式是以自由意志为前提的，被前期刑法旧派视为理想理论。在市民社会中，对他人法益侵害（行为）以刑法之规定对其加以否定。另外，在国家权力机器中，因为刑罚是一种恶害①，所以应以善的世界观为基础限制它的发动。这种犯罪论模式强调结果无价值，刑法保护机能原则上以结果发生为发动条件。主张限定其可罚性是刑法的任务。在刑罚论中，排斥"预防"，主张宽刑主义。

这种模式的犯罪论是以市民的自由保护与刑罚权的抑制为基础理念建立的。但是这一理论产生于19世纪前期启蒙时代或19世纪自由主义的背景下，如将其置于现在的以积极的自由权、生存权为依据的后现代社会中（或社会的法治国家）进行讨论似乎不具有说服力。

4.谦抑的事后预防的犯罪论模式

这种犯罪论模式从犯罪不仅应该是对行为规范的违反而且也是对制

---

① 主张包括刑罚在内的国家权力都是恶的见解亦不可能全面否定国家的机能。从现行宪法的国家权力出发，如果不能肯定国家法益保护机能，那么也无法展开对现行法的解释论。即要预设国家当然具有法益保护机能为前提，才能对法进行解释。

裁规范的违反的角度出发,将犯罪事后处理系统作为刑法系统的基本特征来把握。这种路径背后,对现代社会中的犯罪现象在尊重各种社会基本价值的基础上,以合理目的维持尊重个人社会系统的刑事制度为机能的犯罪论的目的。即这种模式以掌握经验科学为基础,以社会系统的维持与保障个人的人权为合理的规范体系,并借此来达成犯罪与刑罚的意义的任务,明确其犯罪论的指向。刑法规范的中心毋宁说是表现为制裁规范的发动要件。制裁的目的是对犯罪的事后处理,使被反机能化的社会系统再机能化(积极的一般预防)。对其施加以制裁并无直接的一般预防,积极一般预防的刑罚论是通过犯罪的事后处理机能,来达到谦抑的事后预防思想的刑罚论。[1]

### (二)刑事政策的立场选择

犯罪问题日趋严重,逐渐走向强调重刑的立法形态。此种重刑化的刑事立法显示出二层相互对立的意义:其一为犯罪的抗治果真需要以更为严厉的刑事制裁手段,方能加以压制;其二为法社会正式控制最后手段的刑罚,在对抗犯罪上,已经显得无能为力,似乎仅能在刑罚上予以加重,方能使得社会大众的不安全感得到舒缓。将对犯罪者的重罚作为满足社会成员安全感的手段。当然,此种重刑化的思维,面对法治国原则,以及国家制裁权限正当性界限的检讨时,则显得相当紧张。究竟重刑化的刑事立法是否具有其思想上的正当性存在,则成为重刑化刑事司法运作所必须先确认之事。[2]重刑化的立法基础,是置于报应思想、一般预防思想或特别预防思想,其对于刑罚的考量,或建立在单纯的报应上,或建立在未能实现的期待基础上,此种立法形式自然备受质疑。以现代的重刑化理论基础均置于一般预防思想而言,为强化犯罪的威吓效应,而将刑罚任意的加重,其所衍生的弊

---

① 参见[日]山中敬一:《刑法理论的展望》,《犯罪与刑罚》,2007年第15号。

② 参见柯耀程:《刑法的思与辩》,元照出版有限公司,2003年,第340—342页。

端,恐非其期待之效果所可比拟。一方面重刑化的结果,可能产生社会大众法感情的钝化;另一方面,更可能因重刑的结果,使得刑法超越一般预防思想的界限,甚而超出报应的范畴,形同"酷刑"。同时,从实证研究的观点观察,犯罪的发生,犯罪行为人所考量的仅极少数是从刑的轻重着眼,绝大多数的行为人所考量的,则在于被捕风险的高低。重刑化的犯罪抗治对策,恐如同刑罚理论一般,仅是在不可能实现的期待中,假象性地满足一般人对于犯罪制裁的情绪而已,在成效上,重刑化思维,反而不如强化犯罪追诉,对于犯罪更具有预防效应。①刑罚如一味地加重,其后果将使得人民的法律价值与法律情感钝化,使得国家法治不再是法治,而将法治国导向刑治国毁灭的道路。现代的文明国家对于刑事制裁的思考方向,无不倾向缓和的修正方向。

针对当下的刑法机能的倾向,有学者指出:风险社会中,容易过分考虑立法论,解释论及刑罚积极运用的倾向。但是,风险社会中不是所有问题都能用刑法来解决,也必须考虑刑法的最后手段,及由此派生出的刑法谦抑性及片面性(不完整性)。据此,作为控制调整行为手段的民法与行政法应该被首先适用,基于这些法具有第一次规范性,刑法具有第二次规范性,为了严守刑法的自由保护机能,必须强调刑罚消极主义。②这种观点指出刑法即使在风险社会下被动用,也应该严格加以限定,如果通过民事或行政方式可以有效地加以制止,就不应用刑法来进行干预,即刑法的谦抑性在风险社会下也同样应予适用。但是在民事或行政手段并不能有效地规制此类危险行为时,刑法的补充性功能就必须发挥。因为刑法对于民事违法、行政管制的监督是不可或缺的。

---

① 参见柯耀程:《刑法的思与辩》,元照出版有限公司,2003年,第342—343页。
② 参见[日]高桥则夫:《刑法保护的早期化与刑法的限界》,《法律时报》,2003年第75卷第2号。

对立法加以限制,在解释论中坚持谦抑,以积极一般预防论为基础的自己责任原理来看,有必要将谦抑性导入立法论和解释论的适用中。[①]谦抑性也是对积极一般预防或消极一般预防的保证,如用刑罚不能达到目的,而且也要严格适用谦抑性的情形下,所有的犯罪类型的正当性均会受到质疑。谦抑性概念内容的规范性、抽象性是其起因。谦抑性的概念是规范的、抽象的,以结果上满足法益性的必要性为限,以没有利益冲突为限,所有情况下的刑事立法都能被允许。[②]

如果没有慎重考虑并直觉反射似的把刑事威慑作为明显节省成本的实现任意行政目的或者福利目的的政治上廉价工具加以滥用,那么刑罚就失去了它的特效性,即应该是对于个体或者社会利益特别不能容忍的、道德上卑鄙的损害或者具体危险的反应。[③]犯罪化起源于免遭侵害型保护与确权型保护两个不同的思路。思路一是保护社会免于遭受新类型犯罪(不法)的侵害,此类犯罪往往是与新技术相关联的,这种政策称之为现代化的政策,思路二对于新权利予以确认并加以保护,这种犯罪化的刑事政策可以称之为保护的政策。现代化的政策(以应付新技术的发展)与保护的政策(与新的权利的出现相关联)之间的关系同样是我们不能忽略的。[④]如果非犯罪化是社会真正企盼的,就是容忍的政策;如果非犯罪化是一种需要加以承受的失败,表明干预的无能为力,那么就是放弃的政策。[⑤]

现代食品的种类及制造过程日益多样化和复杂化,要是食品从原料到

---

① 参见[日]斋野彦弥:《刑法学的机能及其新展开》,《刑法杂志》,第40卷2号,第189页。

② 参见[日]斋野彦弥:《刑法学的机能及其新展开》,《刑法杂志》,第40卷2号,第193页。

③ 参见[德]托马斯·魏根特:《论刑法与时代精神》,樊文译,《刑事法评论》,2006年第2辑。

④ 参见[法]米依海尔·戴尔玛斯-马蒂:《刑事政策的主要体系》,卢建平译,法律出版社,2000版,第243—249页。

⑤ 参见[法]米依海尔·戴尔玛斯-马蒂:《刑事政策的主要体系》,卢建平译,法律出版社,2000版,第255页。

消费者口中,其中每一个生产与制造过程都需要完整的法律规范,其中内含管理学的知识:如风险评估、风险管理、风险交流以及拟定食品安全管理的社会政策,具体的作为包括:控制与监督、预警系统、扩大食品安全的知识。监控管理的基础工作需要正确掌握与整合市场资讯的来源,预警系统是需要完整法律框架与规范的相互建立,扩大食品安全的知识需要有安全运送的方式,评估污染的有效方法,以及化学危险检验新法等发现。其中预警系统须整合科学、社会、政治、经济等多项对应措施,形成具体的国家安全政策或法律原则,据此原则去规整各项法规,以确立出社会安全体系的建置,必要时动用刑罚作为最后手段。[①]换言之,现代社会中食品安全能否被予以充分地保护取决于几个方面,包括科学技术发展深度与广度、食品生产者(制造者和销售者)对于组织及法规范的忠诚程度,以及消费者获得正确资讯的有效性。另外,法律在其中也要发挥其重要机能,特别是运用公法及刑法对食品安全予以充分保障。就刑法的控制而言,虽然属于二次规范秩序,但不可否认的是其对食品安全的实现发挥着极为重要的规范效果。刑法除了直接效用外,对食品安全另有许多的间接效用。例如反贪污贿赂犯罪的规定虽然不属于食品安全刑法,但能够对管控食品安全的公职人员确实履行职责,免受厂商的贿赂。

## 第二节　我国食品安全犯罪刑事政策之审视

食品安全问题事关人民健康,事关国家长治久安,一旦爆发大规模的食品安全问题,其危害程度不亚于一场自然灾难。因而食品安全犯罪的危害也并非像传统一般犯罪对个人和社会造成的危害,其具有非传统犯罪的特征,这也就决定了食品安全犯罪刑事政策的选择必须从非传统安全的视角

---

① 陈宏毅:《论过失不作为犯》,元照出版有限公司,2014年,第413页。

出发。非传统安全具有跨国性、全球性、社会性、多元性等特征,食品安全自然也不例外。因而,在食品安全方面选择的刑事政策,必须基于多元性角度,综合确定。首先,食品安全是全球性问题,每个国家都不可忽视。在国际社会上,需要国家、政府、国际组织等多元国际主体共同努力。在国家内部,需要全体社会、企业组织、一般民众等全部社会成员共同参与,齐心协力。这就要求食品安全刑事政策必须是集法律、道德、教育、伦理等各项政策的整合。其次,食品安全作为非传统安全,在治理方面存在短期惩治与长期预防两个层面的措施,这是基于非传统安全理念要求的可持续发展理念而产生的。针对食品安全犯罪,必须采取"事后的消极刑事处罚与事前的积极社会预防"相结合的治理理念。事后处罚是针对食品安全犯罪者进行处罚,对应的是食品安全犯罪刑事政策的短期应对性、治标性;事前预防是指发掘犯罪原因,从源头治理犯罪,对应的是食品安全犯罪刑事政策的长期可持续建构、治本性。这就要求食品安全刑事政策是事后消极惩罚与事前积极预防的理念结合。可见,在非传统安全理念下,第一,食品安全犯罪刑事政策不仅要考虑国内犯罪情况,也要参考、借鉴别国治理经验,与其他国家相互配合。第二,不能把食品安全犯罪刑事政策视为单一的法律问题,要将它视为以法律政策为主,以道德、教育、伦理等其他社会政策为辅的多元社会政策。第三,正是基于食品安全犯罪刑事政策的复合化、多元化特征,才导致食品安全刑事政策是事后刑事惩处刑事政策与事前积极预防食品安全社会政策的结合[①]。我国食品安全刑事政策正是在上述非传统安全视角下,基于我国经济社会发展情况,结合食品安全犯罪的特征,跟随时代不断推进演化的。

---

① 李莎莎:《非传统安全视角下食品安全犯罪的刑事政策及立法》,《河南大学学报》(社会科学版),2014年第2期。

### 一、我国食品安全犯罪刑事政策的演进

从刑事法律的运行过程来审视,我国的刑事政策可以分为刑事立法政策和刑事司法政策,且贯穿于刑事立法和司法的全过程。在宏观层面上,刑事政策可以指导刑事立法和司法。微观层面具体到某一犯罪,如食品安全犯罪而言,刑事政策一方面可以指导该种犯罪的制定和修改;另一方面会通过具体的刑事政策表明国家对此种犯罪的态度。

我国食品安全刑事政策经历了从轻缓到严厉、从分散性单行刑法到刑法典为主的食品安全犯罪治理体系,这种转变与我国社会转型关系密切。在我国的计划体制转变为市场经济时,原有的规制计划经济的刑法体系已经不能继续适用。加之随着社会经济发展,人们追求效益的功利之心越来越迫切,不乏利欲熏心者置人民健康而不顾,因此对食品安全犯罪的规制已经不能再采用重教育感化的方式。近年来,伴随着我国市场经济的持续发展与现代科技的不断深入,食品产业在逐渐繁荣发展的同时,严重的食品安全问题也层出不穷,如众所周知的三聚氰胺、"毒奶粉"事件等,这些食品安全问题一方面不仅严重扰乱市场秩序和经济金融秩序,另一方面也对不特定多数人的身体健康和生命安全造成了严重威胁和危害。因此,对食品安全犯罪刑事政策进行审视探讨,不仅有利于更为科学合理地处理食品安全犯罪的司法实践中的问题,更为重要的是能够对食品安全犯罪进行事前预防,从而切实保障人民的安全。

自1949年至今,随着我国社会经济以及经济、科学技术等各方面社会形势的不断发展转变。自始因食品安全事关民生,我国对食品安全就实行"犯罪化"。虽然在1979年颁布的《中华人民共和国刑法》中并未规定专门的食品安全犯罪条款,但是随后在1983年《中华人民共和国食品卫生法》中便规定违反《食品卫生法》造成严重后果者,根据不同的情节,适用刑法中

的玩忽职守罪、重大责任事故罪的条款，初步体现了我国对食品安全犯罪的犯罪化倾向。后在1997年修订的《刑法》中吸收了相关的食品犯罪条款，确立了生产、销售不符合卫生标准的食品罪和生产、销售有毒、有害食品罪这两个罪名。后来随着经济社会发展，国家不断调整食品安全方面的刑事政策，初步形成《刑法》规定的食品安全犯罪条款。

**(一)从立法形式上划分，我国关于食品安全的刑事立法经历了三个时期**

第一个时期是食品卫生(安全)的单行刑法时期，1993年通过《全国人民代表大会常务委员会关于惩治生产、销售伪劣商品犯罪的决定》，这是以单行刑法的形式第一次对危害食品的犯罪所作出的规定，该决定中规定了生产、销售不符合卫生标准的食品罪和生产、销售有毒、有害食品罪两个罪名，这就是1997年修订的《刑法》中增置危害食品犯罪的前身；第二个时期进入食品犯罪的刑法典化阶段，即把前述1993年关于食品相关的单行刑法的内容纳入1997年刑法典之中，也可以说这是一个食品犯罪法典化的过程；第三个时期是食品安全理念的确立以及刑法修正阶段，以2011年《中华人民共和国刑法修正案(八)》的出台为标志。在食品安全危害事件频发的形势下，将关于食品安全犯罪的规定纳入刑法，并对《刑法》中的相关食品安全规定进行调整，实现与《食品安全法》的协调。另外专门增加了食品安全监管渎职犯罪，扩大了食品安全犯罪的刑法体系范围。[①]

**(二)从立法内容上划分，我国关于食品安全的刑事立法经历了三个阶段**

第一阶段：危害食品安全行为的"非犯罪化"时期(1949—1979年)。

1949—1979年，这段时期我国实行较为严格的公有制下的计划经济，私有制经济的存在与发展空间极其有限，食品产业并不发达，市场主体的逐利性不强，食品安全问题并没有成为当时社会的主要问题。因此，当时并没有

---

① 左袖阳：《食品安全刑法立法的回顾与展望》，《湖北社会科学》，2012年第5期。

对食品安全设置刑事制裁,而主要依靠行政措施,但规制食品安全的行政立法也是屈指可数。对于当时发生的为数不多的食品安全犯罪案件,如20世纪70年代出现的勾兑毒酒案件,司法实践中多采用立法推定的方式,以与这类案件性质相似的"以危险方法危害公共安全罪"定罪处罚。[①]

因此,从严格意义上讲,这一时期我国对食品安全犯罪采取的并不是非犯罪化的刑事政策,只是由于当时法治建设的不完善和种种社会条件的制约,立法上没有对食品安全犯罪创设专属的罪名,只能在司法实践中直接适用危害公共安全罪的兜底条款定罪量刑。但理论界对于"以危险方法危害公共安全罪"这条兜底条款的适用存在着诸多质疑与争议。[②]

第二阶段:危害食品安全行为的"犯罪化"时期(1980—1996年)。

1980—1996年,商品经济得到了飞速发展,各类市场主体的逐利性被大大激发,社会上开始出现大量的生产不符合卫生标准甚至有毒有害的食品的行为,对广大人民群众的生命健康安全造成严重的威胁,并造成了一定的社会恐慌。为有效应对和打击层出不穷的危害食品安全的行为,我国在这一时期先后以附属刑法、司法解释、单行刑法的方式将危害食品安全的行为规定为犯罪并进行刑事处罚。

我国第一次将危害食品安全的行为明确为犯罪,是以附属刑法的方式进行规定的。1982年《中华人民共和国食品卫生法(试行)》第41条中规定了可对严重危害食品安全的行为追究刑事责任的条款。1985年,最高人民法院、最高人民检察院联合下发了司法解释,规定对于生产、流通中以少顶多、以次顶好、以假充真、掺杂使假,情节严重的行为,以投机倒把罪定罪处罚。理论界对这项规定有不少批评的声音,认为这种规定是对司法权的扩张,有侵犯立法权以及违反罪刑法定原则之嫌。但本文认为,评价时应结合当时

① 刘仁文:《中国食品安全的刑法规制》,《吉林大学社会科学学报》,2012年第4期。

② 刘仁文:《取消"以危险方法危害公共安全罪"又何妨》,《新京报》,2009年7月25日。

我国法治建设还尚不完善以及打击危害食品安全犯罪的社会需要等情况综合考量，不必太过苛责。

很多学者对于以单行刑法和附属刑法规定食品安全犯罪的立法模式提出了质疑与批评，在后文会详细探讨。

第三阶段：危害食品安全行为犯罪化发展与完善期（1997年至今）。

我国1997年修订的刑法典，在对1993年食品安全犯罪的单行刑法相关内容进行吸收并完善的基础上，规定了"生产、销售有毒、有害食品罪"和"生产、销售不符合卫生标准的食品罪"。这是刑法典中首次出现与食品卫生（安全）直接相关的犯罪罪名。

从立法内容上看，这个时期的立法是一个不断严密法网，对食品安全犯罪加大打击力度和范围的一个过程。与1993年《全国人民代表大会常务委员会关于惩治生产、销售伪劣商品犯罪的决定》对食品安全犯罪只规定了结果犯与结果加重犯相比，1997年刑法典增加了食品安全犯罪的危险犯情形；同时对食品安全犯罪如生产、销售有毒、有害食品罪的罪状进行了规定；在原来结果加重犯的规定中增加了兜底性的内容，大大扩宽了可适用结果加重犯的情形；2011年《刑法修正案（八）》增加了食品监管渎职罪，将负有食品安全监督管理职责的国家机关工作人员也纳入了规制的主体范围。

从立法技术上讲，这一时期关于食品犯罪的立法较之前有了很大提高，比如2011年通过的《刑法修正案（八）》，进一步完善了对于食品安全犯罪的相关规定：首先，以"食品安全标准"替代原来的"卫生标准"，与2009年《食品安全法》衔接，便于司法实践中的具体适用；其次，为了加大处罚力度及发挥刑罚的威慑性，将之前一定倍数以下和一定百分比以上"罚金"模式修订为无限罚金刑①。

---

① 《食品安全法》法律责任中对于违反本法的罚款规定包括具体罚款幅度或（货值金额）倍比方式。对于违法和犯罪二元模式采取的罚款和（无限额）罚金的处罚采取不同模式可能会导致行政处罚高于刑罚的结果。这也是单一刑事立法模式的弊端之一。

面对日益严重的食品安全犯罪形势，这一时期我国对于食品安全犯罪的立法内容与立法技术做了很大的调整与提高，但是刑事政策上还是会有一些值得反思的地方。一方面，食品监管渎职罪的设立被质疑是多余的立法，且存在司法适用上的困难；另一方面，将生产、销售有毒、有害食品罪的特别结果加重犯，即致人死亡或者有其他特别严重情节的，规定依生产、销售假药罪来处罚，这项规定在逻辑解释以及司法适用方面都存在不容忽略的问题，被很多学者所批评。

综上，我国对食品安全犯罪刑事政策的转变与食品产业发展和国家经济社会转型具有重大联系。虽然食品产业的成熟与完善需要较长一段时间，但是国家不可能容许某一行业范围内存在可能危及人们健康的"深水炸弹"，这决定了食品安全犯罪这一行为在经济和产业发展期间必须受到制裁。在今后社会发展过程中，科学技术一定会继续进步，食品产业也会借势迈入新的阶段，正如上文风险社会的论述所言，发展也产生了一定的负面效应。因而对食品安全犯罪刑事政策也会因为形势再次改变，并逐步完善。

## 二、我国食品安全犯罪刑事政策的审视

### （一）食品安全保护刑事法网不严密

当前我国的刑法已经落后于对食品安全进行全过程管理的时代趋势，刑法调控的范围过窄。与食品安全有关的两个主要犯罪的调控范围十分狭窄，很多营业主体为了规避处罚，往往十分谨慎，但是实际生活中这样为了无限追逐利益、不顾消费者健康的商家是众多的，这种狭窄的处罚范围显然没有起到打击震慑作用。此外，食品安全犯罪的危害性在一开始并不是十分严重的，但是等到其危害达到了刑法要求的程度时，往往已经造成了巨大的不可恢复的危害结果。加之当今物流业的发达，食品可以销往全国乃至国外各地，如果等到食品安全行为已经造成巨大范围和程度的情况下，才进

行打击、科处刑罚，那么刑罚起到的作用便只有报应，很难起到预防效果。

具体而言，我国刑法对食品安全犯罪的规定都存在不足与疏漏之处。[①]

第一，在食品安全犯罪样态方面，我国对食品安全行为的刑法规制仅限于生产、销售、非法渗入或监管行为，规制范围过于狭小。在工业化、信息化进程逐渐深入推进的当下，食品产业分工越来越细密，每一个微小的环节对食品安全都可能产生致命的影响。虽然2013年《最高人民法院、最高人民检察院关于办理危害食品安全刑事案件适用法律若干问题的解释》，规定将生产、销售不符合食品安全标准的食品添加剂用于食品的包装材料等，或用于食品生产经营的工具、设备等的行为按照生产、销售伪劣产品罪处罚，将在食品的运输和贮存等过程中超限量或超范围滥用食品添加剂的行为纳入刑法规制范围。但这项规定也只是通过简单有限的列举方式扩大了食品安全犯罪的规制范围，对于应对不断变化、千姿百态的食品安全犯罪来说无异于是饮鸩止渴。而且这种解释方式明显超出了扩张解释的限度，给其他罪名的适用和刑罚均衡带来了极大的干扰。而且遗憾的是，司法解释的这项规定仅仅针对作为犯罪，没有涉及不作为犯罪。[②]

第二，在犯罪对象的规定上，刑法对食品安全犯罪仅规定了有毒、有害食品以及不符合安全标准的食品，而2021年新修正的《食品安全法》对不符合安全标准的食品采用明确列举和模糊兜底的方式进行了详尽的归纳，显然《刑法》所规定的行为对象不能涵盖上述《食品安全法》规定的相关对象[③]，这种情况会带来两方面的弊端，一方面，现行《刑法》有关危害食品安全犯罪规制的行为对象与《食品安全法》的规定极不协调；另一方面，也会导致许多

---

① 全其宪：《我国危害食品安全犯罪体系完善研究》，安徽大学，2016年博士研究生毕业论文。

② 武晓红、王嘉琪：《食品安全权益刑法保障研究——以两高涉危害食品安全司法解释为视角》，《兰州学刊》，2014年第4期。

③ 与此类似的是，2021年施行的《刑法修正案（十一）》增设的妨害药品管理罪与2019年修订《药品管理法》对于妨害药品管理的违法行为规定的范围也不完全一致。

相关食品安全行为对象得不到刑法应有的保护。比如,现行《刑法》对初级食用农产品的规制不够,司法实践中,大量的食品安全事件发生于食品生产链源头,即种植农作物以及与养殖禽、畜等食用动物的过程中。但当前刑法并没有对这个生产过程进行明确规定。

第三,在犯罪主体的规定上,我国刑事政策依然保持着将犯罪主体仅限定在食品生产经营者和食品安全监管人员这两类主体上,结合上面所提到的食品安全犯罪形态与类型的多样,这就必然导致规制危害食品安全犯罪的刑事法网严重疏漏。

第四,在食品安全犯罪主观方面的规定上,我国《刑法》主要规定的还是故意犯罪,忽视了对于过失的食品安全犯罪规定。对于因过失所导致的食品危害(实害犯)或食品安全危险(危险犯)是否构成犯罪存在不同的观点,相应的危害行为认定为过失以危险方法危害公共安全罪或过失致人重伤、过失致人死亡等具体罪名是否妥当值得商榷。鉴于我国《刑法修正案(十一)》增设的危险作业罪这种生产类的过失危险犯类型,是否亦应该增加类型的食品过失危险犯值得立法斟酌。

## (二)食品安全犯罪刑罚制裁严苛化

我国对于食品安全犯罪的刑事政策经历了一个由轻缓到严厉的过程,通过研判我国刑法会发现其对于食品安全犯罪的刑罚已相当严厉。

首先,从法定最高刑上看,生产、销售不符合安全标准的食品罪最高刑是无期徒刑,并处罚金或者没收财产;生产、销售有毒、有害食品罪的最高刑是死刑,并处罚金或者没收财产,法定最高刑触及我国刑罚体系中最严重的刑罚,不可谓不严厉。

其次,食品安全犯罪的起刑点较高。相比于1997年刑法典,《刑法修正案(八)》取消原来相关食品安全犯罪"单处罚金"的规定,这样规定就使得食品安全犯罪的最低起刑点由原来的可单处罚金提升至自由刑之拘役并处罚金;《刑法修正案(八)》还增加了适用第二档刑罚的犯罪情况。

另外,我国出于严厉惩处食品安全犯罪的目的,将食品安全犯罪的罚金刑规定为无限额罚金制。无限额罚金制固然具有使用上的灵活性,可以应对不同程度的犯罪,但也会导致法官的自由裁量权过大,存在滥用的风险。且我国各地经济水平以及司法人员素质水平差距较大,没有明确具体操作标准的无限额罚金更是加重了罪刑均衡的困难,不利于食品安全犯罪人的人权保障,因此,可以通过颁布司法解释的办法规定罚金刑的具体操作标准以及计算方法等,司法解释灵活性较强,可不断进行具体规定的调整以适应不断发展变化的社会经济情况。

最后,从具体的刑罚内容上看,刑罚呈逐渐加重的趋势,整体上刑罚较重。第一,体现在我国对罚金刑的规定上,2011年《刑法修正案(八)》还取消了生产、销售不符合安全标准的食品罪以及生产有毒、有害食品罪罚金的数额上限,加大了罚金刑的处罚力度。第二,《刑法修正案(八)》对食品安全领域内国家机关工作人员滥用职权或者玩忽职守的行为专门规定了食品监管渎职罪,相比于刑法典统一规定的食品安全领域外的同样行为,规定的刑罚更重。第三,将生产、销售有毒、有害食品罪最高刑的适用情形由原来的"对人体健康造成特别严重危害的"修改为"有其他特别严重情节的",增加了最高刑的适用情形。第四,在规定的刑罚类型上,只有生命刑、自由刑、罚金刑和财产刑,依旧缺乏资格刑。第五,在入罪门槛上,刑法规定的食品安全犯罪的立案标准相对过高。根据《刑法》第149条规定,即使不符合相应条款规定,但是销售金额满足5万元以上的,也应当依照本节第140条的规定定罪处罚。两高的司法解释将最低生产、销售金额限定在10万元、20万元、50万元。这意味着现实生活中实际存在的规模较小的生产、经营食品的,销售金额没达到前述法定标准的小工厂和小作坊,不在刑法的规制范围内,难以对其追究刑事责任。但事实上这种大量存在的小作坊对食品安全和人民群众身体健康产生的威胁和危害程度并不低于大中型食品生产企业,而且这类主体从事的食品相关行为在我国食品安全犯罪中占据着非常重要的地位。

对食品安全犯罪采取上述所说的刑罚无疑是比较重的,但不可否认的是具有一定的合理性。一方面,食品安全犯罪虽然属于破坏社会主义市场经济秩序犯罪,但是该种犯罪不仅会破坏经济秩序,更为严重的危害是危及人们的身体健康甚至生命安全。而我国的刑罚配置中,对危及健康及其生命犯罪的刑罚一向是比较高的,这也符合我国刑法的罪责刑相适应原则;另一方面,针对当下食品安全犯罪高发,影响巨大的态势,对犯罪分子处以较重刑罚,体现了国家打击犯罪、保护人民群众的态度,提高了公权力的公信力。但是就目前食品安全犯罪的状况看,一味采取严厉的重刑政策好像无法取得理想的遏制犯罪的效果。储槐植教授认为:"对待犯罪是严还是不严(即刑事责任严格还是不严格,刑事法网严密还是不严密),关于刑罚是厉(苛厉)还是不厉,两两搭配,在理论上有四种组合,即四种刑事责任模式:又严又厉;不严不厉;厉而不严;严而不厉。"①合理的模式应当是严而不厉的,但是我国食品安全犯罪的刑事责任模式却是厉而不严,这样的模式实际上是不合理的。究其原因,还是因为食品安全犯罪归根结底不同于一般的直接危及人的身体健康或者生命安全的单一侵犯客体犯罪,其侵犯人的健康或者生命往往是间接的,是在追逐过大利益的过程中抱有侥幸心理放任了对人身的危害。那么对食品安全犯罪就不能直接采用与故意杀人罪或者故意伤害罪等侵犯人身权利犯罪相同或者相似的刑罚,这虽然在学理上有合理性,但是对于打击实际生活中的犯罪并没有起到良好的作用。而刑罚的设置必须起到震慑和预防效果,如果不能实现预防犯罪的目的,短期内可能问题不大,从长远来看,不利于社会的稳定与发展。

---

① 储槐植:《严而不厉:为刑法修订设计政策思想》,《北京大学学报》(哲学社会科学版),1989年第6期。

在立法方面,虽然我国对食品安全犯罪有较为严厉的刑事处罚措施,但是有种观点从司法实践的统计数据出发,认为虽然我国在立法方面对食品安全犯罪有较为严厉的刑事处罚措施,但事实上对食品安全犯罪的刑事处罚从整体上看偏缓和,因此建议通过出台司法解释的方法指导司法,切实加强对食品安全犯罪主体的刑事处罚强度。[①]笔者认为,这种主张从重处罚的观点太过高估重刑的作用,没能正确地认识到我国食品安全犯罪的现状和特点。事实上,我国对食品安全犯罪的处罚总体上厉而不严,对规制范围内的行为处罚过重导致刑罚过剩,不利于保障人权,对规制食品安全犯罪意义也不大。扩大规制范围,增加预防性立法,实现对食品安全犯罪的事前预防才更适合我国立法现状。

犯罪往往具有十分复杂的原因,是集合了人体外部经济、政治、文化、教育、宗教等因素和人体内部思想、生理、心理等因素而产生的社会现象综合体。所以刑罚的轻重与犯罪的数量多少不是正比例的关系,重的刑罚并非能够降低犯罪率。只有深刻剖析当前食品安全犯罪发生的原因,才能找到解决问题的措施,从而分析出当前食品安全刑事政策的不足,并作出针对性调整。针对当前所发生的一系列重大食品安全犯罪,在进行了仔细分析后,笔者认为,食品安全犯罪发生的背后往往存在着有规律的内在原因,现一一列举。

食品安全犯罪的最深层次原因是我国的经济发展背景。自1978年我国实行改革开放以来,经济社会取得了飞跃性的进展,人民生活水平大幅度提高,我国在实现社会主义现代化的道路上的脚步也逐步加快。但是摆在我们面前的事实是,工业化进程在加快的同时,国民素质并没有相应跟上。我们无法否认的一个事实是,我国是一个农业基础深厚的国家。为了追赶经

---

① 全世文、曾寅初:《我国食品安全犯罪的惩处强度及其相关因素分析——基于160例食品安全犯罪案件的分析》,《中国刑事法杂志》,2013年第4期。

济全球化的潮流,被迫卷入市场经济浪潮中的,除了工商业主体,还有数以万计的农民主体。飞速发展的经济为其提供了极好的发展环境,但是由于他们自身力量的局限性,他们往往处于受大企业压迫的境地。在我国目前的食品生产发展中,存在着很多大中型食品生产企业,为了获取更大的市场份额和利润,往往存在着把市场风险和成本压力转移给下游小企业和个体经营者的非合理现象。[①]当小型企业被压迫时,出于生存压力,选择便宜甚至不符合安全标准的食品原料,甚至,去实施危害食品安全的犯罪。

食品经营者逐利心态下的"不顾一切"。在市场环境好的时候,几乎人人都想要分得一杯羹。在这种情况下,一些企业主体心中只剩赚钱这一个想法。他们往往为了追逐更大的利益而丧失了基本的道德观念,毫不顾忌诚信、社会责任感。如果此时政府监管不力,放任企业的不道德、不诚信作为,将会使得整个食品经营市场唯利是图,弃消费者健康于不顾。企业的自律是防止食品安全犯罪的内因,只有企业自律了,严格控制自己的行为,才能真正杜绝食品安全犯罪。但是这绝不是靠企业自己的力量就能实现的。

### 三、食品安全犯罪刑事政策之理念调整

面对日益严重的食品安全犯罪态势,我国以行政手段规制此类问题的情况普遍让人感到失望。在这样的情况下,刑事立法和司法层面的具体刑事政策一开始便有着从严的特点,呈现出一定的重刑化倾向。然而,从严的刑事政策在社会实践中并没有收到明显的效果,因此有必要对我国食品安全犯罪刑事政策进行重构。[②]基于我国刑法在规制食品安全犯罪存在的不足以及我国打击食品安全犯罪的现实需要,对当下食品安全犯罪刑事政策做出调整是非常有必要的。从刑事政策理念的调整以及具体的立法和司法

---

① 舒洪水:《食品安全犯罪刑事政策:梳理、反思与重构》,《法学评论》,2017年第1期。

② 舒洪水:《食品安全犯罪刑事政策:梳理、反思与重构》,《法学评论》,2017年第1期。

技术的提高基础上,建构出既符合"严而不厉"的刑罚结构趋向,同时也契合宽济严刑事政策的基本精神。有利于我国刑事政策由"厉而不严"或"从重"向"严而不厉"或"罪密刑缓"的转变。

食品安全刑事政策不单单是刑法方面的政策,其应该是多元社会政策。储槐植教授认为:"法网分为两层,一层是整体法网,一层是刑事法网。整体法网指国家对全社会管理的法律法规。管理出秩序,秩序是刑法的价值目标,也是畅通刑法机制的环境保障。严管的实体效用胜于严打。"[①]在食品安全方面,更要注重"整体法网"的管理监督作用。有学者主张:食品安全刑法保护理应遵循"秉承谦抑、坚守原则、兼顾例外、行政延伸"的理性进路。[②]

**(一)积极刑法观的提倡**

在传统的刑法观中,刑罚的正当性主要在于行为对法益的实际损害,因此传统刑法观侧重于对行为的事后惩处。但根据前文我们对风险社会发展的梳理,不难发现风险社会的"风险"并非泛化的风险,而主要是源于科技发展所产生的风险。换言之,科技发展是双刃剑,一方面促进人类社会实现"前所未有"的进步,另一方面科技的副作用也创造了很多风险,这种风险的规模和强度已经达到足以摧毁人类的可能。因此,单纯的传统的刑法观无法防御这种风险。

在当今科技高速发展的时代背景下,在食品生产领域,人们面临的客观风险在不断增多是已经成立的事实,而不再是猜测和预断。在食品行业进入高速发展的工业化和物流业极其发达的网络化时代后,其存在的食品安全隐患也在极速地扩张。在经济发展缓慢,尚未进入大规模机器时代时,个体经营虽然也会存在安全隐患,但是由于自身规模,所产生的危害很有限。

---

① 储槐植、江溯:《美国刑法》,北京大学出版社,2012年,第11—12页。

② 李海良:《风险社会下的刑法沉思——兼评食品安全刑法保护的严刑峻法》,《重庆理工大学学报》(社会科学版),2013年第12期。

后因为生产规模的扩大和生产方式的变更,食品中化学添加剂的成分和含量都发生了极大的变化,导致的后果也变得更加恶劣,主要表现在危害程度和危害面积的扩大。

因此,为应对当下风险社会的众多风险,需要我们树立一种积极的刑法观,在坚持原有传统刑法观注重对犯罪行为的事后惩处的同时,侧重对于现代新型犯罪如食品安全犯罪的事前防控,根据应对食品安全犯罪的社会需要,在罪刑法定原则下应当扩充我国刑法对于食品安全犯罪的规制范围,增强对食品安全犯罪的事前防控。

1.增加持有型犯罪

对于当前的食品安全犯罪,作为食品生产销售链前端的持有、储藏行为,虽然这个环节危害食品安全的行为实行后,到流通至消费者之前都不会发生具体的实害性危险,但一旦食品流入社会,就会对公众的身体健康造成不可逆转的严重后果。因此,刑法应当注意到规制持有型犯罪的必要性,这是食品产业逐渐发展和分工逐步细化下的必然趋势,很多国家在刑法中对食品安全犯罪的持有型犯罪作出了规定。鉴于当下我国食品安全犯罪的实际情况以及刑事立法规制的漏洞,有必要在刑法中增设持有有毒、有害、不符合安全标准的食品罪。在设置罪名时,可以参考持有假币罪、持有毒品罪等持有型犯罪,对于那些明知是有毒有害或者不符合安全标准的食品仍然持有,以至于发生了严重食品安全隐患的人,进行定罪处罚,对食品安全犯罪进行提早积极预防,可以有效防止危害日益扩大,减少人身与财产损失。

2.扩充食品安全犯罪主体

将生产者、销售者,以及其他经营者也纳入刑法规制范畴,比如农作物的种植者、家禽的养殖者。另外,为确保刑法典的犯罪主体与行政法所规定的行为主体范畴相协调一致,应根据相关行政法的规定,增加种植、饲养、供应、运输、包装、加工、保存等环节实施犯罪行为的人为犯罪主体。[①]

### 3.规制类型前置化

从立法模式的层面来考察,抽象危险犯的立法模式非常适应现代风险社会下食品安全的规制。根据应对打击具体食品安全犯罪的需要,在食品安全犯罪部分领域采取抽象危险犯的立法模式。由罪责刑法走向安全刑法的转型期,刑法的规制呈扩张之势的原因还在于:抽象危险犯使得法益保护提前化,因而适应了控制社会风险的需要。另一方面它能与积极的一般预防所包含的刑法理念相契合,有助于激发民众的规范意识。同时,设定抽象危险犯一定程度上能够减轻司法人员的证明负担。

### 4.增加对不作为犯罪的规定

以往我国对食品安全犯罪的规定都只停留在作为的行为类型。事实上,规避法律义务的不作为的现象,在食品从生产到销售的每一个环节的行为主体都尽到自己应尽的义务,食品安全问题就能得到很大程度的解决。具体来说,在《刑法》中增设不及时履行维护保障食品安全或者减少损害的义务,以至于造成严重后果的犯罪类型。

### 5.增设食品安全犯罪的过失犯罪类型

我国对食品安全犯罪的类型一直都只限于故意犯。这种规定并不适应打击食品安全犯罪的现实需要。在现实生活中,由于食品生产经营者的过失行为而导致食品安全事故发生的事件也屡见不鲜,而且这种过失行为的社会危害性比较大,同样需要追究刑事责任。对食品安全犯罪的主观方面

---

[①] 2021年《最高人民法院、最高人民检察院关于办理危害食品安全刑事案件适用法律若干问题的解释》第5条和第11条规定食品运输、贮存以及食用农产品种植、养殖、销售、运输、贮存等行为主体可以构成生产、销售不符合安全标准的食品罪和生产、销售有毒、有害食品罪的犯罪主体。这种超越司法权限的司法解释的正当性值得斟酌。笔者认为这种解释不是扩大解释而是类推解释,虽然可以弥补法律漏洞,但是对于这种真正的法律漏洞,只能通过立法方式去填补,而不能由司法解释代位。

限定于故意,会加重诉讼过程中的举证责任,导致追究犯罪的刑事责任的难度增加。在司法实践中,很多情况下食品安全生产经营者即使因不正当作为而导致食品安全事故发生,对这种过失行为也难以定罪处罚。增设食品安全犯罪类型,能有效打击和规制食品安全犯罪的过失行为。

通过扩大刑法规制范围,将原来游离于刑法规定外的关涉食品安全的多种行为纳入刑法规制范围之中,使得刑法能对食品产业的风险以及严重危害食品安全的行为进行积极的事前预防,从而能避免社会食品安全事件的频发,通过严密刑事法网从而控制食品安全风险。

**(二)比例性原则的恪守**

比例性原则自德国行政法学者迈耶提出后,已经被诸多国家以成文法或者判例的形式加以确认。近年来,比例原则在我国法学理论研究中亦呈扩张趋势,其中不乏刑事法学者将比例原则引入刑法中。[①]刑法中的比例性原则应理解为犯罪者意欲追求目的与对其所采取相关限制手段的程度关系,这种关系不得与欲追求的目的与所需要限制的程度不成比例,即必须符合一定比例关系亦可。换言之,限制的手段虽然可以达到保障安全的目的,但仍需要权衡结果,使对犯罪人施以必要的限制恰好达到阻止危险伤害的发生即可。根据这一原则的要求,风险社会下的刑法不能制定严厉的刑罚措施来防范风险,而只能采取必要的、防止风险发生的刑罚。因为风险刑事立法往往针对的并不是具有现实危险的行为,如果规定过重的刑罚会导致在损害与刑罚间出现严重的不对称,就是对比例性原则的违反。

不同国家或地区对抽象危险犯的立法规定在适用刑罚幅度上存在着差异。由此引出一个值得思考的问题,同样是对于抽象危险犯的立法,是否应该因为危险对象存在差异,因而适用不同的刑罚幅度,虽然此时的刑罚不再

---

① 田宏杰:《比例原则在刑法中的功能、定位与适用范围》,《中国人民大学学报》,2019年第4期。

作为一种报应手段,但它却体现出立法者期望通过刑法规范传递出的一种信息——刑罚轻重体现保护对象的重要性程度。因此,从这一角度来分析,即使抽象危险犯不能通过损害和刑罚加以比较,但仍然可以通过刑罚轻重去衡量刑法所保护对象的重要性。

风险社会下预防刑法研究不应被泛化,亦不可以风险刑法为借口扩张刑法。实际上,我国刑法转向预防体系并非完全是因应风险社会而做出的应对,主要是基于国家管理或政治化的需要而做出的调整,期望能借助"风险社会"结构转型以及有效应对来获得将某种行为予以犯罪化评价(立法或司法途径)的正当性。

即使我国很长一段时间以来实施的都是宽严相济的刑事政策,强调刑法的谦抑性,但重刑思维的传统在我国自古有之,很多时候在我们提出有关犯罪的对策时就会显现出重刑主义的倾向,在食品安全犯罪的场合下也不例外。尽管我国刑法对于食品安全犯罪刑事政策总体呈现出厉而不严的特点,但还是有学者主张加大对食品安全犯罪的惩处力度,建议以没收财产代替原有的罚金刑,并增加没收财产的适用,使食品安全犯罪者承受倾家荡产的后果,这种建议就是典型的重刑思维的体现。

重刑主义对我国食品安全犯罪的规制和打击并没有什么积极意义。相比之下,刑罚的确定性和不可避免性更有利于规制食品安全犯罪。第一,重刑主义违反现代刑罚宽缓化的发展趋势,不符合现代法治思想;第二,从食品安全犯罪自身的特点来说,食品安全犯罪属于法定犯(行政犯)的范畴。对于这类犯罪的规制,主要考虑的是行政监管。第三,从功利角度上看,如果把预防犯罪作为刑罚的目的,有把犯罪人作为工具、不尊重被告人人权之嫌。重刑主义强调的主要是事后的惩处而不是事前的预防。而食品安全犯罪所需要的,正是加强事前的预防。因此,从功利主义的角度来说,在食品安全犯罪领域强调重刑主义也并没有什么价值。

对于食品安全犯罪这种经济类犯罪，刑法的介入力度应当遵循适度且有限的原则，坚持刑法的谦抑性。原因有二：一方面，最好的社会政策就是最好的刑事政策，预防食品安全犯罪，加强行政监管，营造良好的市场环境与经济环境，以这种社会综合治理的方式比单纯的刑法规制手段更有效果，也会节约更多的社会成本；另一方面，不同于自然犯，食品安全犯罪这类法定犯具有超常性，涉及大量专业领域的相关知识，超出了民众的"常识、常理、常情"，[1]刑法典的内容规定需要明确，通俗易懂，因此刑法对法定犯的规定不宜过多。

在食品安全领域，应着重考虑以下几点要素：第一，食品安全是迫切的公共利益；第二，没有合理的替代方案，且构建例外与处罚的目的并不矛盾；第三，对食品安全公共利益的保护力度不够，或者保护成本过大，刑事司法系统难以承受；第四，食品安全刑法保护的例外不会抑制社会期望行为；第五，有机会提出积极抗辩，且足以证明优势证据或引起合理怀疑；第六，对食品安全刑法保护的适用范围有明确的限制；第七，刑事处理可以不带偏见、不带歧视地进行，在刑法操作上是可行的。[2]

### （三）法益保护的实质化

前面已经提到，应对食品安全犯罪需要转变刑法观，从消极的刑法观转向积极的刑法观，即从对法益的消极保护转向对法益的积极保护。

从法益保护角度来看，判断一行为是否侵犯食品安全法益以及侵犯的程度，要从实质与形式两方面进行判断。行为从形式上符合法律规定是入罪门槛，判断一个行为是否构成相关食品安全犯罪，需要先从形式上判断是否符合规定，然后再进行实质法益的判断。一行为从形式上符合法律规

---

[1] 胡业勋、郑浩文：《自然犯与法定犯的区别：法定犯的超常性》，《中国刑事法杂志》，2013年第12期。

[2] 李岚林：《刑法典新增预防性措施之立法定位与规范建构》，《刑法论丛》，2019年第1卷。

定的构成犯罪的条件,但从实质上并没有对刑法保护的法益造成损害,不应认为该行为构成犯罪。我国刑法所保护的食品安全法益是复合法益,由于多个法益关系的复杂性,在对行为侵犯法益的情况进行实质上的判断时可能会产生冲突,这种情况下应当侧重于从刑法所保护的主要法益出发进行判断。

比如陆勇一案中,我国《刑法》对销售假药罪规定的法益保护包括国家的药品管理制度以及不特定多数人的身体健康。从形式上判断,陆勇在中国销售印度的抗癌药并未取得中国的药品销售许可,符合《刑法》销售假药罪构成要件的规定,但从实质上判断,陆勇的行为虽在一定程度上违反了国家的药品管理制度,但并没有侵犯不特定多数人的身体健康。相比于国家的药品管理制度,不特定多数人的身体健康应该是销售假药罪的主要法益,所以从实质上判断陆勇的行为不构成销售假药罪,最终认定陆勇无罪。

**(四)与国际化标准接轨**

在经济全球化不断深入发展的今天,食品安全犯罪问题是没有国界的。没有任何国家可以在全球性的食品安全问题中独善其身。食品安全问题是全球性的,在经济全球化时代背景下,现代社会的食品生产制造技术几乎是各国都会交流共享的,几乎任何一个国家的食品生产商都会在食品中添加保鲜剂或者其他化学成分。而且随着电商行业和物流行业的蓬勃发展,一国食品可以销往世界各地,一旦某个国家或者地区爆发食品安全问题,特别是微生物感染等卫生问题,会立刻产生连锁反应,迅速蔓延到全国各地,成为世界性的灾难。因而为应对我国的食品安全犯罪,必须具有全球化的眼光和国际化的视野。我国应该在食品安全治理领域进行广泛且深入的国际合作,这不仅是一项法律义务,同时也是我国食品产业发展与食品安全犯罪治理的需要。

第一,随着世界贸易的不断发展,国际性的食品安全犯罪刑事案件屡见不鲜,一个食品产品的出世可能是由多个国家合作完成的,应对这种刑事案件就必须加强食品安全犯罪国际司法上的沟通和协调。所以我国对食品安全相关犯罪进行规定时,应该尽量多地采用国际社会通行的表述,这样做有利于引渡犯罪人。因为引渡时要遵循双重犯罪的原则,需要行为依照引渡双方国家的法律都构成犯罪的情况下,才可以引渡。具体操作中,在是否要求双方法律对被请求引渡的行为是否构成的罪名及构成要件一致的问题上尚存在着争议。因此,使我国刑法对食品安全犯罪相关内容的表述尽量与国际接轨,有利于对犯罪人的引渡,同时也更有利于国际食品安全犯罪在司法程序上的沟通与协作。

第二,不同国家食品产业的发展以及食品安全犯罪问题存在着一定的共同特征,但我国的食品产业以及相关立法比之西方发达国家具有一定的滞后性。往往发达国家几十年前发生的犯罪行为及其特征与我国现在的情况非常相似。同样,发达国家几十年前对某些行为实行的犯罪化,也是现在我国需要实行的犯罪化。[1]因此,我国可以借鉴西方先进的立法技术和经验,在调整适合我国食品安全犯罪的刑事立法和刑事政策上少走弯路。

第三,我国应主动融入食品安全国际治理体系中,以此促进中国食品安全治理能力的提高,完善相关立法体系。在解决食品争端时,积极主动地适用食品安全相关国际法,对其间的模糊责任条款进行合理解释,促进国际食品安全相关规定与我国食品安全相关法律内容的衔接与协调,以维护我国在国际食品安全相关领域的合法权益。[2]

最高人民法院2010年发布《关于贯彻宽严相济刑事政策的若干意见》中明确提出:"贯彻宽严相济刑事政策,要根据犯罪的具体情况,实行区别对

---

① 张明楷:《刑事立法的发展方向》,《中国法学》,2006年第4期。
② 冯帅:《食品安全监管国际软法变革论——食品安全全球治理的视角》,《北京理工大学学报》(社会科学版),2018年第6期。

待,做到该宽则宽,当严则严,宽严相济,罚当其罪。"食品安全犯罪作为刑法规定的一项犯罪,又是当今一个重点关注的犯罪,必须将宽严相济的刑事政策理念贯彻到该罪的司法审判中,重点要把握好以下两个因素。其一,把握犯罪的主观与客观两方面要素。首先,在犯罪客观方面,注意犯罪行为的具体样态,尽量摒弃纯粹的客观主义立场,同时考虑行为人的主观恶性。由于食品安全犯罪动机与营业主体的逐利性密切相关,所以在认定犯罪时,侧重点应在行为人的"主观恶性的程度"评价上,以此来辨别行为人的人身危险性程度的高低,以实现最佳预防与教育的效果。[1]其二,把握好"造成严重食物中毒事故或者其他严重食源性疾患"判断。在实施宽严相济的刑事政策时,必须掌握好行为中食品或者原料中存在的造成中毒或者其他疾患的潜在风险的大小。对于风险的判断仅依靠法律知识是不足的,需要兼有食品安全或者卫生安全相关的医学、药学等领域知识。同时要求医学、食品、生物、农业、营养、环境等领域的专家对食品危害性进行定性以及定量评判并对食品安全风险评估。

有学者指出:基于风险刑法理论所倡导的法益保护前置化的理念,在我国预防性的刑事立法模式已从碎片化条款向类型化立法转变,刑法积极参与社会的治理,欲追求刑罚的预防效果并通过活性化刑事立法以回应民众的关切,在适度地增加新型罪名外(通过增加新罪名扩充已有罪名),处罚上也表现出预防倾向:以刑事禁止令和从业禁止制度为代表的新增预防性措施(刑罚抑或保安处分)的立法入刑,打破了我国以刑罚为主,非刑罚处罚措施为辅的单一化刑事制裁体系,刑事制裁的机能从最初过分倚重惩罚逐渐转向惩罚与预防并重。[2]笔者不认同该学者对我国刑法制裁体系转向的观点,主要基于以下两个方面:一方面,风险刑法和法益保护前置化仅是一种

---

① 李兰英、周微:《论惩治危害食品安全犯罪的刑事政策》,《中国刑事法杂志》,2013年第3期。

② 李岚林:《刑法典新增预防性措施之立法定位于规范建构》,《刑法论丛》,2019年第1卷。

表征关系。风险刑法是通过法益保护早期化来规制风险,但无法得出刑法保护早期化是因应风险刑法的必然。换言之,法益保护前置化亦可以在传统刑法体系中予以呈现,比如放火罪是具体危险犯类型,就属于传统刑法保护早期化的实现方式。另一方面,刑法处罚并非没有预防走向,而是呈双轨发展趋向发展(刑罚——保安处罚二元结构愈加凸显)。对此应从两个层面分析:其一是刑罚适用虽是以罪责为前提,但是当下刑罚并非单纯的惩罚观,而是采用统合理论(报应和预防统合),预防刑在刑罚裁量中也居于重要地位;其二是刑法新增的从业禁止和禁止令的规定,虽然在刑罚体系中的位置不明确,对于其属性也存在争议,但仍不可否认其保安处分的性质,只不过在我国刑法中可能赋予两种制度更多的功能而已。

因此,风险刑法与传统刑法双轨并行发展,虽存在一定的交叉,但仍有必要予以严格区隔,这对各自调整领域的立法模式和评价基础起着重要作用。例如风险刑法因为是以预防为基点所以惯常采用抽象危险犯或具体危险犯的立法模式,传统刑法是以结果为基点所以通常采用结果犯或实害犯的模式。风险刑法一般关涉的领域是超个人法益或集体法益类型;传统刑法则侧重个人法益的类型。

基于上述风险刑法与传统刑法并行的理论,笔者认为对食品安全犯罪逐渐使用双轨制的立法模式是大势所趋。

随着自然犯向行政犯的逐渐演化,各国刑法关于食品安全的刑事立法模式也呈现出由单轨制向双轨制(多元化)的发展趋势:在自然犯情景下,刑法立法模式是单轨制,亦即与食品安全相关的犯罪类型均被规定在刑法典和有限的特别刑法中;而在行政犯时代下,刑法立法模式逐渐变成了双轨制(多元化),亦即自然犯依旧被规定在刑法典中,而行政犯则被规定在刑法典之外的其他(附属)法律中。这种双轨制(多元化)的立法模式具有如下优势:首先,常规类型规定在刑法典中能够保障相对稳定性,刑法的稳定对食品安全规范意识的培养具有重要意义。其次,对于不同类型的食品安全犯罪,在构成类型和刑罚轻重设置上应有所区分。一般而言,行政犯的刑罚应比自然犯轻,与食品安全相关的行政犯几乎不设置死刑(不排除竞合处理时择一重处适用死刑的可能性)。再次,对于食品安全行政犯而言,不宜放在刑法典中规制,否则会造成刑罚不当或者刑罚不协调之可能,最好在附属刑法中规定,既可以适时地根据行政法规范的修改而进行调整,又不必其以叙明罪状方式加以罗列以避免刑法明确有余类型不足之弊端。最后,不论是自然犯还是行政犯对食品安全犯罪进行规制,有助于规范有效性的确证以更好地发挥刑法预防犯罪的机能。

通过梳理我国食品安全犯罪刑事立法的演进过程,我们发现对于食品安全保护的刑事呈现活性化趋势。原因之一是理念层面,"处于社会转型期的中国刑法立法及时转变法益观念,增强新的调控手段,赋予刑法新的机能,积极参与社会治理"。刑法作为我国法治治理体系的重要组成部分,理应担负起实现国家治理体系和治理能力现代化的历史使命。[1]原因之二在于现实层面,即食品安全犯罪作为典型的行政犯类型,与其密切相关的前置法《食品安全法》等法律规范不断地被进行调整和修改,这势必要求作为最后手段的刑法予以及时跟进。可以预见的是未来只要我们不改变单一制的刑事立法模式,不建立真正的附属刑法作为补充的多元立法模式,而只是在目前的相关法律中以"依法追究刑事责任"的非真正附属刑法作以象征性规定,问题就无法予以真正的解决。

---

① 李岚林:《刑法典新增预防性措施之立法定位于规范建构》,《刑法论丛》,2019年第1卷。

## 第三节　基因食品的风险控制及刑法规制模式

### 一、基因食品刑法规制的正当性——技术与制度的冲突与调和

基因改造技术(Gene Modification Techniques)或称为生物技术(Biotechnologie)、基因科技、基因工程或重组DNA技术,是指现代生物科技的进步,科学家对于不同生物种的个别特征,从中寻找并挑选出决定该特征的特定基因,同时透过特别的技术,将遗传基因连接于"载体"上,在将载体转殖到目标生物体内。[1]换言之,基因科技属于广义的"生物技术"的一环,是生物技术中涉及遗传物质改造的一道程序。基因科技应用的领域广泛,可借以改良动、植物品种,以供经济型利用,例如含有抗虫基因的玉米或稻米,均属于利用基因科技制造的转基因植物。随着科学技术运用日益广泛,人类生活与生态环境也受到了前所未有的威胁。经过基因改造的食物或药品,隐含着使人体吸收不明的病毒、抗生素或者过敏源的潜在危险性,甚至可能引起人体基因改变的后果。即使基因科技产品非直接供人类食用,也具有难以评估破坏生态系的严重威胁。尤其使转基因技术多以动物或微生物来进行,如该技术运用不当,必然将会破坏生态的结构与稳定性。由此,鉴于以上伴随基因科技的发展所可能存在的危险,不得不承认基因科技可谓一种新兴的"环境生态危险源"。[2]

基因改造食品(GM foods:Genetically Modified foods)又称转基因食品、基改食品,是指应用通过基因重组技术(DNA重组技术)得到的生物制成的食品。所谓基因重组技术,是指人为地将某种生物的基因(DNA)导入其他生物的染色体等的技术。利用该技术可以使生物具有新的能力和性质,也可

---

① 〔日〕中村好志、西岛基弘编著:《食品安全学》(第二版),同文书院,2010年,第66页。
② 蔡宗珍:《基因科技法之规范目的与架构》,2000年研讨会论文。

以使其丧失某些功能,不仅可以提高食品生产的质和量,还可以用于期待提高加工特性等品质。①另有学者对其表述为:利用现代分子生物技术,将某些生物基因转移到其他物种上去,改造生物的遗传物质,产生基因改造生物体(Genetical Modified Organism,GMO),使其形状、营养物质、消费品质等方面向人们所需要的目标转变,从而形成可以直接食用,或者作为加工原料生产的食品。②透过基因改造技术转殖改造的经济作物,将含有基因成分的黄豆或者玉米等,经过加工纯化或直接添加的方式,制作成市面上人们普遍食用的产品。③

基因改造技术风险不仅是下游作物的安全审查评估,还涉及未来环境生存及粮食风险的诸多问题。因此对于上游实验的研发管理、中游的环境生态及维护,到下游食品的安全标示与抽样检查等,都是技改技术所面临的重大问题。

通常基因科技的适用领域可分为三大类:第一类为"绿色基因科技",亦称之为"农业基因科技"或"环境基因科技",主要运用于农作物及粮食作物的育种及改良。第二类为"红色基因技术",又称之为"人体基因科技",是将基因技术运用于医学诊疗和治疗过程,同时也用于开发适合人类或动物的药物。第三类为"白色基因科技",是利用基因改造技术,将微生物所产生的酶或化学物质运用于工业、微生物学或者环境保护领域,此类技术广泛利用于生产食品添加剂,例如维生素、氨基酸、凝乳酶。④将基因改造技术应用于

---

① 日本食品安全委员会:《食品の安全性に関する用語集》(第4版),2008年10月,第45页。

② 刘旭霞、欧阳邓亚:《日本转基因食品安全法律制度对我国的启示》,《法治研究》,2009年第7期。

③ 张丽卿:《维护基因改造食品安全刑事法制的评估与建议》,载《食品安全的最后防线——刑事制裁》,元照出版有限公司,2017年,第156页。

④ Martin Schulte/David Apel, Handbuch des technikrechts, 2.Aufl., 2011, S 507; Sandra Schmieder, Risikoentscheidungen im Gentechnikrecht, 1. Aufl., 2004, S. 38. 转引自张丽卿:《食品安全的最后防线——刑事制裁》,元照出版有限公司,2017年,第158页。

人类食用的原料作物上，直接修改或者重组该原料作物，达到预期的特定效益，这样经过基因修改得到具有新特征的生物产品，一般称之为基因改造作物，如在此基础上，运用基因改造作物生产、制造或加工的食品，就称之为基因改造食品。基因技术的强大优势就在于可以在物种间进行转殖，完成以往传统育种无法达到的目标。

基因改造作物种植后，会被进一步予以加工利用。其一，会被制成添加剂或者食物配料等成分添加至食品中，以加工食品形态呈现；其二，基因改造作物被作为动物饲料；其三，被直接用于食品的基因改造物，如番茄、稻米等。基因改造作物或食品在进入市场之前，需要经过严格的审查程序。各国对此的法规宽严不一，能反映出各国政府对基因作物的接受程度。另外，一些转基因生物含有来自致敏物种和人类没有食用过的生物物种的基因，由于基因重组会使宿主植物产生新的蛋白质，这些新的蛋白质很可能对人类产生毒性作用，包括致敏作用。因此，在任何转基因食品商业化之前，都需要对其安全性进行评估，包括致敏性。但各国对于基因作物的管控仍是以考虑人的食用安全于健康为重点。即使经过审慎的风险评估及采取相应的保护和预防措施，或许只能降低风险，但是无法排除对整个生态环境所产生的风险。长此以往，当基因改造作物因基因被改变，出现了超乎预期的特征时，会通过遗传显现于后代，这对于生态环境的影响将是无法预期的。①

一般而言，对于基因改造食品所涉及的法律问题多与农业、经贸、科技相关，鲜少论及法治国宪法的核心层面，即民众的"生存权"这一基本问题。"人的生命"是宪法秩序中最高的价值权利，保护民众的身体健康免于遭侵害是国家的义务之所在。将"基因改造食品的安全性"的讨论纳入宪法层

---

① 张丽卿：《食品安全的最后防线——刑事制裁》，元照出版有限公司，2017年，第166页。

面,进而为刑法领域。在风险社会下新的危险源产生并不能当然被禁止,应该从以下两个方面进行考量:其一是判断该危险是否为法律所允许;其二是行为人在实施危险行为时是否谨慎履行相应的法律义务。首先,转基因食品对公众健康和生态环境具有一定潜在危险性,这种潜在危险性虽然未经完全证实,但从现有的科学研究成果(技术派)和各国立法状况(制度派)来看,对转基因食品均保有一种审慎态度,即虽未完全否定基因食品的开发、生产、销售等一系列行为,但通过法律规范其整个过程并设定法定义务,如若违反法定义务会承担相应的法律责任甚至是刑事责任。

基因改造食品除了有健康风险之外,也可能涉及消费者知情权(获得正确资讯的期待)。虽然基因食品的风险性并无科学上的确证,但不可否认其存在不确定的风险性。对于基因食品的风险相当程度转嫁到消费者身上,是否为基因食品成为消费者是否购买的重要因素。因此法规范赋予食品业者明确的标示义务,在于保障消费者"自主选择权"。应本着"信息对称""充分揭露""危险性考量"①,而课以基因改造食品生产者以法律义务(标示的作为义务),在食品生产者未尽到标示义务而造成食品危险时,应承担危害公共安全危险犯的法律责任;如果生产者已经尽到标示义务,则若发生食品危险则不能认为成立故意犯罪。在此理念指导下,基因改造食品的管理才能和法秩序在确保人民的生命、身体健康法益要求相符合,才能做到不以"结果"来推论"行为人的责任",而仍需考虑行为时是否达到"危险防卫"的要求,是否充分遵守法律作为义务的"命令规范"。②为了保障消费者的知情权,要求含有基因改造成分的食品在标签上应予以明示,供消费者进行选

---

① 对于基因改造食品的危险性考量,应以食用后所可能产生对"人体健康"的考量为标准。据此,危险性的范畴应以社会共同生活者的"可容许的危险"作为可归责性的例外;反之,如果逾越"可容许危险"程度的基因改造食品,则应探讨基因改造食品生产者的刑事责任。

② 陈志龙:《基因改造食品刑法规制》,《月旦法学杂志》,2004年第112期。

择。德国法律规定,所有转基因食品,无论是原料本身还是产品中含有转基因物质,都有义务标示其中使用的成分和添加剂。即使最终产品不能证明使用了转基因材料,也不能免除标示的义务。

刑法介入基因科技活动,目的在于保障消费者的权益(健康和知情权),但如果刑法过度介入就会妨害基因科技的发展,因此,法律一方面要运用各种制度防止基因科技的滥用,另一方面也要保护基因科技的合理应用。[①]

面对基因改造食品风险的不确定性,刑法逐渐演变为一种"风险刑法",而在风险刑法中又以抽象危险构成要件的建构最为显著。如果不遵循该种立法设计,根本无法应对基因改造食品的风险,所以抽象危险犯的新增具有合理性。

## 二、基因食品法律规制的立法例

### (一)宽松模式:美国转基因食品法律体系与实践

1.监管机构及其职能

美国的转基因食品监管主要由美国食品药品监督管理局(Food and Drug Administration,FDA)、美国农业部(United States Department of Agriculture,USDA)和美国环境保护局(Environmental Protection Agency,EPA)共同负责。这些机构对转基因食品进行法律制定、评估和监管,确保其安全性和符合标准。

---

[①] Vgl. I. E. Vassilaki, Technikstrafrecht, in: Martin Schulte/Rainer Schroder(Hrsg,), Handbuch des technikrechts, 2.Aufl,.2011, S.386. 转引自张丽卿:《食品安全的最后防线——刑事制裁》,元照出版有限公司,2017年,第182页。

### 表3.1　美国转基因食品监管部门及职能

| 监管部门 | 管理范围 | 法规 | 对转基因食品监管范围 |
|---|---|---|---|
| 食品和药品管理局 | 食品、饲料、食品添加剂、兽药、医药及医疗设备 | 联邦食品、药品与化妆品法,政策声明,从新植物品种而来的食品 | 负责植物新品种的加工食品和饲料的安全性,进行转基因食品和食品添加剂以及转基因动物、饲料、兽药的安全性管理,确保转基因食品对人类健康的安全。除此之外,食品药品管理局还需要对植物新品种(包括转基因作物)生产的食品(包括动物饲料)的安全性以及营养价值进行咨询与评价,负责转基因生物和含有转基因成分的食品上市前审批管理,也对转基因食品标识提供指导。 |
| 农业部 | 植物有害生物、植物牲畜 | 联邦植物有害生物法7CFR 340,GMO及其产品的申请内容与过程的简化,GMO及其产品:受控生物体的报告程序及解除控制的申请 | 农业部主要由其下属的动植物卫生检验检疫局和食品安全检查局对转基因产品进行管理,分别负责田间释放和商业化释放许可证的发布与保证转基因肉类、家禽和蛋类作为食品的安全卫生、有益健康及准确标识等消费安全。 |
| 环保局 | 微生物、植物农药,农药的新用途,新微生物 | 联邦食品、药品与化妆品法,联邦杀虫剂、杀真菌剂、杀啮齿动物药物法,毒物控制法,微生物杀虫剂,试验许可与报告,生物技术微生物产品:毒品控制法下的最后法规 | 通过建立杀虫剂容许量标准来管理转基因食品作物杀虫剂的使用和安全,任何含有杀虫剂的转基因食品农作物都必须经过环保局的审批。 |

2.安全性评估

在美国,转基因食品的安全性由食品药品监督管理局(Food and Drug Administration,FDA)负责监管。FDA要求转基因食品在市场上销售之前经过严格的安全性评估。如果FDA认为转基因食品与传统食品在营养价值和食品安全方面没有实质性差异,它们通常被认为是与传统食品等效的。以下是美国 FDA 对于基因食品安全性评估的一般流程：(1)主体安全性：FDA 的重点是评估基因食品与其非转基因对照品在主体安全性方面的差异。这意味着 FDA 关注转基因食品与传统食品之间是否存在实质性差异，以及这些差异是否可能对人类健康产生潜在风险。(2)丰富性和营养价值：FDA 评估基因食品与传统食品在营养成分、蛋白质、维生素、矿物质等方面的比较，以确定是否存在显著差异。此外，FDA 还考虑了食品的整体丰富性和营养价值，以确保消费者能够获得适当的营养。(3)毒理学和过敏原潜力：FDA 评估基因食品中导入基因所编码的蛋白质的毒理学特性和过敏原潜力。这包括评估潜在的毒性效应、过敏原性和变态反应风险。(4)安全性研究：FDA 要求食品生产商提供详细的安全性研究数据，包括动物试验和人体研究。这些研究有助于评估基因食品的潜在风险，并支持安全性评估的结论。(5)因子特定评估：根据具体情况，FDA 可能对特定的因素进行额外的评估。例如，对于导入耐草剂基因的转基因作物，FDA 可能会评估这些作物的耐草剂残留水平和相关的食品安全问题。(6)专家咨询和科学意见：FDA 与相关专家和科学界保持紧密联系，咨询他们的专业意见，以确保安全性评估的科学性和准确性。

3.标签要求

美国转基因食品的标签要求是相对宽松的。(1)非强制性标签：根据美国食品法规，转基因食品的标签并非强制性要求，除非该食品的转基因特性在营养成分、蛋白质或者重要性状方面与其非转基因对照品存在实质性差异，或者产品宣传中提到了转基因，那么标签上需要明确标注转基因。一般认为美国转基因食品原则上实行自愿标签制度，即法律并未明确规定必须对转基因食品进行标识，但对于特殊情形下必须予以标识。(2)非转基因标识：食品生产商可以自愿地在产品标签上标注"非转基因"或类似的表述，以向消费者传达该产品不含转基因成分。这种标识是出于市场需求和企业自主选择,而非强制性要求。另外,对于符合美国国家有机计划(National Organic Program)要求的有机食品,转基因成分是禁止的。因此,有机食品的标签上通常可以看到"非转基因"或"无转基因成分"的声明。

需要注意的是美国各州和地区也可以根据实际制定自己的转基因食品标签法规。例如,佛蒙特州和康涅狄格州在某些情况下实施了强制性的转基因食品标签法规。

### (二)严格模式:欧盟和德国转基因食品法律体系与实践

#### 1.前期严格政策的恪守

在欧洲联盟内,转基因食品的监管是由欧洲食品安全局(European Food Safety Authority,EFSA)负责。根据欧盟法规,任何新的转基因食品或转基因成分在市场上销售之前必须经过严格的安全评估和批准程序。此外,欧盟法规要求对转基因食品进行标识(强制性),使消费者能够知道产品是否包含转基因成分。至于德国,作为欧盟成员国,德国遵守欧盟的转基因食品法规。德国对转基因食品采取谨慎的态度,许多德国消费者对转基因食品持保守态度,这反映在市场上转基因食品的销售和种植较少的事实上。虽然转基因作物的种植在德国相对较少,但德国进口了一些转基因食品和转基因饲料。①

德国将《基因科技法》②(*Gesetz zur Regelung der Gentechnik*)与《食品、日需品及饲料安全法》(LFGB简称食安法)③是两部并行的法律。德国食安法

---

① 美国坚持处理基因改造食品应基于此充分科学证据(sound science)之原则,因而与主张预防原则的欧盟引发贸易战,美国认为该议定书不能成为"以环境保护之名,却行贸易保护之实"的政策工具,因此诉诸WTO争端解决,WTO已于2006年作出判决,认为欧盟构成违反贸易规则(Reuters,2006)。

② 亦有翻译为《德国基因工程法》,该法是德国的一部法律,用于管理和监管基因工程活动。该法律旨在确保基因工程活动的安全性、透明度和道德性,并确保公众和环境的保护。

③ 该法2005年修正取代了原有的食品及餐具安全法(Lebensmittel-und Bedarfsgegenstandegesetz,LMBG).

的规范对象是一般食品、化妆品、餐具及饲料等，其第58条和59条是空白构成要件，以违反其他行政规范为前提。该法中的"生产、处理及流通有害健康的食品"并不包括基因改造食品，因此德国基因科技法的规范内容对于一切涉及基因改造的作物作以广泛的规定，其中也包括基因改造食品。这一立法方式符合欧盟指令的规定，特别将基因改造作物、基因改造食品进行单独立法。

德国的《基因科技法》是1990年7月1日颁布生效。2008年修正的德国基因科技法特别强调预防原则①的理由在于，人类及环境保护为基因科技法最高立法目的。依据德国基因科技法，违反规范的基因改造食品有刑法上的后果。基因科技法中的刑罚制裁重点在于基因科技的危害可能性，凡是可能对人体健康、生态环境或其他的重大财产有危险就可能被处罚。对于违反基因科技规范、指令、许可、改造作物的种植、释放或产品上市等的刑事构成要件被规定在基因科技法第39条。该条中对于违反基因改造各项法规命令行为的刑事制裁有抽象危险犯、实害犯、过失犯及未遂犯，规范的内容相当完备，不存在处罚的遗漏。

在欧盟和德国，对于食品的基本看法应该要求要有"对任何人而言确保有健康无虞的食品"。在欧盟成立后，对于人民基本权利的尊重而将各成员国的宪法共同转移作为欧盟法的一般基本原则。亦即欧盟是欧洲国家的联盟体，对于任何国家宪法中的基本权则一般地予以维护及保障。对于"健康

---

① 根据联合国"生物安全议定书"（Biosafety Protocol）协定中之"预防原则"（precautionary approach）是指认定基因改造食品不同于一般食品，即使没有充分科学证据显示其可能危害人体或环境，进口国政府基于保障人民权益仍必须介入管制，而拒绝基因改造食品的进口，各国若担心基因改造产品可能危害人体健康，或者会破坏自然环境，即便无法执行评估或缺乏完整科学证据确实有害的情况下，仍有权限制这类基因改造食品产品的进口。"生物安全议定书"协定与世界贸易组织（WTO）自由贸易精神及抵制贸易须有科学证据依据等食品安全检验与动植物检疫措施协定（Agreement on the Application of Sanitary and Phytosanitary Measures，简称SPS）之规定冲突。

的保护"(Schutz der Gesundheit)是所有欧洲国家列为核心的保护对象,对于健康的概念则视文化、思考形态、生活习惯、经济情况而定。对于"健康的保护"不能舍"食品的安全"而不顾,因而食品安全是宪法上所保护的自由法益。国家负有义务要维持人民此项宪法上的权,亦即"维护安全"是国家的保护义务,国家具有"和平"的"保证人地位"。易言之,人民对于其法益放弃自己防卫,而信赖国家担负其该项"食品安全"的防卫,国家成立的本旨在于"人民的福祉"。概言之,在法治国家下,国家担负起防卫人民基本权受侵害危险防卫的任务,在宪法学理上对于人民宪法上基本权的理解,不应只理解为对抗国家的防卫权,应该尚且包括对于不是来自国家本身侵害的防卫(staatsgerichtete Abwehrrenchte),亦即对于"非国家的危险或侵害之防卫"(Schutz gegen nichtstaatliche Gefährdungen oder Eingriffe)。在面对科技的风险,国家负有防卫的责任,即免受科技危险引发生命与健康的侵害,此乃自由法治家的宪法思维。换言之,由于宪法的规范,人民有"请求安全的基本权"(Grundrecht auf Sicherheit),而国家具有"维持和平(安全)秩序"(die Staatliche Friedensordnung)的义务。在欧盟与德国,"食品安全性问题"绝非仅局限于一般财产权的层面,而是至少涉及"身体健康法益"层次的保护,因而非但人民有权利请求国家机关为"食品安全性"的基本权利保护的立法、行政与司法,甚至国家机关也对人民负有"和平保证人地位"。[1]

德国的基因科技法对于违反相关规范有民事法、行政法与刑法上的效果。基因科技法里的刑法制裁规定有许多属于风险刑法的理念,尽管学理上对风险刑法存有质疑,但为了预防基因科技失控所可能形成的危险,为了使司法实务有其操作可能性也不得不用。

---

① 陈志龙:《基因改造食品刑法规制》,《月旦法学杂志》,2004年第112期。

2.近期严格政策的松动——转基因技术及GMO规制动向调查

随着近年来生物技术不断进步带来的各种技术开发,欧盟委员会在提高安全标准的同时,也探讨欧盟如何从食品和农业领域的创新中受益。根据法院对 C-2001/18 号案件的判决,欧洲联盟理事会要求就欧盟法律(第 1829/2003/EC 号指令、第 2009/41 号指令、第 1830/2003/EC 号指令和第 528/16 号条例)下新基因组技术的状况进行这项研究。2021 年 4 月 29 日,欧盟委员会发布关于新基因组技术(NGT)的研究报告。该研究将转基因技术定义为"2001 年以来出现或开发的能够修改生物体遗传物质的技术",即在欧盟现有的转基因生物立法获得通过之后。该研究指出了NGTs在植物、动物和农业食品、工业和制药应用微生物中的现状和使用情况。该法律正在努力跟上快速发展的新基因组技术领域的步伐,但目前立法中规定的程序难以适应科学进步,欧盟委员会正在为使用某些NGT获得的植物和生物体制定新的立法。欧盟委员会发布了一份路线图,旨在为靶向诱变(targeted mutagenesis)和同源转基因(cisgenesis)的植物建立新的监管框架。其目的是促进农业粮食体系的创新,同时保持对健康和环境的高度保护,并为实现《欧洲绿色协议》和"从农场到餐桌"战略的目标做出贡献。主要关切涉及其可能产生的安全和环境影响,包括对生物多样性、与有机和无转基因农业共存,以及标签和消费者的知情权和选择自由。利益攸关方在这些方面有不同的观点,而且往往是对立的。①如果监管框架的更新被通过,那么具有代表性的NGT的使用将是CRISPR。利用新型分子生物学方法 CRISPR-Cas9,几乎所有活细胞和生物的 DNA 构成要素都可以比以往更简单、更准确地改变。这种方法不仅在人类医学上,在植物和动物的育种上也保证了发展。通过对作物基因构成进行有针对性的操作,而不是经过多年的品种改良和选育,可

---

① https://www.taylorwessing.com/en/interface/2022/foodtech/innovations-in-food-production.

以更快地实现农业利用的收益。

2022 年 12 月,欧盟食品安全局(EFSA)举办了"基于新基因组技术的植物安全性:着眼于未来风险评估的课题"活动。该活动是针对 EFSA 发表的一篇声明而召开①,该声明提出了对于靶心诱变(targeted mutagenesis)、同源转基因(cisgenesis/ intragenesis)生产的植物进行风险评估的标准。该申明提出了详细的风险评估,并表示将对现有的 NGT 植物引入与转基因作物一样的上市前批准制度。EFSA 提出了对传统品种改良植物进行更为细致的风险评估,具体内容如下:(1)根据普通食品法(General Food Law),欧盟委员会向 EFSA 征求了技术建议,重点放在(食品)产品上,而没有特别提及现行 GMO 框架。与此相对,EFSA 使用了现有的 GMO 的框架,没有考虑产品和从品种改良和自然过程成果的相似性的重要性,仅从纯过程的角度设定了风险评估要求。(2)EFSA 以区别于传统育种产生的类似产品的形式,提出了评价安全使用/惯用的历史,以及通过靶向诱变和同源转基因引入的基因变化的结构和功能的标准。另外,他们也承认目前还没有明确有效的安全使用记录定义,但同时暗示产品至少需要 25 年的时间才能被认为是安全的。与此相反,包含传统品种改良带来的许多遗传变化的植物新品种通常只在市场上上市几年,直到再次被优秀的品系取代。②

2023 年 1 月,德国绿色党内对于 NGT 规制缓解问题出现裂痕,民主党还没有得出结论。环境部部长 Steffi Lemke 所属的绿色党的左派和大多数党员坚决反对基因组编辑,而党内以农业部部长 Cem Ozdemir 为代表的现实主义

---

① "Criteria for risk assessment of plants produced by targeted mutagenesis, cisgenesis and intragenesis", EFSA Journal Volumes0, Issue10, Oct. 2022 https://efsa.onlinelibrary.wiley.com/doi/epdf/10.2903/j.efsa.2022.7618.

② EFSA suggests a detailed risk assessment for conventional-like plants derived from targeted mutagenesis and cisgenesis, December 14, 2022. https://euroseeds.eu/news/efsa-suggests-a-detailed-risk-assessment-for-conventional-like-plants-derived-from-targeted-mutagenesis-and-cisgenesis/.

者则反对联合政府和欧盟以内部妥协为优先。欧盟委员会对基因组编辑规则是否支持宽松政策，此前已有各种各样的暗示，其中NGT提出到2030年农药的使用预计将减少50%，这将有助于缓解气候和环境对策的打击。因为坚决反对基因组编辑的绿色党在主要部门拥有权力，所以德国政府可能成为推动欧盟层面放宽限制最具影响力的反对派之一。因此，德国反对放宽限制与否主要取决于党内支持哪位大臣的主张，值得观望。①

转基因作物的栽培与传统耕作法和有机耕作法的共存，在经济和生态上都是非常重要的。这个问题不仅影响到农作物的种植，还影响到运输和加工过程。②为了让欧盟的新农药规则更容易被欧盟成员国接受，欧盟委员会决定GMO指令（2001/18/EC）及其严格的可追溯性、标签和监控要求以及先进技术对欧盟实现可持续发展目标的阻碍。最终规定的生效恐怕要到2023年以后，立法案的批准值得期待。

**（三）折中模式：日本转基因食品法律体系与实践**

相对于美国和欧盟等国家对转基因食品的宽松或严格的政策，日本缔结国际公约《生物多样性议定书》（*Cartagena Protocol on Biosafety*）基础上，结合国内《食品卫生法》《食品表示法》等相关法律构筑了相对完整的法律体系，侧重对基因食品安全性的评估以及过程的安全管理。③

---

① https://www.euractiv.com/section/agriculture-food/news/commission-dangles-gene-editing-to-soften-pesticide-reduction-plan-blow/.

② https://www.ages.at/pflanze/gentechnik/informationen-zu-gentechnisch-veraenderter-organismen.

③ 自2008年4月起，在日本安全性被确认、销售和流通被认可的基因重组食品的作物有大豆、玉米、谷物、籽粒、棉实、苜蓿草、天蚕7种。另外，对于转基因农产品和以此为原料的加工食品，规定了标识制度。与标识义务相对的是转基因食品大豆（包括毛豆和黄豆芽）、玉米、缬草、油菜、棉籽儿、苜蓿、空心菜等7种农产物，以及以此为原材料加工的食品32个品种（豆腐、纳豆等）。另外，对于高油酸转基因大豆和使用该转基因大豆加工的食品，必须标注"大豆（高油酸转基因）"。详见日本食品安全委员会：《食品の安全性に関する用语集》（第4版），2008年10月，第45页。

《卡塔赫纳法》正式名称为《生物多样性公约卡塔赫纳生物安全议定书》（简称《卡塔赫纳议定书》）是重视生物多样性的保护和安全性的生物安全相关的国际性法律。《卡塔赫纳议定书》为促进生物多样性的保护和可持续利用，规定了转基因生物（Genetically Modified Organisms，GMOs）的安全处理的国际协议。具体包括GMO交易的透明度、信息提供、风险评估、采用监管措施等。根据《卡塔赫纳议定书》，GMO的国际交易中规定了以下要点：（1）事先通知和提供信息：出口国有义务事先向进口国提供有关出口GMO的信息。信息包括GMO的识别信息、安全性评价结果、处理方法等。（2）国内风险评估：进口国对进口的GMO在国内进行风险评估，决定处理相关的限制措施。其中包括对环境的影响和对人类健康的影响。（3）生物安全信息交换中心：《卡塔赫纳议定书》鼓励各国建立生物安全信息交换中心，促进关于GMO的信息共享。《卡塔赫纳议定书》提供了生物安全的国际框架，强调了安全处理GMO和信息共享的重要性。许多国家已经签署并批准了该议定书，并在各自的国内法中实施。

日本农林水产省对《卡塔赫纳法》的概要[①]指出：为防止对生物多样性保护及其可持续利用产生不利影响，制定转基因生物进出口等国际框架的《卡塔赫纳议定书》于2000年1月通过。2003年6月缔约国达到50个，同年9月11日议定书生效。日本于同年11月21日签订，90天后的2004年2月19日生效。该法规定"为了国际合作确保生物多样性，通过采取有关限制使用转基因生物等的措施，使生物多样性公约的生物安全卡塔赫纳议定书……以及关于生物安全的卡塔赫纳议定书责任和救济的名古屋–吉隆坡补充议定书……为人类的福祉做出贡献，同时为现在和将来的国民的健康和文化生活做出贡献"。该法相关事务中，关于食品安全的事务，主要由日本农林水

---

① https://www.maff.go.jp/j/syouan/nouan/carta/about/ 日本农林水产省官方网站，2023年7月15日访问。

产省掌管(农林水产省设置法4条1项15号)。《卡塔赫纳议定书》在第5章(该法第38条至48条)规定了罚则,第38条至45条规定了刑罚,第46条至48条规定了罚款。

具体罚则涉及如下几方面:(1)违反申报义务:违反有关进口转基因生物的申报义务(《卡塔赫纳议定书》42条3号、16条),有关转基因生物的第一种使用(开放系统使用)的规定违反变更程的姓名及地址相关的申报义务(同法46条·6条1项·4条2项1号)。(2)违反报告义务:食品安全法制中对违反报告义务(包括虚假报告)的处罚规定如下:①违反食品销售等的报告义务(《食品卫生法》75条2号·28条1项);②违反食品标识的报告义务《食品标识法》21条1号前段、8条各项);③违反有关转基因生物转让等的报告义务(《卡塔赫纳议定书》43条1号、30条)。上述①②③是对违反食品销售和转基因生物转让等报告义务的行为进行处罚,可以认定对人的生命和健康具有抽象的危险性。在食品安全法制中,对于违反申报义务中,对人的生命和健康具有姑且的危险性的行为处以刑罚,对于不具有危险性的纯粹的不服从行政行为则处以罚款。(3)取消登记检验机关的义务:《食品卫生法》和《卡塔赫纳议定书》都是根据法律规定的关于生物检查,接受了主管大臣的登记才能进行(《食品卫生法》31条以下、《卡塔赫纳议定书》17条以下)。接受上述登记的人(登记检查机构)被要求实施检查时,除有正当理由外,应及时实施检查(《食品卫生法》第35条第1项,《卡塔赫纳议定书》第19条第1项)。未经许可,不得暂停或废除全部或部分检查业务(《食品卫生法》第38条、《卡塔赫纳议定书》第19条第8项)。而且在没有得到许可的情况下,如果检查业务全部被废止,登记检查机关的干部或职员会被处以罚金(《食品卫生法》76条1号50万日元以下的罚金,《卡塔赫纳议定书》44条2号30万日元以下的罚金)。上述义务规定及罚则是为了防止登记检验机关代替行政部门承担产品检验或生物检验这一公共业务而设置的。但是在赋予登记检查机关实施检查的义务的同时,禁止业务的休废,让其执行检查业务,即使最终是有利于国民的健康,其本身也与登记检查机关实施检查无关。这是为了保护行政系统,为了这样的目的使用刑罚是否被正当化,有必要进行慎重的讨论。①

我国2020年制定的《生物安全法》和2017年修订的《农业转基因生物安全管理条例》为基因生物安全提供了法律指引,但是围绕基因食品刑法规制的问题研究略显不足,转基因食品存在潜在的安全和生态风险,在风险社会背景下如何从刑法的角度对转基因食品的有效规制成为亟须解决的问题,对于转基因食品的进出口、研发、生产、流通和销售流程中所参与的监管者、研发者、生产者、运输者和销售者设置相应的刑罚措施或是可行之道。随着基因技术的不断发展与普及应用,转基因产品日益增多,转基因食品产生的潜在危害在法律上尤其是刑法的界定存在着困难,世界各国一直没有一个明确的标准。也正是由于转基因食品在安全性上的不确定性,各国对转基因食品采取的态度和法律管制方法也大相径庭。我国是转基因作物以及转基因食品的进口大国,同时也是全球种植转基因作物面积最大的国家之一。《刑法》对于转基因食品的开发、利用和销售等相关规定需要进一步发展完善,以适应新型食品安全犯罪如转基因食品安全犯罪的法律规制问题,同时兼顾好《刑法》与其他法律法规的衔接问题,避免矛盾丛生,从而能够在对转基因食品进行科学合理的管理同时又不能妨碍我国转基因技术的发展。

--------

① ［日］田中良弘:《食品安全法制における罚则规定——わが国における行政罚の各论的检讨(2)》,法政理论51卷2号(2018),第68—72页。

# 第四章　食品安全刑事立法模式之考察

　　近年来,发达国家的立法机关越来越多地采用刑事立法的方式来防范危害食品安全的行为给人类生命和身体健康可能带来的风险。例如美国《消费品安全法》的规定,对于故意实施制造、销售或者进口违背消费品安全委员会发布的相应的安全标准的产品的行为构成联邦法律所规定的犯罪;意大利《刑法典》则更是在第439、440、441、442、444、448条中详细规定了危害食品安全犯罪行为的构成要件及刑事责任。以德、日为代表的大陆法系国家近些年来不断修正刑法,对与民众安全相关的领域,包括食品、环境、涉及隐私的电子信息等,将刑法介入的时点不断提前,呈现出法益保护早期化以及刑罚处罚前置化的倾向。具体而言,就是在和民众安全健康相关的领域增加了独立预备犯、抽象危险犯的规定或象征性立法的规定。我国虽然通过刑法以及修正案等方式加强了在食品安全领域的刑事立法,但是在保护的范畴和在食品安全标准的认定机制方面都与发达国家存在一定差距,因此本章尝试通过研析大陆法系和英美法系典型的立法模式,寻求有利于我国食品安全的刑事立法保护路径。

　　有关食品安全刑事规范的架构主要有四种模式:一是以美国为代表的分散立法模式,二是以德国为代表的欧盟模式,三是以日本为代表的特别刑法模式,四是以我国为代表的单一刑法典模式。

## 第一节　分散立法模式——以美国为例

美国最早有关食品安全的立法要追溯到1906年制定的《纯净食品和药品法》(*Pure Food and Drug Act*)，在该法中美国联邦政府对食品安全规制有了管辖权。在当时有关食品安全的保障主要是为了防止掺假掺杂食品和错误标识食品对于消费者利益的损害以及促进公平贸易的发展，但其无法应对日益繁杂的食品安全问题，因此在1938年被《联邦食品、药品和化妆品法案》(*Federal Food, Drug and Cosmetic Act*，简称FD&C Act)所取代。该法案随着食品行业和食品贸易的发展被不断修正，例如20世纪50年代针对食品添加剂的修正，90年代针对营养信息的修正，等等。2011年美国颁布的《食品安全现代化法案》(Food Safety Modernization Act)[1]则通过要求食品从业者落实危害分析和风险预防控制体系承担食品安全保障的首要责任，以便构筑风险预防为主的食品安全规制体系。[2]另外，美国食品药品监督管理局(FDA)发布了《食品法案2022》(*FDA Food Code* 2022)又进一步完善和细化了相关规定。[3]

美国对食品安全犯罪与刑罚的规定分布于各类不同的食品安全行政法规中，也就是说美国的《模范刑法典》中并没有食品安全犯罪的规定，所以其立法模式是典型的附属刑法模式。美国FD&C Act中涉及食品方面的刑法

---

① 《食品安全现代化法案》(FSMA)是2011年美国颁布的一项重要的食品安全立法。这是几十年来最全面的食品安全法改革，旨在确保从农场到餐桌的食品供应安全。FSMA以解决对食品安全采取更积极主动和预防性方法的需求，将重点从应对食源性疾病暴发转移到预防。它授予了美国食品药品监督管理局新的权力，以规范食品的种植、收获、加工和分销方式。FSMA代表了美国食品安全监管向更具预防性和基于风险的方法的转变。它的实施是渐进的，根据食品企业的规模和性质，不同的规定有不同的遵守期限。总体目标是通过降低食源性疾病的发生率和改善食品供应的安全性来保护公众健康。

② 孙娟娟：《食品安全比较研究——从美、欧、中的食品安全规制到全球协调》，华东理工大学出版社，2017年，第7—8页。

③ Summary of Changes in the 2022 FDA Food Code(January 18, 2023 version)对2017版本进行完善以保证内部的一致性(internal consistency)。

规定有:对假冒、伪劣食品的规定;对动物、肉,以及肉与乳制品的规定;对家禽与家禽制品检验的规定;对蛋制品检验的规定等。其中每一节都分别加以叙述食品的含义、罪与罚的规定等,如"填充牛奶"是指对于无论是否已被冷凝、脱水、浓缩、制成粉末状或被晒干的任何牛奶、奶油或脱脂乳,只要它被添加、混合或复合了其他的非牛奶内的脂肪或油,就可称其为"填充牛奶"。美国的食品安全刑事立法把餐桌上的食品都包括在内,而且还可能出现同一种食品被多个法律所调整的情形。

## 一、美国食品安全法律体系概览

### (一)美国食品安全法律体系的特点

1.食品安全法律制度体系完整

美国的食品安全法律体系由多部法律和法规组成,旨在确保食品的安全性、质量和合规性。以下是美国食品安全法律体系的主要组成部分:(1)《联邦食品、药品和化妆品法案》(*Federal Food,Drug,and Cosmetic Act*):该法案是美国食品和药品监管的基础,规定了食品、药品和化妆品的安全性、标签要求、生产规范和市场监管等方面的要求。它赋予了美国食品药品监督管理局(FDA)在这些领域的监管权力。(2)《食品安全现代化法案》(*Food Safety Modernization Act*):这是一项于2011年通过的重要法案,旨在加强食品安全的预防性措施和监管。它要求食品生产商实施预防性控制措施,强调食品供应链的安全和可追溯性,并增加了对进口食品的监管措施。(3)美国农业部(USDA)的法规:美国农业部负责监管和管理农产品、畜禽养殖、肉类和家禽产品等领域。该部门颁布的法规和标准包括农产品质量标准、肉类加工和检验要求等。(4)美国环境保护局(EPA)的法规:美国环境保护局负责管理和监管农药和化学物质的使用,并确保其对人类健康和环境的安全性。该部门颁布了相关的农药使用规定和限制。(5)美国联邦贸易委员会

（FTC）的法规：FTC负责监管商业广告和促销活动,包括食品和药品的广告宣传。它规定了广告的真实性、准确性和不误导性的要求,并制定了惩罚虚假或欺诈性广告的规定。

此外,美国的州和地方政府也可能制定和实施食品安全相关的法律和条例。州级的食品安全法律可能会增加对食品生产、销售和服务的监管要求,并加强食品安全的实施和执法。美国根据食品的种类、生产、流通等环节来制定食品安全立法,是综合性法律和专项法律结合。所以美国的食品安全法律制度体系是较为完整而详尽的。综上所述,美国的食品安全法律体系由联邦法律、法规和机构的监管组成,旨在确保食品供应的安全性、质量和合规性,并保护消费者的健康和权益。

2.食品安全管理机构职能明确

美国食品药品监督管理局（FDA）作为美国联邦政府的一部分,FDA是最重要的食品安全管理机构之一。它负责监管和管理食品、药品、医疗器械、生物制品和辐射产品等。FDA负责确保产品的安全性、质量和有效性,并进行监督和执法活动,包括审查新产品的批准申请、制定法规和标准、进行检验和监测等。美国农业部（USDA）：USDA负责监管和管理农业、畜牧业和相关产品的生产、质量和安全。它的食品安全和检验服务（FSIS）机构负责监管和管理肉类、家禽、蛋类和加工肉制品的安全性和质量。USDA还制定和执行农产品标准、规范生产实践,并提供相关的教育和培训。美国环境保护局（EPA）：EPA负责管理和监管使用农药、化学物质和环境污染物的活动,以确保对人类健康和环境的安全性。它设立了农药和农业工具管理部门,负责审查和批准农药的使用,并制定农药使用的规定和限制。除了这些主要的联邦机构之外,美国还有其他机构和部门在食品安全管理中发挥重要作用。例如,联邦贸易委员会（FTC）负责监管商业广告和促销活动,包括食品和药品的广告宣传;国家海洋和大气管理局（NOAA）负责海产品的监管和管理等。

此外,各个州和地方政府在食品安全管理方面也扮演着重要角色,负责执行食品安全法规,并与联邦机构合作以确保食品安全。

3.注重食品风险的分析把控

美国的食品安全分析涉及对食品中的潜在危害和风险进行评估、监测和控制的过程。具体包括以下几方面:(1)风险评估:风险评估是对食品中潜在危害和风险进行科学评估的过程。它包括对食品源头、处理和消费等环节的潜在风险进行分析和评估。美国食品药品监督管理局(FDA)和美国农业部(USDA)等机构负责进行风险评估,以确定食品安全的重点和优先事项。(2)食品监测:食品监测是对食品中的潜在危害物质进行监测和检测的过程。这包括对食品中的细菌、病毒、化学物质和其他污染物的检测和分析。食品监测由 FDA、USDA 以及州级和地方健康部门等机构进行,以确保食品符合安全标准。(3)食品安全标准:美国制定了一系列食品安全标准,用于规范食品生产、加工、运输和销售等环节。这些标准包括了食品卫生和安全方面的要求,以及对特定食品和成分的规定。FDA 和 USDA 等机构制定和执行这些标准,并与相关行业组织和专家进行合作。(4)食品安全政策和法规:美国制定了一系列食品安全的政策和法规,旨在保护公众健康和确保食品安全。这些政策和法规涵盖了食品生产、加工、包装、标签、运输和销售等各个环节。FDA 和 USDA 等机构负责制定和执行这些政策和法规,并与其他政府机构和利益相关方合作。(5)紧急响应和召回:当发生食品安全问题或危机时,美国政府和相关机构会采取紧急响应措施,并协助召回可能受到污染的食品。这涉及对食品供应链进行调查、警示公众、协调召回行动等。

**(二)美国食品安全的刑事规制体系**

1.罪名的横向体系:以食品药品产业流程为主轴的罪名覆盖

在美国,成文法的法律体系中所涉及的食品安全犯罪的规定被分散在诸多不同的部门法之中,数量庞大,罪名众多,显得比较的庞杂散乱。[1]但是各部门法中的罪名均以食品产业流程为线索对犯罪类型进行划分,这样可以达到罪名覆盖更加全面的效果。具体而言,美国以食品产业的流程为其主线的罪名体系包括以下几个方面。

(1)原材料领域。原材料主要是指不能直接被食用、需要进一步被加工的各类产品,《肉类法》中的大部分肉类、《禽类产品检查法》(以下简称《禽类法》)[2]中的大部分禽类、《联邦种子法》(以下简称《种子法》)[3]中的种子、《美国谷物标准法》(以下简称《谷物法》)[4]中的谷物等。违法对禽畜使用兽药或饲料添加剂;违法屠宰及加工肉禽类制品,等等。

(2)生产、加工、包装、储存、运输领域。主要包括两类不法行为:掺假和标名不实(misbranding)。食品中的掺假行为是指不法或者不当地在生产、加工或储运等诸多环节中对食品成分予以改变,致使食物低于质量标准水平或者会对人体健康造成损害。标名不实行为共列举出23大类。另外,对不遵守婴儿配方产品的登记、成分报告等相关问题产品召回制度的刑事不法行为做了特别规定。

(3)销售、流通领域。FD&C法案将已经存在的掺假食品和不实标识食品的引入各州之间流通渠道的行为中,包括市场推广、采购进货等行为。在食品安全法的规定中,"食品"仅指供人食用的产品。换言之,确实存在不满足或低于食品标准的"类食品"的产品则其进入市场均属合法。针对流通环节的专门规定保证了刑事规制的全面覆盖。

---

① 左袖阳:《中美食品安全刑事立法特征比较分析》,《中国刑事法杂志》,2012年第1期。

② Poultry Products Inspection Act, 21 U. S. C. § § 451—471.

③ Federal Seed Act, 7 U. S. C. § § 1551—1611.

④ U. S. Grain Standard Act, 7 U. S. C. § § 71—87k.

(4)进口领域。食品的进口作为食品产业链的特别环节具有其特殊性。美国的执法机构对在境外生产的产品或原料进入美国市场之前的诸多环节都没有执法管辖权，更没有实际的监控力。因此，美国是通过以检查入关与审核文件相结合的方式对于食品的进口环节而实施的安全管控。这一环节主要是针对干扰或逃避上述管控的犯罪行为的规定。

(5)问题产品处理和食品安全危机反应领域。相关的几部法令都针对在进入最终销售环节前，因违反食品安全规定的产品被查出问题的情形规定了详细的行政性处理措施，如扣押、责令退回、责令销毁等。此种情形下，只有在产品被贴封予以扣押后，以破坏扣押标识或私自转移被扣押产品的行为被规定为刑事犯罪。另外，美国《食品法》还规定了从业者与业主对有问题的产品进行下架、召回等法律义务，不履行这些义务会被认定为犯罪。

(6)政府和第三方机构的职能的履行。此类方式包括：具有食品认证资质的人提交了具有误导性（misleading）或者虚假的认证报告和意见；受委托的机构或个人（包括官员）泄露了在认证或检查过程中通过职权行为而获取的商业秘密等行为。

2.刑罚体系的结构设计：从罚金、自由刑到死刑的阶梯式刑罚框架

在美国，《食品安全法》中所规定的绝大多数的犯罪行为为轻罪，即刑罚为不超过一年的监禁。少数为E级重罪，即刑罚为1年以上5年以下的监禁。有极少数为高于E级的重罪，大部分为对执法人员的暴力犯罪以及产生实害的公共安全犯罪，一般这些犯罪直接在联邦刑法典中规定。美国食品安全刑法保护的刑罚结构体系采用的是英美法系刑事立法典型的轻罪与重罪相结合的责任体系。各专业部门法覆盖了食品的生产、流通、销售各环节，规定了大量主要以行为犯形式存在的轻罪，还规定了情节加重犯，主要包括再犯和故意。

## 二、美国食品安全立法模式启示

美国附属刑法模式特征显著,利弊分析后可以为中国食品安全立法所参考或借鉴。

### (一)立法形式

美国的食品安全犯罪立法采取的是单一附属刑法模式,将食品相关的领域以各种散见的法律规范加以规定,调控范围之宽泛远超单一刑法典的立法模式。这种分散性及凌乱性的立法也存在明显的弊端:其一,可能会造成同一行为的不同法律评价,亦可能造成一个危害行为无法用任何法律加以规制的局面;其二,这种立法模式更适合行政法发达且高效的社会体制,以行政预防为先的风险防范系统;其三,这种立法模式的存在有历史传统和司法文化的影响,如果硬嫁接到我国,可能会存在水土不服的情况。但不可否认的是附属刑法在解决食品安全问题上有其明显的优势,即有助于提升食品安全犯罪立法的数量,从而可以更加全面地使各环节、各方面的严重危害食品安全的行为犯罪化。

### (二)责任原则

风险社会的社会运行模式不同于以往的工业社会,出现了许多新的方式。因此,适应于以往工业社会的刑法思想在风险社会下必然会有新的突破。毕竟,法律作为社会上层建筑,也必须适应社会的变化,否则就会变得僵化,无法适应新的社会制度的要求。那么法律本身的有效性就会受到质疑,所以法律(包括刑法)也应该随着时代的发展而调整自己。那么关键问题就不是刑法是否要做出调整,而真正的问题就在于这种调整是否要采取激进的方式进行。美国食品安全犯罪立法采取的是严格责任的原则,在食品安全的标准成了越来越专业化的知识层面将更具有现实意义。在食品安全领域,"严格责任"(Strict Liability)原则适用于食品制造商、生产商和分销商,意味着他们在提供不安全或有缺陷的食品时,无需证明有过错或故意行为,仍然可以承担责任。根据严格责任原则,如果食品消费者因食用或接触到不安全的食品而受到伤害,他们无需证明食品供应商存在过错或疏忽。相反,他们只需证明食品存在缺陷或不安全,并且这个缺陷或不安全的食品导致了他们的损害。根据此原则,食品生产商需要采取适当的措施来确保其生产的食品符合安全标准,并追溯食品的来源、质量和处理过程。如果产品存在缺陷,食品生产商可能需要承担赔偿责任。但是严格责任并不意味着食品生产商将对一切意外和伤害负有责任。有些情况下,如果食品消费者自身的使用不当或滥用导致伤害,那么食品生产商可能不承担责任。总之,美国食品安全法律体系中的严格责任原则确保了食品消费者的权益和安全,强调食品生产商对提供安全食品的责任,并提供了一种追究食品生产商责任的机制,以保护公众免受不安全食品的危害。

**(三)立法范围**

美国食品安全犯罪立法范围相当广泛,涉及食品的生产、运输、进出口、接收、记录、公示等诸多环节,立法调控的范围过宽。

**(四)法定刑配置**

美国食品安全犯罪的刑罚设置相对较轻。根据美国食品安全的立法,只要行为人实施了符合危害食品安全的行为,无论有无造成任何的结果,均可以构成相应的食品犯罪。因此,对于虽没有造成严重后果的行为只是设置了较为轻缓的刑罚,这体现了对此类犯罪的早期化干预的预防性刑事政策;如若等到已经因危害食品安全的犯罪造成严重后果后再启动刑法制裁,便失去了法益保护的意义。

**(五)解释性立法**

美国食品安全犯罪的立法较为普遍地使用了解释性立法。美国食品安全犯罪的构成行为是在更广泛的范围上使用的,以美国FD&C法案为例,该法是食品安全综合性的立法,第301条对多达31项食品安全犯罪的构成行为进行了全面的规定,客观上需要进行相应的解释性立法。

## 第二节　欧盟模式——以德国为例

2000年以后,德国相继发生了数起食品安全丑闻事件[①],因此2005年公布的新《食品暨饲料法》(*Lebensmittel und Futtermittelgesetzbuch*),除了纳入欧盟2002年第178号规则规定的基本原则外,要求食品业者应适用HACCP食品安全管理系统[②],以更严格的要求及刑罚防止食品安全的丑闻再次发生,以期强化对消费者的保护。德国在遵循欧盟食品安全政策与法规下,整

---

①　近十年德国发生数次重大的食品安全事件,例如2011年1月鸡蛋二噁英污染事件,饲料添加工业用润滑油,经由饲料污染成千的禽、畜动物,包括鸡蛋、鸡肉、猪肉等,更扩及其他国家,对消费信心造成重大打击;2011年5月至7月豆芽菜检出血型大肠杆菌(EHEC O104:H4)污染之食品中毒事件,导致3842人生病,53人死亡;2012年草莓诺罗病毒中毒事件,约11000人生病,后续两件微生物危害所引起的食品中毒事件对消费者造成健康上的重大风险,其中EHEC O104:H4事件为典型的危机事件,造成的伤亡人数也最严重。

②　HACCP(Hazard Analysis Critical Control Points,简称HACCP)食品安全管理系统,为危害分析与关键控制点制度,在国际上得到广泛认可和使用。最初是在20世纪60年代,美国为确保宇航员在太空的饮食安全,而发展出来的食品卫生安全生产管理制度。HACCP旨在识别、评价和控制食品生产过程中的潜在危害,其主要目标是预防、消除或减少食品安全危害到可接受的水平,侧重于识别生产过程中可以控制或消除危害的关键控制点(CCP)。这些危害包括可能对消费者健康构成风险的生物、化学或物理污染物。HACCP食品安全管理系统是从整体食物供应链,进行"从农场到餐桌"的全程管理,强调源头管制、自主管理、产品责任保证之基本精神,并延伸到食品加工业的上、中、下游,每一个生产阶段应有明确的分工与责任归属,互相监督以避免发生安全问题。

HACCP体系包括七个原则:(1)进行危害分析:这包括识别在食品生产过程的每个步骤中可能发生的潜在危害。(2)确定关键控制点(CCP):CCP是过程中可以应用控制措施来预防、消除或将危害降低到可接受水平的点。(3)建立临界限值:临界限值是每个关键控制点必须满足的最大值和最小值,以确保食品安全。(4)建立监测程序:监测包括定期检查CCP,以确保它们处于控制之下,并满足关键限制。(5)建立纠正措施:制定程序以解决任何偏离关键限制的问题,并防止不安全食品到达消费者手中。(6)建立验证程序:验证包括通过内部审核和测试等活动评价HACCP体系的有效性。(7)建立记录和文件:保持准确记录,以证明HACCP体系正在有效地实施。HACCP是一种基于科学原理和风险评估的食品安全预防方法,被广泛应用于食品工业,以确保生产安全和高质量的食品。HACCP计划通常是针对个别食品企业的具体操作和要求量身定制的。

合国内各邦食品安全检查,致力于构建全国统一的食品安全管制系统,在食品所有的生产与加工阶段打造一个食品价值链,即生产者、加工者或销售者必须确保食品的高品质,食品的追踪制度也应保证食品的所有加工阶段都符合法律规定的要求。

## 一、德国食品安全法律体系概览

### (一)德国食品安全的法律渊源

1. 德国食品安全法

早在 1879 年 5 月 14 日,德国就颁布第一部《食品法》(*Nahrungsmittelgesetz*),除明文规定食品级检查外,对仿冒或伪造掺假食品的行为作出了处罚规定,对生产者故意制造食品而导致危害消费者人体健康时,规定了有期徒刑的刑罚。随着时代的进步与科技的发展,又先后公布许多新的特别法,例如 1887 年《添加色素法》(*Farbengesetz*)、1897 年《人造奶油法》(*Margarinegesetz*)、1990 年《肉品卫生法》(*Fleischhygienegesetz*)等,形成一个食品安全的法律框架。20 世纪 50 年代,食品使用添加物而引起社会大众对于食品安全的重大疑虑,因此在 1958 年底进行食品法的修订,实施添加物禁止原则(Fremdstoffverbot),只有在一般或特定用途的情况下才能使用添加物,而后又陆续公布 11 个添加物规章(Fremdstoffverordnung),以确保不会危害人体健康,该禁止原则一直沿用至今,甚至适用于欧盟的食品法。

目前德国食品法几乎完全由欧盟法主导且深受其影响。食品法是一个跨领域的法规范,涵盖消费者保护、危险防止与营业法,食品检查的核心任务是维护民众的健康;因食品品质要求防止诈骗、误导与仿冒混充的情形,因此食品法最重要的目标就是确保高度的食品安全、保护消费者食的安心。

2001 年疯牛病席卷欧洲,食品安全与消费者保护成为热点话题,与此同时亦发展出食品安全新的法律框架,涵盖整个食品生产链条及饲料。欧盟在2002年公布第178号食品安全基本原则,也促使德国重新检视国内食品安全的法规及风险管理机制。因此,2005年德国公布新的《食品暨饲料法》(*Lebensmittel-,Bedarfsgegenstände- und Futtermittelgesetzbuch*)作为一个框架法(Rahmengesetz),除了纳入欧盟2002年第178号规则规定的基本原则外,并同时规范食品与饲料,确保源头动物的饲料安全,要求食品从业者适用HACCP系统进行食品安全管理认证,以更严格的要求及刑罚防止食品安全丑闻的再度发生。

为了落实包装卫生的规定,德国公布了许多法律规章,以进行国内的法律调整,例如:添加物许可规章(Zusatzstoff Verkehrsverordnug),规范食品的添加物质;添加物交易规章(Zusatzstoff-Zulassungsverordnung),规范为技术性用途使用添加物与交易添加物;食品标示规章(Lebensmittelkennzeichnungsverordnung),规范应标明生产者、包装者与销售者的名称、成分标示、保存期限与食用期限等;食品卫生规章(Lebensmittelhygieneverordnung)要求食品从业者必须在企业内构建卫生检查稽核系统,即履行HACCP食品安全管理系统,以期及早辨识、评价与处理危害健康的危险。

为了避免动物传染病带入欧盟,欧盟在2009年公布第206号规则(即所谓的私人背包规则),严禁自第三国带进肉品、牛奶、肉制品与乳制品,仅允许少量与在特定条件下,才得携带特定动物制品,例如婴儿食品、特殊的医药食品等。食品进口到德国时必须同时适用德国与欧盟的规定,进口商是国内贩售进口食品商业链的第一个负责任者。

2.欧盟食品安全法

德国食品安全法①主要是由欧盟法规与联邦法组成,欧盟的食品安全法的调整对象包罗万象,不仅规范食品与饲料,还规范食品卫生,而在全体成

---

① 欧盟食品法主要为规则(regulation)与指令(directive)形式,规则直接适用于全体成员国,但指令必须经成员国的转换立法,才会在全体成员国有直接适用的效力。

员国内适用相同的高标准为欧盟最重要的法规,如下:

(1)欧盟2002年第178号食品安全基本规则。

(2)欧盟2000年第13号标示指令。

(3)欧盟2011年第1169号食品资讯规则,以规范食品及营养值的标示,提供消费者食品的资讯,例如食品原产国与来源国的标示、标示的字体大小等。

欧盟各成员国有不同的食品制造方法与饮食文化,这可能会阻碍成员国间跨国的食品自由交易,因此不仅涉及消费者保护,同时又会造成食品是否可以跨国交易的问题,在欧盟单一市场框架内,食品安全对于欧盟商品自由流通原则的发展具有重要意义。欧盟的食品共同市场长期以来适用互相承认原则(principle of mutual recognition;Grundsatz der gegenseitigen Anerkennung),该原则源于1974年Cassis de Dijon案,而成为商品自由流通最重要的原则,即食品只要符合一会员国的法规制造即可以合法在其他会员国内贩售,即便不符合进口国的规定,亦不得禁止其进口。

互相承认原则整合成员国法规差异的目的,事实上却导致形成保障最低标准,但欧盟不断公布新的法规,以确保在全体成员国内有高度的食品安全与消费者保护标准。近些年,食品安全成为欧盟日益重视的民生议题,因此欧盟全力建立食品安全的预警机制并制定相关的食品安全法规,以期重拾消费者对于从生产者到消费者食物链的信心,并建立健全食品安全检查制度,以期在食物供应链中检查细菌及化学物质的风险,因而实现危险的最小化。因此,为了加强全欧盟境内的食品安全,过去以指令(directive)形式公布的食品法规,已经以规则形式完全重新立法公布新的法规以统一成员国的食品法规,从而真正落实在单一市场内商品自由流通的食品安全,保障消费者吃食的安全。

欧盟建立了一个广泛的食品安全策略,以确保在生产食品的所有阶段——从生产、加工到销售,保证可以追踪在哪一个环节产生风险,依据前后步骤原则(Prinzipeinem Schritt davor und danach),要求参与生产的业者设置可以辨识上下游每个业者的系统,不仅对来自欧盟的食品,而且对于来自第三国的进口食品,都必须适用这一高标准的辨识系统。将欧盟的食品安全策略归纳为三个核心要素:为已稳固的科学理事会进行科学评价、制定在欧盟一体适用的食品安全法以及施行与监督。

欧盟法优先适用的效力(Anwendungsvorrang)是指在适用上欧盟法优先于成员国法,即成员国的法院与行政机关不得适用与欧盟法相抵触的成员国法,成员国的立法机关亦不能公布相抵触的法律。成员国法院无权审判联盟机关作为或不作为的效力,这是欧盟法院的专属审判权。欧盟法优先适用的效力具有封锁的效果(Sperrwirkung),即成员国的立法机关不得公布与欧盟法抵触的国内法;若已经公布的国内法,在欧盟法与成员国法有冲突的情形下,会员国的法院与行政机关不得适用该抵触的国内法。封锁的效果是欧盟法优先适用关键性的优点,欧盟法也优先于公布在后的成员国法,排除后法优于前法的适用原则,欧盟法具有绝对的优先适用效力。依据《欧洲联盟条约》第4条第3项规定的忠诚合作原则,成员国、成员国的行政机关与法院必须施行欧盟法。在很大程度上,成员国法院的任务即为维护欧盟法,成员国法院必须遵守欧盟法的规定。以德国为例,德国的食品法深受欧盟法的影响,几乎完全转换自欧盟法。

**(二)德国食品安全法的目标和原则**

德国食品法规数量众多,超过700部,德国食品安全法遵循欧盟食品安全三大目标,即保护人类的健康、防止消费者受欺骗、确保社会大众获得正确的资讯。同时,以规范在食品安全领域应负的责任与应扮演的角色,而塑造食品安全框架支柱的欧盟食品安全的七项基本原则,德国食品安全法也完全遵循,具体如下:

（1）食物链原则，即在整个食物链应严格执行所有措施，以确保食品安全。2005年，德国结合既有的食品与饲料规定，公布新的《食品暨饲料法》，遵循欧盟的"从农场到餐桌原则"（from farm to fork principle），涵盖生产食品各个阶段的法规与检查，以使消费者可以"食的安心"。

（2）生产者责任原则，即食品与饲料的生产者应负责确保其食品消费安全，也就是在生产时应尽注意义务（duty of care），从原料与成分选取开始，生产者就必须克尽注意义务，如若违反，则须负民法上的损害赔偿责任、行政罚锾与刑事责任。①

（3）可追踪原则，即生产者应在所有的食品包装贴上一个号码或日期，以便使生产者或检查人员追踪产品的来源。自2005年1月1日起，生产者不仅应记录食品的出货对象与地点，而且应提供取得产品原料的证明。这是可以快速追踪产品受污染的唯一方法。所有食品生产者应遵守该原则，以便快速查出受污染的食品。

（4）独立的科学风险评价，即应正确地评价风险以便做出正确的决策。德国联邦政府在2002年设立联邦风险评价研究所（Bundesinstitutfür Risiko-bewertung），成为专责进行风险评价的联邦研究所。

（5）风险评价与风险管理分离原则，也就是应明确地界定科学的风险评价与决策者的风险管理，即研究人员先进行独立的评价风险，然后再由决策者考量所有重要的因素，例如环境、社会或经济需求，以决定哪个措施最能降低食品安全风险。风险管理必须依据适当原则与比例原则做利益衡量。实际上，自2002年以来，欧盟与德国已经施行风险评价与风险管理分离原则。

（6）预防原则（Vorsorgeprinzip），即预防胜于治疗原则。从科学的角度而言，不可能完全评鉴风险对人体健康的伤害，因此在做决策时会适用预防原

---

① 德国《食品暨饲料法》第58条至第61条即规范刑罚及行政罚的罚则规定。

则,采取预防措施,以风险最小化来进行风险管理,进而降低对消费者的风险,这些预防措施必须是适当的,在新的研究发现时,可以迅速进行检讨而作修正。例如2002年时,瑞典官员首先证实含淀粉的食品,而德国是第一个采取最小化策略的国家,以降低食品内丙烯酰胺(acrylamide)的含量,之后在全欧盟范围内实施降低食品内丙烯酰胺含量的政策。

(7)透明的风险通报,即有不同层级的风险通报系统,研究人员应交流最近发现的风险资讯,决策者、产业界、研究人员讨论科学的风险评价,并达成采取适当的最小化风险的措施,最后以适当的方式将风险告知社会大众以揭露资讯。各邦与联邦消费者保护暨食品安全局设置网站,向社会大众提供关于警告有害健康,或误导消费者的资讯,例如由食品业者回收下架或召回有问题产品的相关讯息,都可以从该网站上获得。[①]

**(三)德国食品安全管理的重点**

德国联邦消费者保护食品安全局(Federal Office of Consumer Protection and Food Safety,BVL)指出了两个重点研究方向,分别为防止食品欺诈与确保网络消费安全。

1. 防止食品欺诈(Food Fraud)

欧洲过去发生许多食品诈欺[②]的食品事件或食品安全事件,最早可推至1981年,西班牙橄榄油中毒事件造成25000中毒,750人死亡、1986年意大利红酒甲醇事件[③]造成29人死亡、2005年德国逾期肉品事件、2011年德国猪只

---

① Food Safety Strategies,pp.10-16.

② 可罚的误导广告行为,依据德国《公平竞争法》第16条第1项(UWG)尚不可罚,该条构成要件以行为人使用"错误资讯误导他人",行为人尚须出于使人相信有较有利价格的意图。

③ 在1985年,德国与奥地利爆发了乙二醇酒的丑闻。奥地利酒商因违反法律规定在生产的葡萄酒中加入乙二醇以增加其风味,而德国也有一些葡萄酒商在其产品中掺入这些来自奥地利的乙二醇酒,虽然这些酒都不会造成健康的损害,但此事件却成为公开的丑闻,联邦卫生部对消费者提出警告,消费者对酒商失去了信心,最后导致奥地利葡萄酒产业严重受损。此外,对于知情并参与其中的德国酒商的雇员也面临欺诈罪的刑事追诉。参见BGH NJW1995,29,33m. Anm. Fezer StV 1996,77.

及鸡只饲料二噁英事件造成 4 760 个农场受到影响,2013 年仍有马肉搀假事件①发生等,显见食品诈欺迄今不仅为欧盟所关注,仍为全世界食品安全管理的重要课题。

欧洲的消费者对食品的真假经常存有疑问,因为食品的产销链复杂,从农场到餐桌,经历农作、运输、制造、加工、销售等诸多程序,有些通过实体店面销售,有些则是通过网络等非实体店面到达民众,如果有不良业者在其中使用品质不佳的原料甚或其他原料假冒或以不实的标示、宣传或广告等,消费者难以直接从产品外观加以辨别,导致产品的真伪性或安全性大打折扣,由此需要在防止食品诈欺行为上加以更多关注。

防止食品欺诈的具体类型:

(1)掺假(Adulteration):添加外来物质使产品品质变差的行为,例如橄榄油中掺入其他植物油,仍以橄榄油之名称予以贩售。这种行为在我国刑法中应被评价为生产、销售伪劣产品罪。

(2)仿冒/假冒(Counterfeiting):以假乱真,以赝品假冒真实产品,以取得利益之行为,例如以糖浆假冒蜂蜜。

(3)取代(Substitution):以一种类似的物质,代替全部或部分取代而不改变其整体特征之行为,例如以低价肉取代高价肉贩售。

(4)转变(Division):将食物或其他物质转变其预期过程或目的之行为,例如将动物废弃物提供作为食品。

(5)虚假陈述(Misrepresentation):指所作与事实之实际情况不符之行为,导致他人错误理解。例如在原产地、品质、安全或者营养价值方面,以不实的说法或行为销售产品。

---

① 2013 年,包括德国在内的许多欧洲国家爆发了把马肉掺入牛肉中并当作牛肉予以贩售的事件。如在冷冻的意大利面中常常会加入马碎肉,虽然该物质不会对健康造成实质损害,但仍遭到公众强烈的反应,主要是因为在德国文化传统中有不食马肉(还包括不吃狗肉)的饮食禁忌。

（6）盗用身份（Identity Theft）：冒名使用其他业者的身份，以获取利益之行为，例如盗用合法业者的商标，借以牟利。

（7）提供不实文件（Document Fraud）：伪造、使用或持有虚假的文件，意图出售、营销或以其他方式担保欺诈或劣质产品之行为，例如食品业者提供上下游虚假的检验文件。①

2. 网络消费安全

德国联邦消费者保护食品安全局管理重点之一为网络消费安全性，随着网络购物的盛行，更多的消费者透过非实体店面购物，包括食品、化妆品、食品用器具、玩具、服装、宠物、饲料等各种产品。德国食品管理部门自2013年成立了网购食品、饲料、化妆品、消费品及烟草产品控制中心，由BVL作为德国联邦州的中央机构，统筹网络食品销售的监管，统一面对跨越联邦及国界的互联网贸易活动，保存必要的资源及提高效率。德国食品当局在电子商务中对于消费者保护的重视领先各国。德国要求提供食品的电子零售商（E-retailers）必须向德国或其所在地国家城市的食品管理主管机关注册，然后如同对传统零售商之管理，进行风险管控。对于网络消费平台，德国联邦消费者保护食品安全局会搜查网络上提供可能损及消费者健康或误导消费者之高风险食品或产品，以及查验未注册食品企业，相关结果传递给各联邦州或欧盟成员国或第三国的主管单位，以利采取必要的管制措施，例如禁止其提供相关产品或强制注册。另外，对于没有注册义务的食品业者，也会受到联邦管制计划（Federal control plan）的监督。德国除了透过单向的消费者举报以及欧盟食品安全预警系统发现有安全风险的食品之外，也透过食品业者注册的方式，将业者纳入监管范围，另外，更透过符合第三方的品质倡议，让消费者可以选择安心的非实体店购物。

---

① Food Standards Agency, 2016, Food Crime Annual Strategic Assessment. https://www.food.gov.uk/about-us/national-food-crime-unit, 2023年7月21日浏览。

## 二、德国对食品安全犯罪的规制模式——抽象危险犯为主

德国刑法对食品安全犯罪除了有实害犯构成要件外,也有具体危险犯和抽象危险犯[①]的规定。[②]那么对于德国现行有效且保护食品安全的抽象危险犯,要如何解释这些抽象危险犯的构成要件?

### (一)《德国刑法典》

在德国,作为核心的刑法典规定与食品安全相关的只有第314条[③]投毒致生公共危险罪构成要件。该条是在1998年被进行重大修正的,与第314条旧条文相比,新条文被认为过于严苛。按照通说的观点理解只要在生产过程中,对于可能流通的含有有害健康物质的产品都可以认定为犯罪,不一定以生产后含有有害健康物质为依据;这一规定使得犯罪的范围不再局限于工业活动以外的人,甚至制造有害产品也可能构成犯罪,这种过于宽泛的规定可能会影响整个制药和化学工业的发展。然而令人费解的是,该构成要素从未在实践中得到认真应用,而新规则使其更没有意义。虽然已经扩大了客观构成要件的要求,将处罚范围扩大到将有害健康的物质纳入产品并在市场上销售的企业,但只有在该物品有合理的可能会对健康造成损害

---

① 赫尔佐克认为应全面拒绝抽象危险犯;但库伦认为这种想法忽视法律现实,也未正确认识既存危险及抽象危险对食品安全的重要性,因为实害结果是否出现,往往呈现出偶然性,有时也不易判断是否与行为人的行为存在归责关系,在风险领域中,尤其对现代国民食品安全的保障而言,只有抽象危险犯可以做得到。

② 德国《食安法》中只有第58条第5项属于具体危险犯,该构成要件将第58条第1项至第3项的抽象危险犯于致生具体危险时加重处罚,并作为加重的类型化规范,特别当多数人的健康已因行为人之行为而受到危害(第1款),或是致使他人发生死亡或身体、健康重大减损危险之时(第2款)。

③《德国刑法典》第314条[投毒罪](1)于下列之水中或物品中投毒或掺混有害健康物质者,或贩卖、意图贩卖而陈列已投毒或掺混有害健康物质的第2款之物品,或使之流通于市面者,处一年以上十年以下有期徒刑:1.受控制之泉水、水井、自来水管或饮水储存容器中之水中,或2.用以公开贩售或供公众使用物品中。参见《德国刑法典》,元照出版有限公司,2017年。

的情况下,才能确立"危害健康"要件。①

**(二)附属刑法**

在德国,以抽象危险犯方式对食品安全予以保护的规定多位于附属刑法中,其中以2005年《食品暨饲料法》第58条及第59条的规定为典型。该法规范旨在保护消费者免于健康损害,免于受到食品、饲料、化妆品及餐具的欺诈。该法明确确定了滥用原则,即食品原则上可以在无许可情况予以在市面上进行流通,但如果食品有安全之虞,即滥用了生产、销售食品的自由,此种滥用行为必须受到相应的法律制裁。与此相对的是药品采用禁止原则,即药品如无许可即不得上市。

德国《食品暨饲料法》第58条及第59条采用的空白罪状,其刑事责任以违反其他法律规范为前提。第58条和第59条共计有64款,每款中分别有数种不同类型的行为规范,构成要件的范围相当宽泛,这种模式即无助于行为人对规范的认知,也不利于法律的适用。库伦认为《食品暨饲料法》第58条所规定的故意犯和过失犯都是合适的处罚,不论需罚性上有其正当性,其危险构成要件都能产生适足的一般预防效果。②对这以预防效果是否有效也受到诸多质疑,认为刑法规定的预防效果(积极一般预防)不够完整,理由在于欧盟的食品安全行政管制体制存在着漏洞,欧盟成员国的刑事追诉机关间的合作不足。因此,要修补这个漏洞不应以加重刑事责任方式实现,因为

---

① 具体说明见BGHSt 51,18 Rn. 13.该判决于2006年作成。该案中某位四岁小孩想在布丁中加糖,却误拿30克盐巴加入补丁,其继母出于教育目的,强迫小孩把整盒巧克力布丁吃完,未料到吃完后小孩死亡,该继母并未料到可能会死亡,只想对小孩"胃痛、肚子痛或不舒服"有预见可能性,但法院认定不成立过失致死(德国刑法第222条),也不构成伤害致死罪(德国刑法第227条),因为依其认识能力,无法认识到如此微量的盐巴会造成小孩的死亡。本案争议的问题是,除了故意轻伤罪(德国刑法第223条)以外,是否还会构成危险伤害罪(德国刑法第224条第1项第1款)。这个问题涉及继母必须给予小孩危害健康之物,亦即"该物品必须依其性质与具体的应用方式,足以造成严重的健康损害效果",但此标准绝对低于原来所谓损害人类健康的要求。

② 库伦:《全球风险社会中的食品安全刑法》,许恒达译,《高大法学论丛》,2015年第2期。

这只是一种象征性的立法。

## 三、德国食品安全法的整体评价

### (一)德国食品安全法的特点

德国食品安全管理的进展是以保护消费者为核心价值,推动德国食品安全管理的全面改革,负责管理食品的 BVL 局(Federal Office of Consumer Protection and Food Safety,BVL)与科学评估的 BfR(Germany Federal Institute for Risk Assessment,BfR)已成立 20 余年,充分展现其在政策拟定与科学评估上的客观、独立与透明的运作模式,BfR 的科学成果对于食品管理的重要性(甚至成为欧盟重要的科学支柱)在于已经发现诸多未曾发现的问题,并协助解决所面对的危机。食品安全无法单打独斗,内部需要整合沟通,外部则需要协力合作。

1.遵循欧盟食品法的宗旨和原则

在食品法领域,相对于德国食品法而言,欧盟食品法具有优先适用的特性,德国食品法与欧盟食品法具有相同的目标,都是要防止消费者因食品而危害健康,或因食品贩售者而受到误导。德国食品安全法落实欧盟食品法的基本原则与目标,有效防止消费者健康受损害与防止消费者被欺骗,针对食品安全实施七项基本原则、及早与快速预警制度、实地查验与国际合作,以期使决策者达到食品安全的高标准,实施有效率的风险管理。面对食品市场的发展和新研究的发现,食品安全立法亦须与时俱进,要求食品从业者、政府机关和消费者三方都注重食品安全,形成互相监督的食品安全网络,以期共同维护食品安全和国民健康。

2.形成严密的食品安全监督网络

德国深刻认识到食品安全议题是跨领域的议题,涵盖消费者保护、卫生、经营者的经营监督等,上至联邦司法暨消费者保护部、联邦粮食暨农业部负责食品安全的风险管理、联邦消费者保护暨食品安全局的协调与联邦风险评价研究所的科学评价判断风险,下至各邦的检查执行,而形成一个严密的网络,特别是食品从业者应负已尽相当的注意义务才可以免除责任。

3.重视消费者获取正确资讯权益

禁止欺骗消费者是德国食品法的核心原则。食品企业应该向消费者提供食品相关信息,以充分保护消费者的权益。消费者有知情权,通过详细的信息披露,消费者可以理性地决定是否购买食品,如果在市场上销售的食品有适当的标签,成分的主要特征和组成可以避免误导消费者。

**(二)德国食品安全法的缺陷**

1."整体性的刑罚化"倾向明显

德国《食品暨饲料法》第58条和第59条的规定条款过多,除基本规定外,一些处罚规定根本不适用,有立法过度之嫌。通过对违反法律禁止和秩序规范的综合处罚,必然会产生"整体性处罚"的现象,并且在没有实质犯罪行为的情况下适用刑罚,在法治化过程中必须遏制刑罚处罚过剩的情况。此外,由于德国食品安全法中抽象危险要素并不适用于所有产品,目前的规定存在相当大的漏洞。

2.空白构成要件适用妥当性存疑

德国食品法中的空白构成要素因为刑法规范未给予明确化,而只是期望援引其他法律进行处罚,其中包括许多涉嫌违反罪刑法定处罚原则的非立法性法律或命令以惩罚食品安全犯罪。然而,德国联邦宪法法院并没有完全反对空白构成要件这一授权方式,主要是因为考虑到现代社会的规范性需要,在科技和经济发展领域,食品安全立法根本难以放弃类似的方式。

此外,在德国食品法中除了一般空白要素外,还有一种特殊的加重空白要素,它将构成要素的内容提及母法,根据该法第58条第3款第1项"违反欧共体或欧盟在第1条第1至17项相关领域的指令"也是一种犯罪行为。因此一旦欧盟改变食品安全指令或有新的修正案,德国立法者不必继续修改法律,可以改变处罚的内容和范围。换句话说,只要联邦司法部根据第58条第3款第1项将处罚追溯适用于欧盟条例,处罚的内容就可以改变。这种溯及既往适用母法的效果被质疑为违宪,因为刑罚限制实际上是由行政权决定的,只有德国行政部门将参与,没有任何立法者可以决定或修改刑法要素的范围。然而,也有不同的观点,认为这种监管手段仍然被接受,因为只有行政部门详细和快速的监管手段才能适应科学、技术和经济的变化。此外,立法者可以避免每次欧盟指令发生变化时都必须修改法律的不必要成本。即使《食品安全法》的构成要件不违宪,其刑罚构成要件也表现出一种"只追求恐吓而效果有限的风险刑法",其适当性在民主法治国家仍受到质疑。

## 第三节　特别刑法模式——以日本为例

现代社会需要采取综合措施以确保极具复杂性以及多样性特征的食品安全,保护民众的生命健康。2013年日本厚生劳动省食品安全局食品安全部出版《面向确保食品安全的措施》小册子,作为厚生劳动省的措施介入以下10项措施:(1)食品中的放射性物质的对策,(2)食物中毒对策,(3)疯牛病(BSE)对策,(4)确保进口食品的安全,(5)食品中农药残留的限制,(6)食品中污染物质的对策,(7)确保食品添加剂的安全,(8)确保健康食品的安全,(9)确保基因食品等的安全,(10)确保器具、容器包装、玩具、清洗剂的安全。为此,制定了许多食品安全相关的法律,作为实施这些措施的依据。

日本食品安全法从取缔法、卫生法发展到安全法,理念和制度均在演变和发展。日本的食品安全法通常是对有关食品安全法律制度的统称,是以保障食品安全、保护个人生命健康为目的的法律原则和法律规范的总和。换言之,日本的食品安全法是一个关于食品安全问题的综合性法律群,它包括行政法规范、民法规范乃至刑法规范等组成。日本食品安全法律体系的构筑以《食品安全基本法》为核心,以《食品卫生法》《食品表示法》等一系列法律规范组成,较为完备地涵摄从农场到餐桌的整个流程,这些法律规范中所设置的罚则内容与其所列违法行为进行了有效衔接。日本对所有食品供给环节的管理都予以强化,从食品安全标准的制定、到生产经营活动的许可、再到检查监督和违法者的惩处等环节都采取了措施,以确保食品的安全性。

## 一、日本食品安全法律体系及实施状况

### (一)日本食品安全法律体系

1.《食品安全基本法》

在本法制定之前,日本国内最初发现了感染疯牛病的牛(2001年9月)、中国产冷冻菠菜中近一成的农药残留超标(2001年12月)以及大型食品制造商不正确标明牛肉原产地等事件。之后又出现了不正当标识事件表面化(2002年2月),关于食品安全的危机感和国民关注度显著提高的背景下,2003年制定了《食品安全基本法》(平成15年法律第48号)。该法目的为"考虑到科学技术的发展、国际化的进展以及其他国民饮食生活环境的变化紧要性,关于确保食品的安全性,确定基本理念,以及国家、地方公共团体和食品经营者的职责和消费者的作用,通过制定有关措施的基本方针,综合性地推进有关确保食品安全性的措施"①。该法作为基本法,却没有相关的罚则规定。

2.《食品卫生法》

1937年制定的《食品卫生法》(昭和22年法律第233号)是一部对食品安全非常重要的法律。该法的目的是为了确保食品安全,采取必要的规定和措施防止因饮食引起的卫生危害发生,保护国民的健康。本法位于日本食

---

① 日本《食品安全基本法》第一条(目的)第一条 この法律は、科学技術の発展、国際化の進展その他の国民の食生活を取り巻く環境の変化に適確に対応することの緊要性にかんがみ、食品の安全性の確保に関し、基本理念を定め、並びに国、地方公共団体及び食品関連事業者の責務並びに消費者の役割を明らかにするとともに、施策の策定に係る基本的な方針を定めることにより、食品の安全性の確保に関する施策を総合的に推進することを目的とする。

品安全法制的中心位置,迄今为止已经进行了50余次的修改和不断更新。最新的修正法在2018年6月13日公布(平成30年),其修正的宗旨是应对围绕日本饮食的环境变化和国际化等,为了确保食品的安全而进行改正。包括以下几方面:(1)加强对大规模或者广域性食品中毒事件的对策。(2)将"HACCP卫生管理"制度化,即原则上要求所有食品等从业者在一般卫生管理的基础上,按照HACCP实施卫生管理,小规模的从业者以参考厚生劳动省网站上公布的手册,采取简化的方法。(3)将特定食品的"健康危害信息申报"予以义务化。(4)对"食品用器具、容器、包装"引入积极清单制度,即关于食品用器具和容器包装,导入了只有经过安全性评价的物质才能使用的积极清单制度。(5)修改"营业许可制度"和创设"营业申报制度"。随着HACCP卫生管理的制度化,为了能够掌握食品等事业者,创设了营业申报制度。另外,考虑到食物中毒等的风险,以及食品产业的实际状况,对需要营业许可的行业进行了重新评估。(6)食品等的"自主回收(召回)信息"必须向行政部门报告经营者在进行食品等的自主回收时,建立了通过地方政府向国家报告的机制,将回收信息的报告义务化。申报的信息被一览化在主页等被公布。(7)完善"进出口"食品安全证明为了确保进口食品的安全性,进口肉类的卫生管理和乳制品以及水产食品的卫生证明书是进口条件。①本法为了达成目的规定了很多罚则。

《食品卫生法》第11章(71条至79条)规定了惩罚措施。其中,71条至78条规定了行政刑罚,79条规定了行政上的秩序罚(罚款)。另外,该法对清洁剂和婴幼儿玩具的销售、制造等也规定了罚则(该法71条1项1号、62条1第6条、第72条第1项、第62条第1项、第11条第2项等)。

---

① https://www.mhlw.go.jp/stf/seisakunitsuite/bunya/0000197196.html "食品卫生法等一部修改法律"的概要。

3.《食品表示法》

2013年颁布的《食品表示法》(平成25年法律第70号)①统合了之前的食品卫生法、JAS法、健康增进法关于食品表示的规定,设置了关于食品表示总括性和一元性的制度。该法第1条规定的目的是"鉴于食品标识在确保食用食品的安全性和确保自主、合理选择食品的机会方面发挥着重要作用,该法规定,对于用于销售的食品标识、制定标准以及其他必要事项,以确保其适当性,增进一般消费者的利益。同时,与食品卫生法、健康增进法及日本农林规格等相关法律所采取的措施相配合,保护和增进国民的健康,旨在促进食品生产和流通的顺畅,并为振兴符合消费者需求的食品生产做出贡献。"《食品标识法》在第6章(该法第17条至23条)规定了罚则,该法第17条至22条规定了刑罚,该法第23条规定了罚款。

此外,食品安全法律还包括1948年《农药取缔法》(昭和23年法律第82号)、1950年《肥料取缔法》(昭和25年法律第27号)、《饲料安全性确保及品质改善相关法律》(昭和28年法律第35号)、《农林物质规格化等相关法律》(通称JAS法)(昭和25年法律第175号)、《确保药品、医疗器材等的质量、有效性和安全性相关法律》(昭和35年法律第145号)、《不当景品类及不当表示防止法》(昭和37年法律第134号)、《关于防止毒物混入流通食品等的特别措施法》②(昭和62年法律第103号)、《食品制造过程管理高度化临时措施法》(平成10年法律第59号)、《牛海绵状脑症对策特别措施法》(平成14年法律第70号)、《健康增进法》(平成14年法律第70号)、《关于牛个体识别的信息管理及传达的特别措施法》(平成15年法律第72号)、《转基因生物等的使

---

① 该法2015年施行至今,其间经过两次修正,即2018年《食品表示法一部修正的法律》(平成30年法律第97号),2023年《关于修改刑法等的一部分法律实施的有关法律整理等的法律》(令和4年法律第68号)

② 流通食品毒物混入防止法中,第9—10条规定了罚则,其中第9条1项1—3号规定了10年以下惩役或30万日元以下罚金;第9条第2项和1项各号(行为致人死亡情形下)无期或1年以上惩役。

用等的规制确保生物多样性的相关法律》(平成21年法律第26号),等等,这些法律囿于篇幅不做详细展开。另外,在此特别指出的是日本扩大食品安全法的范围,制定了宠物食品安全法。2007年美国因为含有三聚氰胺有害物质的宠物食品发生了大规模的猫狗健康危害事件。由于在日本销售业者自行收回产品避免了损失,但是以此为契机,为缓解公众因为没有规制宠物食品的法律的不安感而于2009年制定《关于确保宠物饲料安全性的法律》(ペットフード安全法)。该法概要为以下四方面:(1)设定了关于宠物食品制造方法等的标准和成分的规格,禁止制造不符合标准或规格的宠物食品。(2)禁止生产含有有害物质的宠物食品。(3)规定了丢弃含有有害物质的宠物食品等命令。(4)规定制造业者等申报及账簿的配备义务。

**(二)日本食品安全法的罚则性规定**

为了确保行政的实效性,行政法上准备了多种制裁手段,包括行政代执行、执行罚、直接强制以及行政强制征收等,统称为"行政的执行"。另外,对于违反行政义务的制裁还有"行政罚"。行政罚不仅包括刑罚,即使用惩役或罚金等作为刑罚的"行政刑罚",还包括行政上的秩序罚(罚款),即为了维持行政上的秩序,对违规者作为制裁科以金钱负担的"秩序罚",秩序罚的代表是"罚款"(日文中表述为"过料"),行政刑罚是伴随着最强烈的谴责和不利的制裁。罚款和罚金虽然都是金钱的制裁,但前者不是刑罚,即使科处罚款也不会有前科。日本食品安全法对各种各样的违法行为都规定了行政罚,特别是行政刑罚的制裁,罚则规定有很多。

食品安全法制中的罚则规定具有以下两方面特征:第一,食品的生产、流通过程非常复杂,存在众多的利害关系人,而且为了确保食品安全的机制也具有多样性,关于刑罚规定也存在很多条文。第二,日本的食品安全法制是由许多个别法组成的,关于食品安全的刑罚规定未必进行统一的整理,对于具有以上特征的食品安全法制的刑罚规定,要根据各个法律的目的和确保安全性对作为行政罚的对象的行为及其法定刑进行整理和分析。①

　　作为日本食品安全法核心的《食品卫生法》的罚则(第71—79条)规定复杂多样：就法定刑而言，自由刑是3年以下惩役、2年以下惩役、1年以下惩役进行排列；就财产刑而言，对于事业主的法人作出两罚规定，除了对法人规定"1亿日元以下的罚金"这样高额的刑罚外，对于自然人(以及个人业主)的罚金，还有300万日元以下罚金、200万日元以下的罚金、100万日元以下的罚金、50万日元以下的罚金等序列。

　　一般而言，在食品安全法制体系中，原则上对人的生命健康危险性高的行为类型规定较重法定刑，对于其他类型规定较轻的法定刑，但也会存在法定刑轻重与行为危险性程度不匹配的情况。

**（三）日本食品安全法罚则适用实态**

　　根据日本犯罪白皮书以及相关司法数据统计，以2016年为例日本违反特别法的犯罪中以公共卫生相关罪名被起诉的总人数为4 078人，其中违反食品安全卫生法的有28人，违反食品标识法的有4人。换言之，2016年起诉中直接涉及食品安全的人员总计32人，仅为同比汽车过失除死亡等违反道路交通安全法等嫌疑事件外的全部起诉人数(119 510人)的0.03%，还不到特别法起诉人数(46 450人)的0.07%。从以上统计数据来看，很难说《食品安全法》的罚则被广泛使用并被法院实际适用。行政刑罚的"象征性"或"机能不全"的问题，实际上不仅仅是食品安全法的问题。②在立法上，一般被认为这是日本行政法上设置的多数刑罚制裁(刑罚规定)的共性问题。究其原因可以归纳为以

---

①　[日]田中良弘：《食品安全法制における罰則規定——わが国における行政罰の各論的検討(2)》，法政理論51巻2号(2018)，第42頁。

②　从日本2019—2023年发布的《犯罪白皮书》所示，对特别法犯的统计数据来看，排在前十位的类型分别为：违反道路交通法、违反兴奋剂取缔法、违反大麻取缔法、违反轻犯罪法、违反废弃物处理法、违反刀枪法、违反入管局法、违反《儿童买春与儿童色情禁止法》、违反机动车损害赔偿保障法、违反犯罪收益转移防止法，这十类犯罪前后顺序可能会适当调整，但整体居于前十位的状况一直未变。详见日本法务省官网https://www.moj.go.jp/housouken/houso_hakusho2.html所公布的历年犯罪白皮书。

下几方面,当然也适用于食品安全法的罚则规定:(1)刑事告发不能通过行政指导等来解决问题,一方面因为行政机关认为刑事告发等于承认行政内部处理问题的失败,这种意识在行政领域中存在;另一方面刑事告发还必须得到警察和检察机关的协助,为此行政部门对于告发会犹豫不决。(2)警察和检察机关忙于应对重大犯罪,没有余力对科处少额的罚金的行政犯立案。(3)即使刑事告发,也只是少量的罚款或缓期执行,刑罚的威慑力(特别是对于经济犯罪等)很小。(4)因为要经过严格的刑事诉讼程序,行政职员需要接受调查,起诉后也需要以证人身份出庭,负担很大,缺乏作为法律执行手段的迅速性。①

## 二、日本食品安全法罚则规定之审视

### (一)法定刑序列理论的正当性

在广义的日本食品安全法内部的法定刑序列中,对《食品卫生法》《食品表示法》以及《宠物安全法》进行比较以揭示问题所在。首先,对食品安全的关注不仅涉及人类食品也扩展到宠物食品。其次,从法益的重要程度排序,在法律上评价人的生命健康比宠物的生命健康是更为重要的利益。因为在现行法律上仍将宠物及动物视为"物"。因此对价值序列进行整合后,对于类似的行为类型,食品卫生法和食品表示法的惩罚比宠物食品法的刑罚要重。而且无论是食品还是宠物食品都是根据行为对法益的侵害程度作为标准来排列刑罚的轻重。但是当法人被按照两罚制规定进行处罚时,不管是食品还是宠物食品在严重违反时,刑罚的轻重都是同等的。理由在于宠物食品具有获得巨额利润的可能性且引起大规模的损害,因此,刑罚设置应给予宠物食品犯罪以足够的抑制性和感受力。对于这种刑罚配置是否合理以及效果如何现在下结论过早,仍须不断进行验证。

---

① 参见[日]田中良弘著:《行政上の処罰概念と法治国家》,弘文堂,2017年,第9—10页。

### (二)刑罚规定象征化功过评价

相较于罚则规定的理论整合性而言,更大的问题是罚则适用相关的问题。与其他行政领域一样,食品安全法在立法上多用行政处罚,这是现代社会的必然现象。罚则的规定从有期惩役到罚金,罚金数额从一亿日元到数十万日元不等,以其刑罚的威慑力使法人和自然人遵守确保食品安全的多种行为规范,对市民来说是简单易行的限制手段。实际上,广泛运用罚则进行制裁也会使市民感到安心。食品相关人员遵守规范意识越高的社会,以及食品从业者对食品安全法的素养越高的社会,就越会认为仅仅规定刑罚(即使实际上适用刑罚被起诉而做有罪判决的人很少),相关刑罚的效果也能很好发挥。换言之,刑罚所具有的象征性问题在于食品相关人员对食品安全法的遵守意识以及对食品安全法的素养程度。

从国际标准来看,日本是一个合规意识和素养相对较高的社会。在此背景下,如果过于频繁、严格地适用食品安全相关法中的刑罚规定,有可能产生不良影响且副作用明显。即司法部门将有限的资源投入其中的话,纳税人或民众是无法完全接受的。反之,刑罚规定的"象征性"也具有一定优点,如果频繁使用刑罚会出现大量的犯罪者,犯罪数量和犯罪者人数多并不意味是良好的社会模式。以立法方式规定刑罚,通过明定规范形式使民众知晓规范并予以遵守,相较实际适用刑罚这种教育的方式使民众知晓立法则更为重要,易言之,就是通过刑事立法以对食品安全犯罪产生积极一般预防的效果,亦使食品安全刑法规范的有效性得到确证。

### (三)增强罚金刑威慑力的方案

在食品安全法律的罚则规定中,有些犯罪规定了相当严厉的刑罚,可以推测具有一定的威慑效果。《食品卫生法》和《宠物食品安全法》规定了有期惩役的犯罪类型,根据法律实行两罚制,对法人除以罚金最高到1亿日元,在某种程度上对企业具有抑制力。除去前述的两罚规定外,其他规定的罚金最高为300万日元,而实际被起诉后被判有罪的刑罚通常会低于这个最低额。那么是否可以通过提高罚金刑的数额来增强其威慑力呢?一般而言,罚金越高,威慑力就越强,食品安全法是为了保护生命健康这一重大法益而设计的,所以在必要的情况下,不打破罚金刑序列体系的前提下,提高法定刑的做法是可行的。但是罚金刑最大的缺点在于其感受力和威慑性会因受刑人的经济状况而效果不同,这种缺陷是否可以通过其他制度予以弥补或补救值得研究。在日本实务中,大多数罚金刑都是通过简易程序处理的。简易法院和地方法院被判罚金的人数进行比较,通过简易法院的简易程序被判处罚金的人数的比例约99%。这意味着被判处重刑的1%的会因为自己的行为在公众面前受到谴责,而99%的被告会通过简易程序被处以罚金。本来作为刑罚的财产性的威慑力和感受力就比较弱,而这种简易程序与日常生活没有太大的差距。为此,要提高食品安全法中刑罚的威慑力和感受力,一方面需要根据实际需要提高罚金额,另一方面对部分被告人不适用简易程序,积极适用正式审判予以宣判。在运用时,要慎重考虑到法治国原理、刑罚的明确性、起诉便宜主义的界限等诸原理的一致性(相容性)。①

## 第四节　单一立法模式——以我国刑法为例

我国对食品安全保护的法律体系采取单一立法模式,即食品安全犯罪的所有类型都统一在刑法中加以规定,行政法或经济法作为刑法判断违法性的前置法规范来源,行政法或经济法所规定的不法类型比刑法规制的类型范围更为宽泛。因此,研究我国食品安全刑事法体系不仅要兼顾刑法与相关法律法规间的外部关联性,同时也要顾及刑法体系中与食品安全相关的犯罪类型间的内部关联性。

---

① [日]青木仁志:《食品安全法制における罚则规定の现状と课题》,载[日]高桥滋共编:《食品安全法制と市民の安全安心》,第一法规2019年出版,第226页。

## 一、我国食品安全刑事立法的演进

食品安全问题直接关系到国家治理能力的现代化,也是各国政府和民众关注的重点。我国对食品安全犯罪的法律规制历经从无到有、从单一到多元模式的演进脉络。

### (一)纵向:从无到有

第一阶段:刑事责任空白阶段(1949—1979年)。1979年之前我国一直处于计划经济时代,粮食和食品凭票限量供应,食品经营活动受到限制,民众选择也趋于单一,与食品相关的犯罪事件颇为鲜见。1979年我国制定的《刑法》中,没有关于食品犯罪的具体条款。

第二阶段:刑事责任确立阶段(1979—1997年)。20世纪80年代改革开放之后,在计划经济向市场经济的过渡转型中,危害社会的违法犯罪层出不穷,1993年出台单行刑法《全国人民代表大会常务委员会关于惩治生产、销售伪劣商品犯罪的决定》,规定了生产、销售不符合卫生标准的食品罪和生产、销售有毒、有害食品罪两个罪名。该规定对两罪的罪状描述与1993年单行刑法中的规定基本一致。但值得注意的是,《食品卫生法》强调构成两罪的前提是违反本法规定,亦即判断是否构成两罪应先判断具体行为是否违反前置法(《食品卫生法》)的规定,这种规范方式与我们现在所主张的法秩序统一[①]原理相近。1997年修订的《刑法》将《全国人民代表大会常务委员会关于惩治生产、销售伪劣商品犯罪的决定》单行刑法的内容吸纳到统一刑法典中,在第三章"破坏社会主义市场经济秩序罪"设置第一节"生产、销售伪

---

① 法秩序是否统一的问题,违法相对论者主张法秩序无需相统一,刑事违法性判断不依赖行政不法的判断;而违法统一性主张者则认为刑事违法性判断需要依赖行政不法判断;折中论者则坚持刑法所确立的法秩序应当与行政法律规范所确立的法秩序进行缓和理解,亦即缓和的违法一元论。其中需要解决两个基本问题:其一是行政不法行为在刑法上不必然受到处罚;其二行政合法行为在刑法上亦应为合法。

劣商品罪"类罪名及九个具体犯罪类型(第140—150条)。相较于之前单行刑法对食品犯罪的规定,1997年《刑法》对两罪的罪状和法定刑进行适当调整和修改,具体详见下表。可见,立法者将食品类犯罪作为破坏市场秩序的类型(法益本质是集体法益),按照惩治假冒伪劣商品的方式来惩治食品类犯罪。

第三阶段:刑事责任完善阶段(1997年至今)。随着食品安全意识的觉醒和提升,2009年正式制定的《食品安全法》取代了之前的《食品卫生法》,从"食品卫生"到"食品安全"的名称变化实质上是法治治理模式的转变,其中确立以食品安全风险监测和评估为基础的科学管理模式,明确将食品安全风险评估结果作为制定、修订食品安全标准和对食品安全实施监督管理的依据。《食品安全法》扩大了法律适用范围,涵盖了"从农田到餐桌"全过程。[①]为了使《刑法》与《食品安全法》相衔接,2011年《刑法修正案(八)》对食品安全犯罪作出相应的调整和修改,具体如下:(1)将第143条原条文中"不符合卫生标准的食品"修改为"不符合食品安全标准的食品",将销售金额倍比罚金方式修改为无限额罚金,删除了基本犯中的拘役以及单处罚金的规定,第二档法定刑增设了"有其他严重情节"的处罚。(2)将144条原条文中"造成严重食物中毒事故或者其他严重食源性疾患,对人体健康造成严重危害的"修改为"对人体健康造成严重危害或者有其他严重情节的",将销售金额倍比罚金规定修改为无限额罚金,也取消基本犯中的拘役刑以及单处罚金的规定,并将"对人体健康造成严重危害的"修改为"有其他特别严重情节的"。(3)增设食品监管渎职罪,作为第408条之一。

---

① 武晓红、王嘉琪:《食品安全权益刑法保障研究——以两高涉危害食品安全司法解释为视角》,《兰州学刊》,2014年第4期。

2015年、2018年、2021年《食品安全法》又经历了三次修改,在2015年修订的《食品安全法》第135条第2款规定:"因食品安全犯罪被判处有期徒刑以上刑罚的,终身不得从事食品生产经营管理工作,也不得担任食品生产经营企业食品安全管理人员"。2015年《刑法修正案(九)》增设第37条之一"从业禁止"第3款规定:其他法律、行政法规对其从事相关职业另有禁止或者限制性规定的,从其规定。两部法律对从业禁止的规定显现出衔接和协调之意。

### 表4.1　食品安全犯罪刑事责任历史演进

| 1979年《刑法》 | 无专门规定(第105条和106条其他方法危害公共安全罪和过失) |
|---|---|
| 1993年《全国人民代表大会常务委员会关于惩治生产、销售伪劣商品犯罪的决定》 | 生产、销售不符合卫生标准的食品,造成严重食物中毒事故或者其他严重食源性疾患,对人体健康造成严重危害的,处七年以下有期徒刑,并处罚金;后果特别严重的,处七年以上有期徒刑或者无期徒刑,并处罚金或者没收财产。<br>在生产、销售的食品中掺入有毒、有害的非食品原料的,处五年以下有期徒刑或者拘役,可以并处或者单处罚金;造成严重食物中毒事故或者其他严重食源性疾患,对人体健康造成严重危害的,处五年以上十年以下有期徒刑,并处罚金;致人死亡或者对人体健康造成其他特别严重危害的,处十年以上有期徒刑、无期徒刑或者死刑,并处罚金或者没收财产。 |
| 1997年修订《刑法》 | 第143条　生产、销售不符合卫生标准的食品,足以造成严重食物中毒事故或者其他严重食源性疾患的,处三年以下有期徒刑或者拘役,并处或者单处销售金额百分之五十以上二倍以下罚金;对人体健康造成严重危害的,处三年以上七年以下有期徒刑,并处销售金额百分之五十以上二倍以下罚金;后果特别严重的,处七年以上有期徒刑或者无期徒刑,并处销售金额百分之五十以上二倍以下罚金或者没收财产。<br>第144条　在生产、销售的食品中掺入有毒、有害的非食品原料的,或者销售明知掺有有毒、有害的非食品原料的食品的,处五年以下有期徒刑或者拘役,并处或者单处销售金额百分之五十以上二倍以下罚金;造成严重食物中毒事故或者其他严重食源性疾患,对人体健康造成严重危害的,处五年以上十年以下有期徒刑,并处销售金额百分之五十以上二倍以下罚金;致人死亡或者对人体健康造成特别严重危害的,依照本法第141条的规定处罚。 |

| | |
|---|---|
| 2011年《刑法修正案（八）》修改内容 | 第143条 生产、销售不符合食品安全标准的食品,足以造成严重食物中毒事故或者其他严重食源性疾病的,处三年以下有期徒刑或者拘役,并处罚金对人体健康造成严重危害或者有其他严重情节的,处三年以上七年以下有期徒刑,并处罚金;后果特别严重的,处七年以上有期徒刑或者无期徒刑,并处罚金或者没收财产。<br>第144条 在生产、销售的食品中掺入有毒、有害的非食品原料的,或者销售明知掺有有毒、有害的非食品原料的食品的,处五年以下有期徒刑,并处罚金对人体健康造成严重危害或者有其他严重情节的,处五年以上十年以下有期徒刑,并处罚金,致人死亡或者有其他特别严重情节的,参照本法第141条的规定处罚。 |

## （二）横向：从单一到多元

我国采取单一的刑事立法模式,刑法典是认定食品安全犯罪刑事责任根据的唯一法源,但是食品安全犯罪属于典型自然犯和行政犯的混合类型,其前置法规范也不断完善,因此需要构建相对健全的食品安全法律体系,涵盖从农田到餐桌的整个过程。具体包括《食品安全法》《消费者权益保护法》《产品质量法》《农产品质量安全法》《民法典》《野生动物保护法》等法律以及相关的行政法规、部门规章和地方性法规等。

首先需要判断行为是否属于违反前置的食品安全行政法规范,如果行为没有违反前置法规范,那么无须进入刑事不法的判断;如果行为违反前置法规范,那么需要判断其是否符合刑事不法,对此主要分两种情形。

其一,即使属于行政违法,但缺乏刑事不法类型化的规定,只能按违法进行处理。例如我国《食品安全法》第69条规定:"生产经营转基因食品应当按照规定显著标示。"对于未按规定对转基因食品予以显著标示的,只能追究行政责任而无法追究其刑事责任。换言之,没有履行转基因食品的标示法定义务,不能认定属于刑法上的纯正不作为犯罪,因为这种行政法上的作为义务类型尚未得到刑法的认可,所以无法对此追究刑事责任。

其二,如果属于行政违法行为,且刑法亦有相应构成要件类型的规定,那么需要判断其实质的违法性和可罚性。一般而言,实施食品安全的违法行为均违反了行政管理规范所要求的禁止或命令性规范,但这种违法行为并不能当然认定为会对人体健康造成危害,所以在判断行政不法行为是否具有刑事不法时,一般达到法定情节或者数额时可以消极推定行政不法具有刑事不法性,特殊情形下可以反证其因为不具有危害健康可能时排除其刑事不法。例如在饲料和动物饮用水中使用盐酸克仑特罗等禁止药品的行为,根据2002年《最高人民法院、最高人民检察院关于办理非法生产、销售、使用禁止在饲料和动物饮用水中使用的药品等刑事案件具体应用法律若干问题的解释》第3条应以生产、销售有毒、有害食品罪追究刑事责任。但是盐酸克仑特罗属于中度蓄积型药物,在动物组织内的积蓄与其剂量和给药持续时间有关,其残留量会随着停药期的延长而逐渐下降,所以有些国家并不是完全禁止盐酸克仑特罗等药物在动物饲养中的使用,而是需要按照规定时间、剂量和出栏停药期等予以保证食用的安全性。譬如美国FDA允许在饲料中添加使用莱克多巴胺(被认为是"第二代瘦肉精"),但不得直接使用于人体。欧洲食品安全局认定该药物在科学上无法确保安全无虞,因此禁用。对于此类案件应该采取实质违法性的判断以确保处罚的合理性。

《食品安全法》将食品安全涵摄范围限定在横向范畴,包括食品、食品添加剂以及食品相关产品的安全性。如果从纵向范畴分析食品安全,就应该从初级产品的种植、养殖到食品加工、运输、销售、售后等一系列领域,既包括对食品及其原料安全保障,也应该包括售后安全保障服务义务等。

1.《食品安全法》作为食品安全刑法的主要前置法源

在论及食品安全犯罪时,我国刑法学者惯性地将《食品安全法》作为食品安全犯罪的前置性法源,而鲜少结合其他与食品相关的经济法、行政法等规范分析食品安全犯罪的刑事责任。主要原因如下有以下两点:其一,《食品安全法》和刑法中食品类犯罪均使用"食品"概念,而其他诸如《农产品质量安全法》《野生动物保护法》《兽药管理条例》等作为食品上游的初级产品类型,难以将其直接纳入"食品"范畴中;其二,《食品卫生法》《食品安全法》与刑法中食品犯罪的演进密切相关,如《刑法》第143条罪名从"生产、销售不符合卫生标准的食品"修改为"生产、销售不符合安全标准的食品"。但对此不能一概而论,首先,《刑法》第143条生产、销售不符合安全标准的食品罪和第144条生产、销售有毒、有害食品罪与第141条生产、销售、提供假药罪和第142条生产、销售、提供劣药罪不同,2022年《最高人民法院 最高人民检察院关于办理危害药品安全刑事案件适用法律若干问题的解释》第19条第1款规定,《刑法》第141条、第142条规定的"假药""劣药",依照《中华人民共和国药品管理法》的规定认定,由此可以解读为《食品安全法》并不是《刑法》第143条、第144条唯一的前置性法源,而应当视为主要的前置性法源或者前置性法源之一。其次,不宜将《刑法》中的"食品"与《食品安全法》中的"食品"作完全一致的理解。《食品安全法》明确其适用的范畴,即供人食用或饮用的成品和原料,与上游农业、畜牧业等生产初级产品进行了区隔。换言之,《食品安全法》并不是食品安全过程的全覆盖,而是仅限于食品领域的中游和下游区间,对于初级食品产品的适用依据应从其相关规定。

随着《食品安全法》保护理念的转变和保护标准的提高,《刑法》也理应与时俱进,以更好地保障食品安全。但我国《刑法》对危害食品安全犯罪的规制与《食品安全法》的保护理念存在较大的差距,其仍然主要侧重于对食品卫生的保护,指导思想并未上升到食品安全的高度。对此,本书力求结合《食品安全法》的相关规定,立足食品安全保护的理念,深入探讨危害食品安全犯罪各方面的问题,提出科学合理而又切实可行的观点与建议。

2.其他法律法规作为食品安全犯罪的补充前置法源

(1)《农产品质量安全法》。2022年修订的《中华人民共和国农产品质量安全法》,其目的在于保障农产品质量安全,维护公众健康,促进农业和农村经济发展(第1条);农产品是指来源于种植业、林业、畜牧业和渔业等的初级产品,即在农业活动中获得的植物、动物、微生物及其产品(第2条第1款);农产品质量安全是指农产品质量达到农产品质量安全标准,符合保障人的健康、安全的要求(第2条第2款)。由上可知,该法为食品初级形态的农产品质量安全保障提供了法律依据,其核心在于保障人的健康和安全,与《刑法》中食品安全犯罪保护的法益、《食品安全法》的规范目的基本一致。

农产品是食品安全的第一道闸口,《农产品质量安全法》对农产品产地(第三章)、农产品生产(第四章)、农产品销售(第五章)以及监督管理(第六章)做出全面的规定,内容涵盖农产品产地安全性的保证和防止对农产品产地的污染、对农产品生产整个过程的监控。

根据《农产品质量安全法》第2条规定,该法所保护的法益与《食品安全法》是完全一致的,即将公众健康和安全作为法益,这种超个人法益或集体法益与《刑法》对食品安全犯罪的定位基本吻合。所以该法亦应为食品安全犯罪判断的前置法源之一。

(2)《兽药管理条例》。国务院颁布的《兽药管理条例》(2020年修订)规定:以加强兽药管理,保证兽药质量,防止动物疾病,促进养殖业的发展,维护人体健康为宗旨,对我国境内从事兽药的研制、生产、经营、进出口、使用和监督管理做出规定,其中对于违反该法的法律责任中涉及刑事责任的共计5个条款。详见下表:

表4.2　《兽药管理条例》《刑法》有关规定

| 《兽药管理条例》 | 《刑法》相应罪名 |
| --- | --- |
| 第55条　兽医行政管理部门及其工作人员利用职务上的便利收取他人财物或者谋取其他利益,对不符合法定条件的单位和个人核发许可证、签署审查同意意见,不履行监督职责,或者发现违法行为不予查处,造成严重后果,构成犯罪的,依法追究刑事责任;尚不构成犯罪的,依法给予行政处分。 | 第385条受贿罪;第397条滥用职权罪、玩忽职守罪 |

续表

| 《兽药管理条例》 | 《刑法》相应罪名 |
|---|---|
| 第56条第1款 违反本条例规定，无兽药生产许可证、兽药经营许可证生产、经营兽药的，或者虽有兽药生产许可证、兽药经营许可证，生产、经营假、劣兽药的，或者兽药经营企业经营人用药品的，责令其停止生产、经营，没收用于违法生产的原料、辅料、包装材料及生产、经营的兽药和违法所得，并处违法生产、经营的兽药（包括已出售的和未出售的兽药，下同）货值金额2倍以上5倍以下罚款，货值金额无法查证核实的，处10万元以上20万元以下罚款；无兽药生产许可证生产兽药，情节严重的，没收其生产设备；生产、经营假、劣兽药，情节严重的，吊销兽药生产许可证、兽药经营许可证；构成犯罪的，依法追究刑事责任；给他人造成损失的，依法承担赔偿责任。生产、经营企业的主要负责人和直接负责的主管人员终身不得从事兽药的生产、经营活动。 | 第225条非法经营罪；第147条生产、销售伪劣农药、兽药、化肥、种子罪；第140条生产、销售伪劣产品罪（刑法第37条之一从业禁止） |
| 第58条 买卖、出租、出借兽药生产许可证、兽药经营许可证和兽药批准证明文件的，没收违法所得，并处1万元以上10万元以下罚款；情节严重的，吊销兽药生产许可证、兽药经营许可证或者撤销兽药批准证明文件；构成犯罪的，依法追究刑事责任；给他人造成损失的，依法承担赔偿责任。 | 第225条非法经营罪 |
| 第59条第2款 违反本条例规定，研制新兽药不具备规定的条件擅自使用一类病原微生物或者在实验室阶段前未经批准的，责令其停止实验，并处5万元以上10万元以下罚款；构成犯罪的，依法追究刑事责任；给他人造成损失的，依法承担赔偿责任。 | 第331条传染病菌种、毒种扩散罪 |
| 第63条 违反本条例规定，销售尚在用药期、休药期内的动物及其产品用于食品消费的，或者销售含有违禁药物和兽药残留超标的动物产品用于食品消费的，责令其对含有违禁药物和兽药残留超标的动物产品进行无害化处理，没收违法所得，并处3万元以上10万元以下罚款；构成犯罪的，依法追究刑事责任；给他人造成损失的，依法承担赔偿责任。 | 第143条生产、销售不符合安全标准的食品罪；第144条生产、销售有毒、有害食品罪；第140条生产、销售伪劣产品罪 |

## 二、我国食品安全刑事立法的评价

### (一)食品犯罪刑事规制模式单一

我国《刑法》一直沿用法典化的模式,2020年《民法典》的制定更是引发部门法法典化的潮流。现代实质意义的法典追求形式上的封闭性和方法论意义上的体系性。然而这种法典化与现代刑法的开放性、回应性以及不确定性存在理论上的悖反。法典化进程亦是从诸法合体的法律汇编到实质意义上单一法典化模式的转变过程。法典化(codification)是19世纪大陆法系以民法典问世为标志的立法模式的尝试。法典化的核心价值在于消除传统法律的复杂性,转向简明和体系化的方法。实质意义上的法典是近代理性祛魅的时代产物,反映了高超的立法技术,彰显了人类的理性能力。①

我国食品安全犯罪立法内容主要是以刑法典的形式规定的,虽然《食品安全法》《食品卫生法》《农产品质量安全法》等相关法律、行政法规中规定了依法追究刑事责任的条款,但并没有规定相对应的具体犯罪的罪状和法定刑,这种规定实际上对食品安全犯罪发挥的规制作用以及司法适用都极为有限,从严格意义上讲,上述这些关于食品安全犯罪的行政立法不能看作食品安全犯罪的附属刑法规范。而国外发达国家的食品安全犯罪立法,多采用附属刑法的立法模式。这种模式较之我国以刑法典统一规定的模式具有很强的优越性。

首先,由于刑法典的立法容量有限,而食品安全犯罪行为的表现形式多种多样,单纯依靠刑法典会使食品安全犯罪的调控范围极为受限,比如刑法仅规定了危害食品安全犯罪中的生产、销售两个环节。而西方国家如美国采用附属刑法的方式立法,将食品安全犯罪的各个环节以及各种类型的食

---

① 刘凯:《法典化背景下的经济法统合性立法》,《法学》,2020年第7期。

品安全犯罪规定在各类附属刑法之中,对食品安全犯罪的规制范围更广。①

其次,我国正处于社会转型期,在我国现代科技和市场经济飞速发展的当下,食品安全犯罪等经济类犯罪的情况也是日新月异,这就对相关刑事立法的能动性和灵活性提出了更高的要求。刑法典修订过程既严格又烦琐,刑法典的相关规定势必跟不上社会形势与具体犯罪情况的变化。而且经常修订也会破坏刑法的安定性。

最后,当前我国对于食品安全犯罪这种单一的立法模式,可能会导致司法实践中对于食品安全犯罪的刑罚无法与行政法、经济上的处罚充分衔接,造成司法适用的困难。我国刑法单一法典化模式容易造成刑法典规范与相关的行政法规范之间的不衔接。例如,《中华人民共和国刑法》与2015年修订的《中华人民共和国食品安全法》中"食品"涵摄范围的不一致,造成刑法相关罪名无法涵盖的类型,却以两高的司法解释来扩大其适用范围,2013年两高司法解释中将"食用农产品"以及2002年两高法释26号中将"供人食用的动物"均视为"食品"存在如上的问题。

我国对于经济犯罪多采用空白罪状和叙明罪状类型。这种空白刑法因为刑法条文没有对犯罪构成要件作出完整的规定,适用时需要用其他法律法规予以补充。对构成要件进行补充的规范即空白刑法的补充规范。在认定犯罪时,需要将法律或法规补充规范作为第一层次的依据,如果行为不违反补充规范,就不构成犯罪;如果行为违反补充规范,那么需要对此进一步判断行为是否符合刑法规定成立犯罪需要具备的条件。刑法空白罪状中的补充规范的解读需要围绕刑法条文的目的,而不能仅以行政法或者经济法的目的来适用补充规范。(如滥伐林木罪、非法经营罪——未取得行政许可资格)。司法机关不能将违反行政法律法规所作出的判断结论直接作为定

---

① 左袖阳:《中美食品安全刑事立法特征比较分析》,《中国刑事法杂志》,2012年第1期。

罪量刑的根据,而是必须从刑法目的处罚独立判断补充规范在刑法中的意义与作用。

张明楷教授撰文指出,试图在一部刑法典中规定所有犯罪的梦想迟早会破灭,他主张刑事立法应采取分散性立法模式并论证其必要性和可行性。①团藤重光指出:"像刑法这样的基本法典,并不具有因政治形势变化而频繁修改的性质,需要纳入刑法的犯罪,应该是在民族意识中充分固定的所谓自然犯。"日本井田良教授认为,"刑法典与专门刑法区分的现实意义在于,刑法典的修正受到政治关注,并有可能成为政治局势的焦点。为了使法律修改不发展成政治问题,大多采用专门的法律。为了迅速改变法律以适应社会变化,不需要修改刑法,而需要在特殊刑法领域通过新的立法或法律修正案。"但是,在刑法典中规定行政犯罪的现象却越来越普遍。②由此可见,在风险社会下法定犯类型的增加,仍然采用单一刑事立法模式会造成刑法臃肿不堪,难以真正做到行政法与刑法的有效衔接。

在立法政策上,究竟以单独的普通刑法或附属刑法规制食品安全犯罪,还是以普通刑法和附属刑法并行方式加以规制为妥的问题值得探讨。以普通刑法规范食品安全的优势在于能够更好地实现刑法的评价机能和预测机能。换言之,大一统的法典式立法模式确实能够较为有效地发挥刑法的威慑力,有利于预防犯罪,有助于司法机关适用刑法。③但是这种方式的缺陷十分明显,以普通刑法规制食品安全犯罪是一项浩大的工程,例如日本《食品卫生法》第41—49条的规定;我国附属刑法的构成要件涉及复杂的行政法规范内容,如若将其全部移入刑法典中,会造成刑法典的臃冗繁复。诚如储槐植教授所言:统一刑法的立法模式基本满足了社会关系相对简单的自然

---

① 张明楷:《刑事立法的发展方向》,《中国法学》,2006年第4期。
② 张明楷:《日本刑法的修改及其重要问题》,《国外社会科学》,2019年第4期。
③ 张明楷:《刑事立法的发展方向》,《中国法学》,2006年第4期,第19页。

经济时代的需要,但在风险社会中,国家基于风险控制的需要,在各种附属刑法中设置了大量的法定犯罪,这与现实是相悖的。①有学者指出,伴随着法定犯的激增,必将出现刑法典与附属刑法甚至单行刑法并存的二元甚至多元刑事立法模式。②附属刑法具有以下机能:(1)有利于维护刑法典的稳定性,比如日本食品安全相关法律的变化也是与社会和科技的发展相适应的,可以参考日本《食品安全法》的修正脉络。(2)克服空白罪状的弊端,实现不法和刑事违法判断的衔接。(3)促进刑法积极一般预防机能的实现。

有学者指出,如果解释刑法的构成要件涉及繁杂的行政法规范内容,不如在刑法以外以附属刑法的方式来规定更加合理,除此之外应该回归基本刑法内部的规定。因此,在选择以普通刑法或附属刑法规范体例时,应以保障公民对刑罚预测可能性为原则,只有在涉及复杂的技术性构成要件时,因为立法技术的关系与避免叠床架屋才例外保障法规范体系的完备。③比如日本的《食品卫生法》《食品表示法》涉及繁复的行政法规定,如果将犯罪构成要件移到刑法典中,会发生严重割裂规范的现象,进而使普通刑法复杂化和庞大化。鉴于立法技术上的困难,不宜将食品卫生等附属刑法的规定移入普通刑法中。另有学者指出:"在现阶段,没有必要去强行追求分散立法模式,而应在进一步充实现有统一刑法典的同时,着力完善行政法与刑事法之间衔接之效率。"④

由于我国并不存在真正的附属刑法,所以在其他法律中并不存在任何直接与食品安全有关的犯罪与刑罚条款。我国目前的食品安全犯罪主要体现在我国现行《刑法》所规定的几个与食品安全有关犯罪之中。食品安全犯罪

---

① 储槐植:《要正视法定犯时代的到来》,《检察日报》,2007年6月1日。
② 张伟:《两岸食品安全犯罪刑事立法比较研究》,《当代法学》,2015年第2期。
③ 张丽卿:《食品安全的最后防线——刑事制裁》,元照出版有限公司,2017年,第96页。
④ 周凌:《美国食品安全的刑法保护机制及启示》,《国外社会科学》,2018年第1期。

并不是刑法里一个具体、独立的犯罪罪名,而是一类危害食品安全的犯罪的总称。经历了几次法律修改后,我国的食品安全犯罪形成了一个大概的规制体系,目前刑法中与食品安全犯罪相关的罪名有:刑法分则第三章破坏社会主义市场经济秩序罪中的第143条生产、销售不符合安全标准食品罪,第144条生产、销售有毒、有害食品罪;第九章渎职罪中第四百零八条食品、药品监管渎职罪。这三个罪名是典型的食品安全犯罪,另外还有几个与食品安全不直接相关,但是存在联系的罪名,分别是:第二章危害公共安全罪中第114条规定的以危险方法危害公共安全罪;第三章破坏社会主义市场经济秩序罪中的第140条生产、销售伪劣产品罪;第225条非法经营罪;第222条虚假广告罪;第九章规定的各类渎职犯罪中的第402条徇私舞弊不移交刑事案件罪、第413条动植物检疫徇私舞弊罪、第414条放纵制售伪劣商品犯罪行为罪等。而且随着转基因技术的发展,因基因技术的应用而产生的风险在不断加大,因而一些基因相关犯罪,如非法植入基因编辑罪、妨害动植物防疫、检疫罪也可以被列为食品安全犯罪的广义范畴。除刑法规定以外,与之相关的司法解释也针对一些新型食品安全类犯罪的罪状内容作了进一步细化的规定。

**(二)食品犯罪刑事规制类型单一**

我国《刑法》中将危害食品安全犯罪的行为类型基本限定在生产、销售两种,对于农产品种植加工、畜牧产品的养殖中违反国家安全标准,超限量或者超范围滥用添加剂、农药、兽药以及国家禁止在饲料和动物饮用水中使用药品等行为的刑事责任是通过司法解释的方式予以确认,根据具体情形分别以生产、销售不符合安全标准的食品罪和生产、销售有毒、有害食品罪定罪处罚。对于以司法解释扩张刑法适用范围的合法性和正当性是存在疑问的,其争议的核心仍在于司法解释是合理的扩大解释还是不合理的类推解释,下文将对此问题做出探讨,此处不再赘述。另外,我国基于严密刑事法网的现实需要,能否创设新罪名以使食品生产与销售行为能够适当予以扩展或延伸。刑法早期化或扩张化发展不可避免,但是刑事立法应尽可能避免偶然化、随机化、碎片化,同时避免过度严苛。

在对于食品安全犯罪进行扩张以严密法网的方面,不应寄希望于通过"兜底性条款"来填补法网漏洞。兜底性条款没有规定具体操作与认定标准,容易造成法官自由裁量权的滥用,不利于司法统一与罪刑均衡的实现,同样也不利于对食品安全犯罪进行更有效打击。对食品安全犯罪扩张应从食品安全犯罪本身出发,将食品安全犯罪相关的对象、行为主体等纳入刑法的规制范围;同时在罪名体系构建方面,应当注意现行刑法内相关犯罪间的关联性,避免立法过剩,我国的食品安全监管渎职罪即是立法过剩的典型一例。

刑法应具备足够的抽象性方能涵盖应受刑罚处罚的行为,同时刑法应明确化,否则会有违反罪刑法定原则之嫌。类推的禁止会导致刑罚适应障碍,在现代社会中新的违法类型将会难以被纳入刑法评价体系中加以评价,致使刑法涵摄能力不足出现漏洞,而我国司法机关并不具有法之续造的权限,只能通过扩张刑事立法或以司法解释方式扩大解释以实现法益保护机能。而事实却是越试图扩张刑法,企图明确涵盖所涉全部违法类型,反而会导致刑法漏洞越多,进而刑法更加膨胀,这似乎是一个立法"怪圈"或"魔咒"。对此有学者主张:立法者要在过于精细和精确不足之间寻找平衡点,过于琐碎的立法很可能在无形中催生恣意立法,由此应保有立法适度概括性。[①]总而言之,"刑法在食品的制造过程中,无法介入太深,也不能介入太早,否则生产者可能动辄得咎。但是刑法也不能等待重大事件形成之后才介入。折中的做法是,立法者必须划定一道可受容许的危险界限······"[②]

---

① 中国社科院法学所樊文副研究员在刘仁文研究员2020年9月22日以《刑法修正案十一(草案)评介及其完善建议》为题学术报告中所作发言。

② 张丽卿:《海峡两岸有关毒奶事件的法律关照》,《东海大学法学研究》,2009年第31期。

### (三)食品犯罪刑罚配置整体偏高

我国关于食品安全犯罪刑事立法总体呈现两大特点,即刑法保护的早期化以及刑罚处罚的重罚化。特点一是作为法益保护早期化典型类型的抽象危险犯被运用于食品安全犯罪,虽然能够更加充分有效地全面保护法益,但由于其有违背作为现代法治国核心的比例性原则之嫌,所以在立法上应有其充分的刑罚正当性基础,在司法上不能随意扩大抽象危险犯的适用,而且应该允许提出反证以限制其适用。比如对生产、销售有毒、有害食品罪中作为规范构成要素的"有毒、有害"应该允许予以提出反证。特点二是刑罚处罚重罚化主要体现为两个方面:其一,实施危害食品安全的犯罪同时构成其他犯罪的,依处罚较重的规定定罪处罚;其二,涉及食品安全犯罪的生产、销售有毒、有害食品罪和以危险方法危害公共安全罪两个罪名均保留了死刑,不利于立法和司法上对死刑的限制。

1.食品安全犯罪应废除死刑

我国对于食品安全犯罪在刑罚结构配置上仍保留了死刑,包括生产、销售有毒有害食品罪以及以危险方法危害公共安全罪。但从后文的实证统计来看,对于食品安全犯罪判处死刑的案件极少,这就造成死刑立法过剩与司法死刑适用审慎的冲突。对于食品安全犯罪应废除死刑。其一,逐步限制并取消死刑是世界现代法治发展的大势所趋,人类文明发展到一定程度后,废除死刑是必然的结果,死刑的威慑力已经失去原有的意义,死刑的正当性和有效性备受质疑。我国目前对待死刑的刑事政策是:保留死刑但是严格限制死刑的适用,而且已经通过修正案的方式废止了某些犯罪中死刑的法定刑规定。那么在整体趋势下,亦应该进一步限制并取消的就是食品安全犯罪这类法定犯的死刑。这是因为,食品安全犯罪属于经济犯罪的范畴,犯罪者主观上是出于追逐利益的目的,而并非伤害人的目的,主观恶性并不是罪大恶极,罪行也并非极其恶劣,尚未达到我国死刑的适用对象和罪行条件。对此类犯罪实施死刑未免过于严苛,不符合罪责刑相适应的原则,也有悖于刑法保障人权的价值理念。其二,食品安全犯罪属于法定犯,其主观恶性以及伦理上的可谴责性没有自然犯严重,且法定犯变动性较强,不宜适用刑罚体系中刑罚最严重的死刑。对于那些社会危害性以及主观恶性特别严重的,比如因故意实施危害食品安全的行为,致使不特定多数人受伤或死亡,需要判处死刑的食品安全犯罪,可以适用危害公共安全罪或者故意杀人罪等,这种犯罪完全符合刑法关于以其他危险方法危害公共安全罪的规定,在适用上没有违反罪刑法定原则的嫌疑。其三,从前文所介绍的主要各国的刑事立法例和判例来看,对于纯正的食品犯罪①没有规定死刑,主要刑罚以罚金刑为主,对于不具有"故意害命"类型的纯正贪利型犯罪而言,应当废除死刑。②

2.食品安全犯罪刑罚应轻缓

(1)抽象危险犯的刑罚应轻缓化。我国对生产、销售有毒、有害食品罪以抽象危险犯方式加以规制,其基本法定刑为五年以下有期徒刑并处罚金。参照日本《食品卫生法》的罚则规定来考察危险犯(具体危险犯和抽象危险犯)刑法轻重。该法将行为对象分违反义务、违反行政命令、无许可行为、违反申报义务及其他五类情形。最高刑罚为3年以下的惩役或300万日元

---

① 同为东亚国家的日本也保留了死刑,但是通过司法程序严格控制死刑适用范围和死刑数量。在日本,刑事法规定法定刑中含有死刑的犯罪类型共计19项,除了招致外患罪规定了绝对确定的死刑外,其他罪名均是将死刑与无期惩役作为并列的选择刑种而加以规定。从近20年司法实践来看,日本实际判处死刑的案件数量极少,且适用的罪名基本上是杀人罪和强盗致死罪(包括强盗杀人)。参见拙文:《日本死刑基准极其逻辑构造——"永山事件"的展开》,《法律适用》,2018年第23期。

② 笔者认为:鉴于我国死刑适用基准与国际公约对死刑适用"最严重罪行"的标准相距甚远,有必要引入"致命的故意犯罪"作为其实质内核限制死刑的适用范围。据此,我国刑事立法应删除不符合的死刑罪名和死刑适用情形;刑事司法应坚持以"致命的故意犯罪"作为死刑适用的底线。参见拙文:《"罪行极其严重"的规范解读及其适用——以死刑控制的现实路径为视角》,《河北法学》,2014年第9期。

以下的罚金；最轻的刑法为20万日元以下的罚款（过料）。

刑罚配置应趋于合理化，不应过度追求威慑效果的重罚化，立法时不宜刑罚攀比，而应保持刑罚体系的协调性和均衡性，借助前置法功能的发挥，恪守刑罚宽缓化，既不越位也不缺位。

（2）罚金刑不宜采取无限额模式。我国《刑法》第143条和第144条均规定了罚金，且采取的无限额罚金模式。这种无限额罚金规定虽然有利于加大对食品安全犯罪的刑事处罚力度，但是存在一定的弊端，且弊端大于所产生的益处。一方面，无限额罚金制度没有具体规定上限和下限，使得可操作性不强，具体在食品安全犯罪上，极大可能法官会在自由裁量的空间下给予过高或者过低的刑罚。而无论过高还是过低，都会导致与行政处罚衔接的不畅和司法的不统一。为更加充分有效地发挥罚金刑规制食品安全犯罪刑法应对罚金刑进行细化规定。一是对食品安全犯罪设置罚金的最低数额，在实质上降低罚金刑的适用门槛。罚金刑的最低数额应该不低于一般食品违法行为所要承担行政罚款数额，使行政法与刑法更好衔接。事实上，无限罚金刑的使用有违背罪刑法定原则的嫌疑[1]，我国应为罚金刑设定相对明确的数额界限。二是对食品安全犯罪的罚金刑的具体量刑幅度进行细化，在综合全面考虑可能会影响量刑的各种因素如动机、行为危害后果等因素的基础上进行适当的量刑，明确罚金刑具体的操作标准，防止量刑上的畸轻畸重，更好地罪责刑相一致与罪刑均衡。三是应为自然人犯罪与法人犯罪分别设置不同的罚金刑体系，对法人食品安全犯罪设置的罚金数额应远远高于自然人。

---

[1] 张伟：《两岸食品安全法案最刑事立法比较研究》，《当代法学》，2015年第2期。

# 第五章　食品安全犯罪刑法规制的法教义学展开

## 第一节　食品安全法益确立

关于本罪的法益,通说认为,本罪既侵犯了国家对食品安全的管理制度,同时也侵犯了不特定多数人的身体健康、生命安全。虽然我国刑法学界对本罪何为主要客体何为次要客体存在争议,但是将本罪保护的法益归类为集体法益或者超个人法益是无争议的。对此,需要厘清以下四个问题:其一,食品安全犯罪的法益是单一的还是复合的,食品安全犯罪抽象的集体法益能否还原于个人法益,换言之,是坚持判断的法益一元论还是法益(缓和)二元论。其二,主要法益是秩序/制度(抽象性)还是生命健康权(具体性),这直接关涉那些仅形式上违反某种管理制度但实质上对生命健康权无危害的行为是否构成犯罪。其三,对于抽象的集体法益采用抽象危险犯类型予以保护是否妥当。其四,对于食品安全法益的判断标准和规则应如何确定。

### 一、食品安全法益是复合型法益

《食品安全法》首要保护的法益是国民健康,但其所要保护的法益应该是多重的,具体而言,除了国民健康外,还包括免受劣质产品的欺骗及保障消费者的资讯安全,并关系着国民文化价值的维系。[①]食品安全法益应具有三个层面的意义:其一是公众的健康生命权;其二是消费者权益,如美国"花生酱沙门菌"事件,对明知食品中存在微生物污染,可能危害人群健康而不作为,甚至隐瞒和欺诈等行为予以严厉打击;其三是产品质量管理秩序——请求权基础。所以如前文所示,与食品安全法益相关的前置法规范,不仅包括《食品安全法》等,还应包括《消费者权益保护法》和《产品质量法》等法律规范。

**(一)生命健康权是食品安全的核心法益**

虽然对于食品安全犯罪在刑法分则体系中的归属存在争议,有学者主张将其放在刑法分则之"危害公共安全犯罪"中,例如我国台湾地区"刑法"典中将第191条"产销、陈列妨害卫生物品罪"[②]和第191条之一"毒化饮食物品罪"[③]置于第十一章"公共危险罪"中。通常认为此类犯罪关系人身健康、生命安全和社会安宁,危害消费者大众生命安全。[④]也有主张将其放在刑法分则之侵犯人身权利犯罪中,因为公众最期待通过刑法保护食品安全,无非是期待不会因为吃下食品而损害健康,换言之,食品刑法最重要的目的应该是保护消费者的健康与生命。但我国1997年修订的《刑法》将生产、销售不符合卫生标准的食品罪(后修改为生产、销售不符合安全标准的食品罪)和

---

① 张丽卿:《食品安全的最后防线——刑事制裁》,元照出版有限公司,2017年,第10页。

② 第191条制造、贩卖或意图贩卖而陈列妨害卫生之饮食物品或其他物品者,处六月以下有期徒刑、拘役或科或并科三万元以下罚金。

③ 第191条之一对他人公开陈列、贩卖之饮食物品或其他物品渗入、添加或涂抹毒物或其他有害人体健康之物质者,处七年以下有期徒刑。

将已渗入、添加或涂抹毒物或其他有害人体健康之饮食物品或其他物品混杂于公开陈列、贩卖之饮食物品或其他物品者,亦同。

犯前二项之罪而致人于死者,处无期徒刑或七年以上有期徒刑;致重伤者,处三年以上十年以下有期徒刑。

第一项及第二项之未遂犯罚之。

④ 蔡墩铭:《刑法各论》,台湾三民书局,2006年,第360页。

生产、销售有毒、有害食品罪放在刑法分则第三章"破坏社会主义市场经济秩序罪"之第一节"生产、销售伪劣商品罪"中，从刑法体系解释角度来审视的话，这样规定首先肯定了食品本身的商品属性，进而体现出该罪的保护核心应该是商品或产品的市场管理秩序，但是由于食品和药品本身相对于其他商品而言，与公众的生命健康息息相关，其刑罚又明显重于其他商品的犯罪。我国《食品安全法》《农产品质量法》等均将保障公众身体健康和生命安全作为立法宗旨亦是同理。美国FDA食品法案（2022）同样指出：本法的目的是保障公众健康，并向消费者提供安全、不掺假和如实陈述（真实）的食品[①]。由此可见，作为食品安全刑法前置法规范确立的立法宗旨也应该成为刑法对食品安全保护的宗旨和核心。这体现着国民健康法益被认为是食品安全刑法的首要保护法益，立法者将大量违背行政义务的行为直接转换为刑事不法，是向社会大众宣示政府维护食品安全的决心，达到积极一般预防的目的。

**（二）消费者权益等是食品安全的补充法益**

从消费者权益角度来解释食品安全法益，在我国刑法学界基本没有提及，但是从域外的美国《食品药品管理法》等附属刑法中以欺诈追究刑事责任的规定来解读的话，基于消费者立场，消费者期待所购买商品具有品质和安全保障。食品安全应当包括消费者免受欺诈。德国《食品暨饲料法》（LF-GB）第11条与第59条对商品标示不实（Falschbezeichnung）以及对商品伪造假冒（Nachgemachte Lebensmittel）的刑事处罚规定，就是在保护消费者免于受到交易安全上的错误引导，而且该法不以德国刑法欺诈罪"因诈术而陷于错误"和"交付财物"两个要素为限，所以其保护范围相较刑法欺诈罪更为广泛。另外，我国台湾地区食品安全相关法律规定禁止在食品中掺伪或假冒，

---

① FDA FOOD CODE（2022）1-102Intent 1-102.10 Food Safety, Illness Prevention and Honest Presentation. The purpose of this Code is to safeguard public health and provide to CONSUMERS FOOD that is safe, unADULTERATED, and honestly presented.

其保护法益除了人体健康之外,也在于避免消费者受到欺瞒陷于错误,从而保障其财产权益。

消费者对食品健康安全期待外,也期待被商家正确告知其食品成分(知情权)。相较于其他会给使用者带来损害的产品,如工具、运动器材和车辆等,消费者与社会所期待的食品安全之间存在着更为紧密的联系,所以食品安全法不仅保护民众的健康,还保护其财产,同时也要防止消费者对食品文化意义发生误会。如德国的"乙二醇酒案"和"马肉案",即使食品本身并无损害健康之虞时,消费者对于食品特性的期待能否在刑法上受到保护,又应该如何保护值得研究。在风险社会下,食品安全的风险除了健康风险外,消费者获得正确资讯的期待也可能遭受侵害,这是现代食品安全的危害表现之一。在当代全球化和社会多元化的背景下,这种危险性表现得日趋强烈化和显现化,因为在现代社会生活中存在着诸多各异的可以被社会接受的生活方式及价值取向,这些呈现出的新的社会样态与食品及营养密切相关。诸如对素食主义者而言,该群体极为重视食品的资讯,亦期待能够被正确告知其所购买的特定食品是否符合他们的价值观。再如具有宗教信仰和特定饮食习惯的消费者应该有权知悉特定食品是否符合他们的宗教规范或饮食习惯。

## 二、食品安全法益属于超个人法益

无论将食品安全法益理解为公共安全还是作为公众集合体的生命健康权,食品安全法益都可以归为超个人法益类型。一方面,安全本身就是一种抽象概念,其参照标准也是多元的,食品安全也是抽象的概念化产物。另一方面,食品安全刑法带有社会安全的预防思维,集体法益或者超个人法益多样化和抽象危险犯多用化是其典型特征。

超个人法益与个人法益作为一种描述性的分类方式,无论持何种法益观的学派都不否认超个人法益的存在。德国"核心刑法"的倡导者仍然追求以个人法益侵害为核心的结构,力求以个人法益所呈现的特色去理解超个人法益的概念内涵,并且所有的超个人法益均必须得以还原为个人法益的侵害为限,才能受到保护。换言之,本来是不承认超个人结构的独立性的,即使承认超个人法益,也仅仅基于法益持有者的多寡不同而做出描述,超个人法益仅为个人法益的集合,并非独立的概念内涵,这种观点被视为法益一元观。法益一元观的核心观点为超个人法益与个人法益本质相同,均必须限于与人有关的标的物;超个人法益与个人法益并无质的差异,而仅是量的不同而已。简言之,法益在本质上仍是一元的,他们承认与人有关的法益概念,并仅以个人法益的特征决定超个人法益的法益性质,超个人法益概念并无独立承认的必要。该学派在肯定超个人法益也是法益的基础上指出,超个人法益限于以个人为出发点,功能化、现代化的刑事政策所使用的不明确的法益,不属此类法益。与之相反,法益的二元观认为,超个人法益概念无法视为纯粹依附于个人法益上的非独立概念,而是一种"社会本位"的思考模式,有着由社会决定超个人法益的内涵。

法益一元观和二元观的争点在于超个人法益能否还原于个人法益,如果从现在法益的发展来看,法益抽象化已经不可避免,换言之,为了法益概念的存续,其抽象化之路将越走越远,其已经逐渐背离法益概念创设之初的立法批判机能,并已经逐渐丧失或弱化该机能。但是必须指出的是,法兰克福学派代表哈塞默(Hassemer)教授亦认为:将积极一般预防论置于刑法理论的基础,刑法是社会控制手段之一,在数个社会控制手段中刑法是最后手段,在对社会有害行为中不能用其他手段处理的才可能动用刑法。用刑法规制对社会有害的行为是与个人直接或间接相关的利益,为了对其保护而用刑法规制手段。除此之外,社会氛围或系统保护可以用其他的制裁手段,根据他的理论,将之委任于称为"介入法"(干涉法)的新的法领域。对个人法益保护的预防是刑法的任务,能够得到市民信赖,构想出刑法机能的界限。易言之,他认为"核心刑法"和介入法是刑法并行发展的两条路径,核心刑法仍保有法益的批判机能,而介入法已经无法用法益来诠释其正当化,否则将会使法益日益抽象化、机能化,最终失去其应有的立法批判机能。刑法象征化的结果则是法益限制立法功能的逐渐丧失,即法益不再是限制刑罚权的消极标准,更是结合危险预防与规范效率等纯粹政策性的社会安全观点,转向作为证立国家刑罚权扩张的积极论据。最终使刑法背离法治国原则,转变成一套全面的社会控制工具。①

我国也有学者指出,当前我国刑法理论往往将行政犯的法益界定为管理秩序(制度)法益,如此模糊的界定将使管理秩序法益沦为"口袋法益"。并进一步分析该问题的根本原因在于误认为所有行政法益均可以在达到一定量的情况下上升为刑事法益,加之没有区分刑法法益与规范保护目的,导致单纯的行政管理秩序混入刑法法益之中。应将前置法秩序和单纯行政管理秩序这两个行政法益从当前刑法法益中驱逐,根据法秩序统一原理借助前置法将适格的刑法管理秩序法益还原为实体性法益。②

笔者认为可以暂时搁置法益一元论和二元论的争议,采纳缓和的一元论,认为是保护以人为中心的生活利益,不仅包括个人法益,还包括能够还原于个人法益的国家和社会法益,食品安全虽然表现为超个人法益或集体法益,但是属于能够还原于个人生命健康法益的类型,并在此基础上对食品安全犯罪进行实质化的判断。

### 三、食品安全法益是实质解释标准

法益理论为了解释现代刑法为防范危险而早期化介入的根据,使自身概念因为功能化而使法益理论应有的概念边界变得模糊化,由此引发了质

---

① 古承宗:《刑法的象征化及规制理性》,元照出版有限公司,2017年,第167页。
② 李文吉:《我国刑法中管理秩序法益还原为实体性法益之提倡》,《河北法学》,2020年第5期。

疑。但是,无论如何,法益保护原则作为现代刑法的基石是不应动摇的,法益原则可以通过突破功能障碍获得发展,也是法益理论存续的必然。法益理论为了适应风险社会对刑法的要求,通过功能化扩展了自身的适用范围以及充实法益理论的内容使其容纳更多的保护利益。食品安全法益的确立及内涵的充实就是迎合风险社会下刑法功能化发展的必然。

法益论解释机能是指法益具有作为犯罪构成要件解释目标的机能。作为实质解释论核心的目的解释就是对犯罪构成要件的解释结论,符合这种犯罪构成要件的行为确实侵犯了刑法规定该犯罪所要保护的法益,刑法规定该犯罪、设立该条文的目的才得以实现。刑法将侵犯法益的行为规定为犯罪,规定的方式是将侵犯法益的行为具体化、特征化为犯罪构成。因此,刑法理论和司法实践在解释犯罪构成时,应该以法益为指导对构成要件做实质的解释。①

从法教义学角度对解释进行分类:首先,如无特别的理由,应当按照条文的一般意思进行解释,因此文理解释是解释的出发点;其次,立法是人的行为,解释时需要考虑立法者的意思的历史解释(主观解释);再次,将条文所处刑法中的位置,以及与其他规定的相互关系作出解释,即体系解释或论理解释,这些解释的优先顺序并无特别要求;最后,目的论解释从法益的适当保护角度来解释,即为法益保护的基准,②但目的论解释的界限即为不能违背罪刑法定原则。

刑法对食品安全的保护多采用具体危险犯和抽象危险犯类型,两者在没有造成实害结果的情形下均可构成犯罪,对食品安全的保护呈早期化的趋势,但是这种趋势的发展必然会牺牲一部分利益,为此应寻求在保障和保

---

① 舒洪水、张晶:《法益在现代刑法中的困境与发展——以德、日刑法的立法动态为视角》,《政治与法律》,2009年第7期。

② [日]井田良:《基础から学ぶ刑事法》(第5版),有斐阁,2015年,第92页。

护之间的处罚平衡性。我国学者刘艳红教授所倡导的实质解释论,认为在刑事犯罪圈扩张化与刑事处罚前置化的大背景下,应以实质出罪事由体系的建构为基本着力点,填补法定出罪事由的类型,坚守存疑有利于行为人的法治底线,真正做到"合法入罪,合理出罪"。①

## 第二节　抽象危险犯限缩化

各国为了有效解决不断发生的食品安全问题,刑事立法不仅提高刑度,还增设抽象危险犯②类型对相关行为予以规制。暂且不论这样的修法是否能真正降低食品安全犯罪的比例,以及避免司法实务操作具体危险犯的困难,仅就法律本身的正当性而言,恐怕亦有再商榷的余地。③这种规范设置本身是否与刑法最后手段(刑法的谦抑性精神)相冲突,进而违反了合比例原则(罪责刑相适应原则),这直接关涉到国家对危害食品安全的某种或某类行为发动刑罚权的正当性疑虑。

立法者之所以规定抽象危险型犯罪,是为了填补处罚力度和过失过程中出现的漏洞,以及为了解决刑事证明上遇到的困难。对此,一方面不宜笼统地否定抽象型犯罪,另一方面,立法者也不宜无限制地进行抽象危险型犯罪的立法,而应在制定抽象危险型犯罪的构成要件时,在遵守罪刑法定之明确性原则的同时,考虑规定"积极的悔过"并避免规定累积型犯罪。④"风险刑法"与法治保障不相吻合,且在处理近代风险社会的问题上,即使不将"风

---

① 刘艳红:《形式入罪实质出罪:无罪判决样本的刑事出罪机制研究》,《政治与法律》,2020年第8期。

② 这涉及对抽象危险犯性质的理解,如果认为抽象危险犯是结果犯,那么有毒有害的标准应作实质化的判断,即足以造成食源性疾患的危险;但如果认为抽象危险犯是行为犯,那么不需要对有毒有害进行个案的实质化判断,但对此种情形能否通过反证加以推翻则存在着不同的理解。

③ 古承宗:《刑法的象征化及规制理性》,元照出版有限公司,2017年,第164页。

④ [德]约尔格·艾泽勒:《抽象危险型犯罪的立法缘由和界限》,蔡桂生译,《法治社会》,2019年第4期。

险刑法"贬为乃至属于完全不适格的手段,它也是一个欠妥的手段。

近些年,我国刑事立法的一个显著特征就是危险犯类型被广泛加以运用,特别是作为控制犯罪的政策性工具的抽象危险犯得到了立法者的格外青睐而被多用化。"抽象危险犯是将一种典型的危险举止行为作为犯罪而处于刑罚之下,不需要在具体案件中出现一种危险的结果。防止具体的危险和侵害仅是立法的动机,而不是使这种具体的危险和侵害的存在成为行为构成的条件。"①换言之,抽象危险犯类型的创设并不是为了对损害和具体危险行为进行处罚,而是为了实现安全性,即在某一行为并没有造成具体损害或具体危险时,只要根据不安感即可处罚。②在现代刑事立法框架下,甚至有利用抽象危险犯来解决社会中各种问题的倾向。究其原因:一方面是因为风险社会下危险源的不断增加和强化加大了公众的不安感和恐惧感,更加依赖法律的控制;另一方面在于立法者通过刑法早期化的干预可以提升效率、降低诉讼成本,更加周延地保护法益。抽象危险犯的增多无疑对现代刑法的思想及其诸原则产生重大的影响。诚如德国学者赫尔佐克所言:"危险刑法不再耐心等待社会侵害结果的出现,而是注重在行为的非价评断上,以制裁手段恫吓、震慑带有社会风险的行为。"③

对于抽象危险犯的正当化以及边界等基础性的问题在国内外刑法学术界引发了广泛和深入的探讨,虽未最终形成一致性的见解,但无疑有助于抽象危险犯理论研究的深化。囿于文章的篇幅,笔者以抽象危险犯理论的通说为预设前提,着重针对抽象危险犯判断标准作具体性分析,以期对我国刑事司法提供有益的指导。

---

① [德]克劳斯·罗克辛:《德国刑法学 总论》(第1卷),王世洲译,法律出版社,2005年,第278页。

② Urs Kindhäuser, Sicherheitsstrafrecht, Universitas Heft3, 1992, S228. 转引自[日]金尚均:《危险社会与刑法——刑法的机能与界限》,成文堂,2001年,第31页。

③ 转引自林东茂:《抽象危险犯的法律性质》,载蔡墩铭主编:《刑法争议问题研究》,五南图书出版公司,1999年,第180页。

## 一、抽象危险犯的法律属性

抽象危险犯判断的核心是对"抽象危险"的判断,而抽象危险的判断最重要的依据是对"危险性"的判断,抽象危险的危险性判断与具体危险的危险性判断一样,由于视角和立场不同,往往难以形成一致性的结论。本书是以"抽象危险是一种拟制的危险"为预设前提来阐释抽象危险的判断标准。拟制的危险属于法律拟制类型之一,通常包括两种情形:其一是对于没有危险的行为基于某种政策上的理由与有危险的行为等同视之;其二是虽然是一种拟制的危险,但是基于此种危险的非现实性,需要结合经验推断其与有危险性的行为在质上具有相当性,且基于法益保护早期化的立场,对于此类危险性的行为进行早期化的评价。基于对以上两种情形的不同理解,对于抽象危险的认识形成了形式判断和实质判断之争。形式判断的观点坚持,抽象危险是否存在,可以不对各种具体情形进行实质的判断,只需要认定有无实施刑法所规定的行为即可。换言之,刑事立法禁止行为人实施构成要件所描述的行为,否则应予以刑罚处罚。持实质判断的观点则认为:"抽象的危险,并非从'形式上依有法律规定的行为'而为判断,应考虑各个具体的事情为实质的判断,亦即认为抽象的危险犯,仍应以实质的抽象危险为其成立要件。"[①]依据德国学者雅科布斯(Jakobs)教授的观点,抽象危险犯的处罚根据在于一个明确行为的危险性,经由多数个案中的抽象作用所得出,或者是其行为伴随着一个明确的结果,即该结果是基于对事实的预估,在法律上具有意义的范畴。[②]或者认为抽象危险是以过去的经验加以归纳所得的类型,即通常某个行为出现时往往伴随着某种法益受损害的结果,这种联系具

---

① 参见陈朴生:《刑法专题研究》,台湾三民书局,1983年,第44页。

② Jakobs, Strafrecht Allgemeiner Teil, S.145. 转引自林建宏:《刑法危险概念的思考研究》,中原大学,2004年硕士研究生毕业论文,第15页。

有经常性,所以将该行为予以(抽象危险犯)类型化。抽象危险的处罚依据在于立法者并不基于个案来确定危险结果,而是依据一般的经验知识来确定某种风险行为的抽象危险。

笔者认为虽然抽象危险的形式判断观点具有一定合理性,但是仍主张抽象危险的判断应采用实质的危险判断的观点。日本刑事法学者山口厚教授认为:抽象危险犯对刑法条文上规定的行为进行判断时,在一定程度上仍要求进行实质的危险判断,具体危险犯和抽象危险犯只不过是一种概念的分类而已。①具体理由如下:

首先,形式判断的观点虽然一针见血地指出抽象危险犯成立的特征,即某种行为符合构成要件类型就构成犯罪,但是忽略了抽象危险犯处罚的根据(充分保护法益),而将抽象危险犯单纯视为一种为处罚而处罚的工具,或者将刑法沦为一种政策性的工具(德国学者哈塞默教授认为抽象危险犯是一种介于刑罚与行政处罚之间的干涉法/介入法类型)。现代刑罚的运用必须具有正当性的基础,而抽象危险犯也不例外,虽然抽象危险犯从创出直至今日其正当性仍备受质疑,但是其被广泛适用的趋势仍然体现出其具有正当化的基础,而这个基础就是刑法对于重大法益充分、周延保护的需求。由此可见,凡是刑法所规定的抽象危险犯类型必然都牵系着重大法益的保护。虽然抽象危险犯处罚的是行为类型,但是该行为表征着危险性,而立法者在设定刑法规范时,以拟制的方式来推定行为人的行为具有抽象危险,而且不以结果(危险)的出现为必要。

其次,抽象危险虽然是一种拟制的危险,但是这种所谓的拟制危险应当和具体危险具有质的相当性,即拟制的危险也应当具有实质危险性,这才是对法律拟制的恰当诠释。具体而言,抽象危险是一种立法拟制,而刑法立法

①　[日]山口厚:《危险犯总论》,《危险犯与危险概念——中日刑事法学术讨论会论文集》,2005年,第9—10页。

拟制是法律拟制在刑事法领域的实体化运用,旨在赋予虚构事实与类型化的原事实以相同的法律效果,以契合刑事政策之需或弥补立法技术之力所不及。①这种拟制方式仅赋予拟制规定以形式合理性,但仅具有形式合理性的刑法规范并不能当然获得实质合理性(刑罚正当性)的证成。刑法中所规定的不论是具体危险犯还是抽象危险犯,从某种意义上讲它们都不会对法益造成(实际)损害,只是对法益造成损害的危险程度有所不同而已。因此也会有学者②认为,所有的危险都不会发生具体的危险,从这一角度来看,抽象危险犯和具体危险犯实质上都是抽象危险犯,虽然该观点存在一定的偏颇,但是却指出了抽象危险犯与具体危险犯之间同源性的特点,即具体危险犯和抽象危险犯都是会对法益造成(实质)损害危险的行为,只是前者的危险更具有紧迫性,该危险已使法益受损害更加具体化;而后者的危险并不具有紧迫性,该危险使法益受损害仍处于抽象阶段而已。

最后,抽象危险犯应存在反证的可能性。虽然法律拟制的规定能否反证在理论上存在争议,但笔者认为刑法中抽象危险这种拟制性的规定存在反证的可能。通常情况下抽象危险犯中规定的应受处罚的行为具有危险性,但是在具体的情形下不可能使法益受侵害的情形也存在。对于刑法中规定的抽象危险犯而言,并非实施法定的危险行为就必然会发生法益侵害的危险,多数情况会发生所预想的危险,但也存在预料之外的情况,即实施了法定的危险行为,但在特殊情形下,由于并未发生法益侵害危险的实际可能性。例如日本《刑法》第108条规定的放火罪是抽象危险犯类型,烧毁建筑物通常会发生公共危险,但是如果周边不存在可以延烧的物品也不会在广泛的范围上发生危及他人的情况下,即使烧毁了现住的建筑物,也不能肯定

① 李凤梅:《刑法立法拟制研究》,《北京师范大学学报》(社会科学版),2013年第4期。
② 我国台湾地区的许玉秀在其论文《无用的具体抽象危险犯》中主张抽象危险犯与具体危险犯无区分的必要。

会发生危害公共的危险,因此否定成立放火罪的观点是可能的。对此种情形下的行为以具有一般危险的理由加以处罚能否自证正当存有疑问。因为此情形表明了设立抽象危险犯可降低认定危险之困难性的积极面与将没有危险的行为加以处罚的消极面之间的矛盾。但是这种消极面的影响是重大的,因为根据法律的规定,这种危险的行为会被处以重罚。[①]为了避免消极影响,我们还是应该将认定危险作为必要的事由为宜。因此,在立法论上,抽象危险犯还是应作为必须认定危险的真正危险犯(具体危险犯)为宜。[②]

抽象危险犯是把刑法的防卫线过早提前了,因此,一个抽象危险犯构成要件所描述的行为,即使根本没有危险,也会被当作有危险,而被处罚。对于抽象危险犯这种严厉性要如何加以节制呢?有学者认为在学理上可以通过刑法目的限缩释义加以合理的限制,如德国学者施罗德(Schröder)主张允许被告或者法官对于实际上没有危险的行为提出反证,以否定行为的可罚性。换言之,抽象危险作为立法者推定的危险应该允许行为人以"不具备具体危险结果"为由提出反证而加以排除。对此,日本刑事法学者山口厚教授基于抽象危险犯是结果犯的立场而主张可以用反证来推翻行为的不法性。德国刑事法学者雅科布斯教授则认为:抽象危险犯是一种被推定的危险,其着眼点在于构成要件行为本质上是不可支配(unbeherrschbar)的危险,凡是属于不可支配的就不是外在领域,不必考虑外在的危险。此种抽象危险犯采用一般化的方式确定出损害的现实化,"自身即等于外部干扰"(per se extern störend)(不证自明的危险),属于"一般足以"(generelle geeiget)产生外在的干扰效果,从而此种抽象危险犯不能以反证加以推翻;反之,若非此种抽象危险犯,即可能以危险结果不存在而推翻其可罚性。 德国学者替德曼也

---

① 这里所谓的"重罚"应包括两种情形:其一是将本不应处罚的行为予以刑事处罚;其二是对构成犯罪的行为较一般情形的刑罚从重或加重。

② 参见[日]山口厚:《危险犯研究》,东京大学出版社,1982年,第205页。

提出类似的折中性主张,抽象危险犯构成要件若着眼于个人法益,则允许提出不危险的反证;若涉及超个人法益,则以行为无价值优先,不得提出反证。然而,事实上抽象危险犯几乎都被用于超个人法益,所以他们观点的实质是主张抽象危险犯不允许反证。另外,德国学者许廼曼教授认为,抽象危险犯分为三种,分别是单纯违反禁止规范、与交通有关的大众行为(立法目的在于大众熟悉"符合规则行为的自动化")、精神化的中介法益(伪证罪)。第二种求诸构成要件的立法严密性,不得举反证。第三种情形则介于前两者之间,原则上不得反证推翻,但能证明规范违反的轻微性则可不罚。

是否允许抽象危险犯可以用反证加以推翻的争论基本可以归入结果不法与行为不法的争论。关键的问题就是如何看待抽象危险犯的"危险"是属于行为性质还是属于结果性质。如果属于行为(不法)性质的危险,那么这一危险从立法拟制时就被推定具有,当然不存在具体判断有无危险的可能,否则就会变成具体危险犯,那么抽象危险犯存在就不具有意义。反之,如果属于结果(不法)性质的危险,那么即使是立法上拟制的危险①,也可能因为结果并未出现现实的危险,就可以通过反证排除行为的可罚性。但是主张反证推翻的观点,都会面临行为人自证自己无罪的现象,形同行为人被推定有罪的情形,明显与无罪推定原则相违背。虽然不允许反证推翻的观点从逻辑的推理上优于允许反证推翻的观点,但是允许反证推翻的主张因为是有利于被告人的解释,而又对抽象危险犯有所节制,所以被多数学者所赞同。

基于以上分析,笔者认为,对抽象危险的判断应从形式和实质两方面来进行:首先,需要从构成要件方面来判断是否属于评价行为类型(积极判断);其次,考虑这种规范类型是否符合立法拟制的标准,具有实质意义上的

---

① 关于抽象危险犯的"危险"是拟制的危险还是推定的危险之争,直接影响对抽象危险犯性质的判断,就是否允许抽象危险犯反证这一点而言,主张允许反证的学者通常主张抽象危险犯是推定的危险,详见付立庆:《应否允许抽象危险反证问题研究》,《法商研究》,2013年第6期。

可罚性(消极判断)。换言之,这种判断无须进行积极的判断,一般情形可以当然推定具有形式危险性就具有实质危险性,除非能够通过具有排除危险性例外的事由予以推翻。

## 二、抽象危险犯的判断规则

由于抽象危险犯具有干涉公民自由的倾向,因此学界普遍认为应该限制抽象危险犯的适用。对于抽象危险犯的刑事立法政策有必要深入探讨,并非所有行为都能用抽象危险犯的形式调整,并非所有的刑法规范所规定的行为类型都属于抽象危险犯。为此,我们结合抽象危险犯的典型特征总结出一些具体的判断抽象危险犯的标准。

大多数学者将危险犯分为具体危险犯与抽象危险犯两种类型。相对于具体危险的判断而言,抽象危险的判断标准相对简单。抽象危险犯之所以"抽象",在于相对于"具体"危险犯而言,其是个抽离所有个案的规范现象。除了通过排除具体危险犯类型这一方法外,抽象危险犯类型还具有某些特质,可以在具体认定中加以参酌。

### (一)抽象危险犯保护超个人法益

作为现代刑罚正当化基础的法益保护原则,是衡量刑法规范合理的重要依据和标准。德国刑法学界将法益分为个人法益和超个人法益两类,而抽象危险犯所涉及的均是超个人法益类型。[①]最初发轫于环境犯罪(生态犯罪),之后被广泛运用于交通犯罪、经济犯罪、计算机犯罪、食品安全犯罪以及基因犯罪等。对个人法益的侵犯往往设置的是以实害犯为主的类型,这

---

① 对于抽象危险犯是否能运用于个人法益类型的犯罪,本文认为对于纯正的个人法益类型不能使用抽象危险犯类型规制,有违反比例性原则之嫌;而对于超个人法益类型(包括可以还原或无法还原于个人类型的超个人法益)可以限制性使用抽象危险犯类型加以规制。但是在我国学界对此未形成统一认识,例如认为我国刑法第246条关于侮辱、诽谤罪的规定属于抽象危险犯,具体详见张明楷:《抽象危险犯:识别、分类与判断》,《政法论坛》,2023年第1期。

与传统的刑罚报应观存在着密切联系。而在现代社会,法益功能的扩张致使其日趋抽象化、模糊化,与刑罚预防功能相匹配。

超个人法益也被称为集体法益,其所涵摄范围相当宽泛,远远超越了特定的、具体的个人和事物,对之侵犯的损害必然倍增数倍,因此与个人法益相对,侵害性的危险行为应采取更加严格的控制措施,以避免重大损害的发生。

抽象危险犯具有防范危险的机能。抽象危险犯作为刑罚介入早期化类型与社会变化密不可分。在现代社会下,科技引发的现代性危险随处可见,危险源的大量产生及由此引发的危机威胁着人类及生态的生存和延续,如何有效防范和规制危险行为刑法保护早期化特征与社会构造的变化密不可分。抽象危险犯的概念常出现于现代生活领域中那些可预见其一般危险性的,带有高风险的科技活动中,如环境刑法、食品安全刑法中,更加明显突出其必要性。[1]这说明刑罚理论学派的对抗变化是与社会构造认识的变化相对应的。在环境刑法、经济刑法等行政刑法中,在讨论刑法作用时所涉及的抽象危险犯处罚的前倾化或前置化的争议也是与社会构造的变化相关的。[2]

由于抽象危险犯所涉及的均是保护超个人法益/集体法益,因此招致法兰克福学派的批评,法兰克福学派反对刑法进入风险领域,对抽象危险犯所保护的模糊的法益也给予抨击。Hohmann认为在环境保护领域中,刑法上值得保护的法益必须在实际上能被落实到所涉及的个人,所以一个违法的使用环境(Umweltverbrauch)若未具体地对所涉及区域居民造成负面影响,最多只能够构成违反秩序的行为(Ordnungswidrigkeit)。许遒曼对于法兰克福学派以环境刑法为例批判抽象危险犯的观点进行了反驳:(1)因为环境的

---

① 许玉秀:《主观与客观之间—主观理论与客观归责》,法律出版社,2008年,第388页。
② 参见[日]山中敬一:《刑法理论的展望》,《犯罪与刑罚》,2007年第15号,第35页。

维护主要是相互连续的人类世代之间分配正义（Verteilungsgerechtigkeit）的问题。日常生活的正常资源消耗必须完全同样地受到分配正义基本规范的限制。再者，因为今日以全球性规模对自然资源所作的破坏终究是对未来世代进行谋杀和强盗，所以生态上的强盗结构（der ökologische Raubbau）正好构成犯罪的基石（Urgestein des Verbrechens）。将犯罪转化成单纯的违反秩序，在许迺曼眼中仿佛几乎就是一种道德上的精神错乱。（2）对于使用抽象危险犯来保护集体法益所惯有的批评一再被重复，要避免这种重复，一方面集体法益的构造，集体法益的侵害可能性和集体法益在刑法上的保护价值必须被详尽分析，另一方面，对于透过抽象危险犯将具体客体法益的保护予以前置，必须有一套理论说明其刑事政策上的必要性和宪法上的合法性。（3）一种超出一般性考虑而且对于立法者在刑法构成要件中所开拓的大量素材予以加工的集体法益理论，到目前为止还不存在。针对法兰克福学派批评立法者几乎随心所欲地假设集体法益，许迺曼提出了一个准则：一个刑法上的构成要件，有疑问时，应该被解释成保护具体可被掌握的法益（通常是个人法益）之抽象危险犯，而非解释为保护集体制度性法益的（kollektivinstitutionelle Rechtsgüter）犯罪。①关键在于如何解释集体法益，一是将其视为人们共同生活的秩序或制度，二是将其还原于个人法益，集体法益是个人法益的集合。两种解释存在着根本的差异，第二种解释似乎仍可以被法兰克福学派所认可。

适用范围的有限性。刑罚被认为是合法的"恶"，如使用不当会造成对公民权益的侵害。抽象危险犯作为刑法的一种严厉手段一定要慎重适用。而节制抽象危险犯的最佳方式就是基于刑法谦抑精神，在立法时能够将可

---

① 参见［德］许迪曼：《从下层阶级刑法到上层阶级刑法在道德要求中一种具示范作用的转变》，陈志辉译，载许玉秀等合著：《法治国志刑事立法与司法——洪增福律师八十五寿辰祝贺论文集》，成阳印刷股份有限公司，1999年，第16—19页。

以通过其他措施(民事、行政)有效防制危险发生的情况排出在刑法之外。例如,德国《刑法》第316条酒后驾驶(危险驾驶)[1]。虽然德国联邦宪法法院曾经对这类政治刑法的正当性作过解释,即使政治刑法所针对的不是具体危险的行为,也不是违宪的,但是事实上也并不能证明只用行政法规的规制就不能达到一般预防的效果,因为这类行为并非行为人知悉法规范就可以有效避免的。随着附属刑法中的抽象危险犯构成要件数量的增加,如食品卫生管理法、药物管理法、交通刑法,在风险社会下出现了很多高风险的领域,为了保护重大法益免遭侵害以致造成难以弥补的损失,刑法只有在这种情形下才能够有正当性介入的理由。

抽象危险犯的概念源于以德国为代表的大陆法系国家,其被广泛研究和运用也是近20年的事情,而我国无论从1979年制定《刑法》还是在1997年修订《刑法》时都没有关注到抽象危险犯类型,但是从2011年《刑法修正案(八)》开始,增加了这种新类型犯罪,比如生产、销售有毒、有害食品罪,生产、销售假药罪,危险驾驶罪等。但是也有学者认为我国刑法中规定的行为犯类型也属于抽象危险犯,笔者并不赞成这种观点,行为犯与抽象危险犯虽具有一定相似之处,但是两种犯罪类型的分类标准、逻辑构造存在明显的不同。鉴于本书主要研究抽象危险犯的判断标准,囿于篇幅不再阐述行为犯与抽象危险犯的差异。

抽象危险犯的立法模式源于(积极)一般预防的思想,除了行政罚制裁之外,基于行为人的潜在危险性、社会安全及秩序的要求,抽象危险犯的立法设计使之成为立法者的最佳选择,但是因涉及必要性、正当性,以及是否符合罪责原则等而常受诟病。

---

[1] 参见庄敬华、徐久生译:《德国刑法典》(2002年修订),中国方正出版社,2004年,将该条译为危害公路交通安全罪。

### (二)抽象危险犯的刑罚配置合理

根据以上抽象危险犯刑罚正当化的证成所述,抽象危险犯的立法应是为了更为周延地保护法益,即使在行为对法益有危险侵害可能时,该行为也可以被处罚。可见,抽象危险犯的成立是在任何实害或危险都未出现时,就可以发动刑罚权,那么如果对这类造成实害或危险尚不明朗的行为予以严厉的刑罚,那么便会导致法律的不公,因此需要对抽象危险犯的刑罚幅度进行限定。

比例性原则是一种宪法原则,但是它无论在行政不法领域还是刑事不法领域都具有重要的意义,只有符合国家是为了防止灾难的而非在创造幸福的命题上,才是法治国原则下的刑事立法政策。因此,在现行刑法对危险犯的规定上,虽然已经预设其符合比例性原则的标准,但是我们仍有必要用比例原则对刑事立法规范作出评判和检验,立法者也应该进行自我约束。抽象危险犯是立法者为了预防行为人的行为造成超个人法益的重大损害,因此提前进行堵截性的处罚。抽象危险犯符合构成要件所描述的行为,我们需要对其进行处罚,此时刑罚威吓绝不是危险犯的唯一目的,其真正的意义在于防止危险的发生或实现。对于行为所造成的重大损害,国家基于安全的考量必须对其加以禁止,在适当性的基础上需要符合明确和合比例。换言之,危险犯的立法目的不是报应,而是追求社会的安宁和刑法规范的妥当性、目的性。

# 第六章 我国食品安全犯罪司法实践状况之考察

## 第一节 食品安全相关司法解释

表6.1 食品安全犯罪相关的司法解释及司法性文件

| 序号 | 制定时间 | 制定主体 | 名称 | 要旨 |
|---|---|---|---|---|
| 1 | 2021 | 最高人民法院、最高人民检察院 | 《关于办理危害食品安全刑事案件适用法律若干问题的解释》 | 为依法惩治危害食品安全犯罪,保障人民群众身体健康、生命安全,根据刑法有关规定,对办理此类刑事案件适用法律若干问题作出解释。 |
| 2 | 2017 | 最高人民检察院、公安部 | 《关于公安机关管辖的刑事案件立案追诉标准的规定(一)的补充规定》 | 对生产、销售不符合食品安全标准的食品罪和生产、销售有毒、有害食品罪的立案标准加以规定。 |
| 3 | 2002 | 最高人民法院、最高人民检察院 | 《关于办理非法生产、销售、使用禁止在饲料和动物饮用水中使用的药品等刑事案件具体应用法律若干问题的解释》 | 依法惩治非法生产、销售、使用盐酸克伦特罗等禁止在饲料和动物饮用水中使用的药品等犯罪活动。 |
| 4 | 2010 | 最高人民法院、最高人民检察院、公安部、司法部 | 《关于依法严惩危害食品安全犯罪活动的通知》 | 依法严惩危害食品安全犯罪活动,在现有的法律框架内,用足用好法律,坚决杜绝以罚代刑、重罪轻判、降格处理。 |

| 序号 | 制定时间 | 制定主体 | 名称 | 要旨 |
|---|---|---|---|---|
| 5 | 2011 | 最高人民法院 | 《关于进一步加大力度,依法严惩危害食品安全及相关职务犯罪的通知》 | 被告人实施危害食品安全的行为同时构成危害食品安全犯罪和生产、销售伪劣产品、侵犯知识产权、非法经营等犯罪的,依照处罚较重的规定定罪处罚。要综合考虑犯罪分子的主观恶性、犯罪手段、犯罪数额、危害结果、恶劣影响等因素,依法准确裁量刑罚。 |
| 6 | 2012 | 最高人民法院、最高人民检察院、公安部 | 《关于依法严惩"地沟油"犯罪活动的通知》 | 依法严惩"地沟油"犯罪;严格区分犯罪界限;准确把握宽严相济刑事政策在食品安全领域的适用。 |
| 7 | 2014 | 国家禁毒委员会办公室、公安部、国家食品监督管理总局、国家工商行政管理总局 | 《关于严厉打击在食品中添加罂粟壳行为的通知》 | 在食品中掺用罂粟壳的,构成"生产、销售有毒、有害食品罪"等罪名,依法追究涉案单位和相关责任人员的法律责任。 |
| 8 | 2015 | 最高人民法院 | 《关于充分发挥审判职能作用切实维护公共安全的若干意见》 | 依法严惩生产、销售有毒、有害食品、不符合卫生标准的食品等犯罪;严格缓刑、免刑等非监禁刑的适用;采取有效措施依法追缴违法犯罪所得,充分适用财产刑。 |

我国是成文法国家,刑法典作为最主要的刑法渊源形式发挥重要作用。然而,在实践中刑事审判的法律依据除了刑法典之外还包括大量的有权解释(立法解释、司法解释或者解释性文件),且这些有权解释对于刑事司法审判而言作用不亚于刑法典,这也是我国刑事司法体制的一大特色。

相对于立法解释的恪守,最高法和最高检的司法解释更为积极主动。近些年来,最高法和最高检已经颁布了大量的刑事司法解释,对下级机关适用刑法起到了重要作用。关于食品安全犯罪,也有一些重要的司法解释出台,对司法实践中打击和规制食品安全犯罪产生了很大影响。但是不可否认的是,刑事司法解释的科学性和合理性等问题也被诟病。有学者指出司法解释存在如下问题:有的司法解释不是为了解决具体案件如何适用刑法的问题,而是在发挥刑事政策的作用,且在选择路径上存在疑问;有的司法解释的内容不符合罪刑法定原则,表现为类推解释与溯及既往;有的司法解释的内容存在混淆违法与量刑责任、混淆行为与结果、混淆犯罪形态、混淆加重构成与量刑规则以及重复评价情节等缺陷。①涉及食品安全犯罪的相关司法解释呈现出如下特征。

## 一、司法解释类推解释倾向明显

2021年最高法和最高检发布的《关于办理危害食品安全刑事案件适用法律若干问题的解释》(以下简称"法释〔2021〕24号司法解释")第11条第1、2款和第12条规定(见表6.2)与《刑法》第144条规定生产、销售有毒、有害食品罪的构成要件存在不一致,且法释〔2021〕24号司法解释第11条规定的涵摄范围明显超出刑法法条的射程范围,这究竟是对法条含义的解释还是发挥司法解释对法的续造功能值得深究。笔者认为前者是被允许的扩大解释,而后者虽有弥补法律漏洞效果但是因违反罪刑法定原则应该视为类推解释而禁止。

确定扩大解释和类推解释的界限是明确上述两个问题的基础,具体而言可以从以下四个方面来衡量:第一,是否处于刑法条文用语可能具有的含义之中;第二,是否具有一般公民的预测可能性;第三,是否采用了符合形式

---

① 张明楷:《简评近年来的刑事司法解释》,《清华法学》,2014年第1期。

表6.2 《刑法》第144条与《关于办理危害食品安全刑事案件适用法律
若干问题的解释》第11、12条构成要件对比

| 《刑法》第144条 | 2021年《关于办理危害食品安全刑法案件使用法律若干问题的解释》 |
|---|---|
| 在生产、销售的食品中掺入有毒、有害的非食品原料的，或者销售明知掺有有毒、有害的非食品原料的食品的…… | 第11条第1款 在食品生产、销售、运输、贮存等过程中，掺入有毒、有害的非食品原料，或者使用有毒、有害的非食品原料生产食品的，依照刑法第一百四十四条的规定以生产、销售有毒、有害食品罪定罪处罚。 |
| | 第11条第2款 在食用农产品种植、养殖、销售、运输、贮存等过程中，使用禁用农药、食品动物中禁止使用的药品及其他化合物等有毒、有害的非食品原料，适用前款的规定定罪处罚。 |
| | 第12条 在食品生产、销售、运输、贮存等过程中，使用不符合食品安全标准的食品包装材料、容器、洗涤剂、消毒剂，或者用于食品生产经营的工具、设备等，造成食品被污染，符合刑法第一百四十三条、第一百四十四条规定的，以生产、销售不符合安全标准的食品罪或者生产、销售有毒、有害食品罪定罪处罚。 |

逻辑的推论；第四，是否从罪刑法定主义的理念出发。[①]

首先，刑法原文和司法解释规定的构成要件不一致的问题。刑法第144条规定的行为要件仅包括生产和销售环节，而法释〔2021〕24号司法解释将其扩张为在生产、销售、运输、贮存等过程，从形式上看，由于现代社会食品生产及销售的过程分工细化，环节繁杂，将运输、贮存包容评价在生产销售之中并没有超出刑法条文可能具有的含义之中，其仍在生产、销售的含义射程范围之内，也没有超出国民的预测可能性。从实质上看，在运输和贮存过程中掺入有毒、有害的非食品原料与在狭义的生产、销售过程中掺入有毒、有害的非食品原料的危害性并无不同，有刑罚处罚的正当性和合理性，符合罪刑法定原则。因此对于构成要件不一致的问题，属于扩大解释，应当予以肯定。

其次，是法释〔2021〕24号司法解释第11条第二款和第12条规定的行

---

① 冯军：《论刑法解释的边界和路径——以扩张解释与类推适用的区分为中心》，《法学家》，2012年第1期。

为,是否超出刑法第144条规定的"在生产、销售的食品中掺入有毒、有害的非食品原料"的射程范围的问题。虽然在食用农产品种植、养殖、销售、运输、贮存等过程中使用禁用农药、在食用动物中使用禁用药品及其他化合物等行为确实属于在食品中掺入有毒、有害的非食品原料,但是在此过程中并不是所有使用禁用农药、禁用药品等行为都属于在食品中掺入有毒、有害的非食品原料。例如在种植稻谷的过程中,在秧苗尚未抽穗时,为了保证秧苗健康成长而使用禁用农药,由于稻谷尚未长成,无论如何也不能将使用禁用农药的行为评价为在食品中掺入有毒、有害的非食品原料。不能因为这些禁用农药和禁用药品及其他化合物具有的危害性大,有侵害法益的危险,就突破罪刑法定原则。并且在罪刑法定原则框架下,行为侵犯法益的理由或者需要对法益予以保护的理由,只是必要条件,并非充分条件。据此,即便使用禁用农药的行为是侵害法益的,如果这种行为不符合《刑法》第144条规定的在食品中掺入有毒、有害物质的构成要件,就不应当适用该条款。这种类推性的司法解释是为了弥补刑法的漏洞,虽然其本质上违反了罪刑法定原则,但被司法机关作为有效的裁判依据而予以适用,依此作出判决的案件无法通过上诉或者抗诉等程序予以改判或者推翻。司法解释虽然具有法律效力,但其本身并不是法律,在生活事实不断变化的当今社会,司法解释更不应当追求稳定性,而需要及时修订已有的司法解释。

最高人民法院、最高人民检察院应当慎重对待司法解释的内容,司法解释的合理性应以是否符合刑法规定的真实含义、是否有利于实现刑法的任务和目的、刑法规定是否与刑法和其他法律相协调、案件是否处理得当为依据。

## 二、司法解释相关标准规定不明

为了更好地保护国民健康和有效打击食品安全犯罪,法释〔2021〕24号司法解释对危害食品安全犯罪的相关规定进行了调整与细化,对部分司法实践中的疑难问题做出了针对性的规定,在一定程度上增强了司法解释的可操作性。其中,对争议较大的非法添加类食品安全犯罪的刑事规制也进行了不同程度的调整,但该类犯罪仍存在入罪标准规定不明,此罪与彼罪之间适用标准模糊的问题。

**（一）非法添加类食品安全犯罪入罪标准不明**

由于非法添加类食品犯罪所涉添加物种类繁多,性质各异,为了便于分析,有必要先厘清非法添加行为的类型。有学者根据"非法添加"的表现形式和特点将其分为"禁止添加类"非法添加行为和"限制添加类"非法添加行为。①所谓"禁止添加类"非法添加行为是指在食品中添加因危害人体健康而被明令禁止使用或因风险未知而未批准使用的物质的行为。其典型行为包括在生猪饲养过程中喂食"瘦肉精"、在制作食品时加入"罂粟壳"等。而"限制添加类"非法添加行为则是指违反相关限制性规定,在食品中超出使用范围或者使用限量添加已经获得批准使用的物质。其典型行为包括在肉质食品中超限量添加亚硝酸盐,在馒头、包子、花卷等小麦粉制品中超范围使用含铝泡打粉等。因此"禁止添加类"非法添加行为和"限制添加类"非法添加行为之间的主要区别在于二者的实质危害性不同。"禁止添加类"非法添加行为中添加的物质是出于安全性考虑,避免危害人体健康而全面禁止使用的物质,即在所有食品的所有环节均被禁止添加、使用,其实质危害性相对更大;而综合安全性和使用必要性考虑,仅在部分食品或部分环节被禁止添加、使用的,则属于"限制添加类"非法添加行为中添加的物质,其实质危害性相对更小。下文将在上述分类的基础上讨论非法添加类食品犯罪的入罪标准,主要涉及生产、销售不符合安全标准的食品罪和生产、销售有毒、有害食品罪。

---

① 参见魏麟、李春雷:《非法添加类食品安全犯罪刑事规制体系的不足与完善——以法释〔2021〕24号司法解释为视角》,《食品科学》,2023年第11期。

第一，法释〔2021〕24号司法解释对生产、销售不符合安全标准的食品罪中"足以造成严重食物中毒事故或者其他严重食源性疾病"这一危险程度的标准释义不明。

根据刑法第143条的规定，生产、销售不符合安全标准的食品，只有达到"足以造成严重食物中毒事故或者其他严重食源性疾病"的程度才能成立本罪，法释〔2021〕24号司法解释第一条对"足以"的标准采用列举式规定。其中第1条第1款以"严重超出标准限量"来解释"足以"。据此，非法添加行为要成立生产、销售不符合安全标准的食品罪需要"严重超出标准限量"。其中"限制添加类"非法添加行为中所涉物质的使用范围和使用限量均有国家规定，一般情况的超范围或者超限量，只需要按照《食品安全法》第124条的规定予以行政处罚。同理，对于"禁止添加类"非法添加行为，如果行为人在食品中添加了极少量的禁止添加的物质，经过安全评估，不能达到有毒、有害的程度，也未达到"足以"的程度，则按照《食品安全法》第123条的规定进行处罚。究其本质，非法添加行为从行政违法到刑事犯罪主要是添加量的问题。但司法解释对"严重超出标准限量"并没有一个具体的可量化的规定。这就导致司法实践中对"足以"的认定并不统一，有的案件混淆了违法与犯罪的标准，将行政违法认定为刑事犯罪；有的地区为了便于司法适用和执行，则制定了"严重超出标准限量"的地方标准，但这无疑会增加法律适用的不确定性。显然，〔2021〕24号司法解释第1条第1款对"足以"的解释仍然赋予极大的裁量权限并不能为司法实践提供切实可行的指导，容易导致案件同案不同判。

实际上，为了解决上述问题，该司法解释在制定过程中曾广泛征集意见，其中有意见提出将农药残留、兽药残留及铅、汞、镉、铬、砷、铊、锑超过食品安全标准3倍的认定为"严重超出"，但考虑到食品中所涉物质繁多，影响因素多样，危害差异性悬殊，故难以在司法解释中一刀切地以倍比数的方式加以解决，[①]因而保留了原 2013 年司法解释的规定。诚然，一刀切的解决方式的确不可行，目前的科技水平也不足以在食品安全领域建立更精确的国家标准，以至于不能为该罪的入罪标准的划分提供更可靠的依据和更有力的支撑。但刑事法律因果关系与科学因果关系并不相同。科学因果关系通常追求明确和确凿的证据，旨在揭示物质之间的绝对关联性。但刑法中的因果关系不需要绝对明确，只需要达到一定程度的概率相关即可。它介于"纯粹假设"和"完全确认"之间，为刑事法律责任提供了一定的证据支持。因此，风险社会刑事法律的制定，只需要在目前科技标准的基础之上，找到客观基础与刑事责任之间概率性的关联关系，进行相应的法律拟制，做出"面对未知的决策"（decision making in the face of un certainty）[②]。而这也并非空想，在我国制定法律的历史上，曾经也采取过这样的方式，例如 2004 年《传染病防治法》的修订以及 2011 年"醉驾入刑"的具体规定。综上所述，笔者认为，非法添加行为的入罪标准也可以参考上述经验进行细化规定。

详言之，针对非法添加行为，可以考虑对不同的添加物质以其所具有的毒害性进行分级和分类，并参考国际上现有的标准，为每个级别设定相应的超标倍数，作为入罪标准。用这样的方式确定起刑点之后，可以以此为基准，将更大的超标倍数作为司法解释第 2 条第 5 款和第 3 条第 6 款规定的兜底项"其他情节严重的情形"和"其他特别严重的后果"。[③]例如，农药就可以参考世界卫生组织发布的农药危险性分级标准和我国国家标准中规定的不同农药最大残留限量，对毒害性进行分级分类，确定入罪标准。

---

① 安翔、高雨、肖凤：《〈关于办理危害食品安全刑事案件适用法律若干问题的解释〉的理解与适用》，《人民司法》，2022 年第 7 期。

② 赵鹏：《风险社会的行政法回应：以健康、环境风险规制为中心》，中国政法大学出版社，2018 年。

③ 魏麟、李春雷：《非法添加类食品安全犯罪刑事规制体系的不足与完善——以法释〔2021〕24 号司法解释为视角》，《食品科学》，2023 年第 11 期。

第二，法释〔2021〕24号司法解释对生产、销售有毒、有害的食品罪中"有毒、有害的非食品原料"的标准解释不明。

根据我国《食品安全法》第34条、第123条以及《刑法》第144条的规定，一般的使用非食品原料仅构成行政违法，只有达到有毒、有害的标准才有可能成立生产、销售有毒、有害的食品罪。法释〔2021〕24号司法解释第9条在2013年司法解释的基础上，增加了"因危害人体健康"的限定，排除了因工艺、技术或使用必要性而禁止添加、使用的可能性。这一限定体现了司法解释对"有毒有害的非食品原料"的实质判断标准。并且司法解释为了对"有毒有害的非食品原料"进行更加专业的判断，将原2013年司法解释第21条中"根据检验报告并结合专家意见"修改为"依据鉴定意见、检验报告、地市级以上相关行政主管部门组织出具的书面意见，结合其他证据作出认定"，体现了"专业性问题专业部门解决，法律问题司法机关解决"的理念。① 这些修改都十分必要，有利于提升案件办理质效。但如上文所述，由行政违法跨度到刑事犯罪，本质上是"量"的问题，由量变引起质变仍然需要对达到质变的点进行明确，即需要对"禁止添加类"非法添加行为所涉物质的危害性进行实质判断。如果使用的禁止添加的物质的量极少或者从添加到实际食用的过程中，由于清洗等行为使残留明显降低，从而致使实际上并不会危害人体健康，则不能认为"有毒、有害"。因此，尽管"禁止添加类"非法添加行为所涉物质对人体健康的危害风险高，有必要对法益进行前置保护，但也要注重"有毒、有害"的实质判断。若非法添加的物质根本称不上有毒、有害，不会真正危害法益，则即使该物质属于因危害人体健康而禁止使用的，也不能入罪。

---

① 最高人民法院：《两高相关负责人就关于办理危害食品安全刑事案件适用法律若干问题的解释答记者问》，载最高人民法院网2021年12月31日，https://www.court.gov.cn/zixun-xiangqing-339491.html。

针对上述问题,笔者认为可以对"禁止添加类"非法添加行为所涉物质的属性,加工方法及过程中的各种因素进行综合考量,注重实质危害性。可以参考美国HACCP体系,构建我国的食品安全管理系统,根据危害程度限定关键控制点,建立临界限值、监测程序以及相关配套程序。

**(二)非法添加类食品安全犯罪适用罪名不清**

不可否认法释〔2021〕24号司法解释对典型类型的非法添加行为应当适用何种罪名确实作出了相应的规定,但是生产、销售不符合安全标准的食品罪和生产、销售有毒、有害的食品罪的适用标准规定仍然存在模糊地带,"不符合安全标准"与"有毒、有害"之间的界分仍不明确,导致部分非法添加行为在两个罪名之间的适用混乱,同罪不同判的情况时有发生。以下通过案例对"限制添加类"非法添加行为和"禁止添加类"非法添加行为所涉物质同案不同判的情况进行说明,梳理两罪司法适用争议和理解偏差,明晰此罪和彼罪适用界限。

第一,"限制添加类"非法添加行为所涉物质的同案不同判——以"亚硝酸盐超量案"为例。

亚硝酸盐作为防腐剂和护色剂,常在肉制品中使用,但过量添加则可能导致中毒,因此我国在《食品安全国家标准 食品添加剂使用标准》(GB 2760-2014)中明确规定了亚硝酸盐的使用限量。由上可知亚硝酸盐是国家允许但不得超限量超范围添加的物质,属于"限制添加类"非法添加行为所涉物质的一种。笔者在北大法宝网中检索,发现亚硝酸盐超限量添加的案例存在适用罪名不同的情况。例如被告人王某某生产、销售添加了超出国家标准限量的亚硝酸盐的熟牛肉,一审法院认定其构成生产、销售不符合安全标准的食品罪,[①]而被告人马某某、马某某生产、销售超限量添加亚硝酸盐的狗

---

① 安徽省萧县人民法院(2023)皖1322刑初81号刑事一审判决书。

肉,则被认定为构成生产、销售有毒有害的食品罪。①究其原因,是因为地方法院难以通过现有的刑法条文和司法解释的规定,明晰两罪之间的内在逻辑关系,不能对两罪的构成要件进行准确的把握。

我国刑法对生产、销售不符合安全标准的食品罪采取了具体危险犯的立法模式,即要求非法添加行为对法益造成了具体、现实、紧迫的危险。而对生产、销售有毒、有害食品罪则采取了抽象危险犯的立法模式,只要求实施了危害行为,不要求产生具体的危险,更不要求产生实害结果。之所以采取这样的立法模式,是由于两罪所预防的风险等级并不相同,抽象危险犯相对于具体危险犯本身就具有较高的危险属性。②像超量添加亚硝酸盐这种"限制添加类"非法添加行为属于对国家允许添加的物质的滥用,其风险等级远没有达到"有毒、有害"。而实务中正是由于对此认知不当,才会适用罪名混乱。其多是混淆了日常用语和刑事法律规定的"有毒、有害"的含义,认为超范围添加或者严重超限量添加"限制添加类"非法添加行为所涉物质,对人体健康产生危害时,则会转化为刑法规定中的"有毒、有害"。但是"限制添加类"非法添加行为即使对人体健康造成了严重危害,也只能按照刑法第143条第二档法定刑加重处罚,而不能转化为刑法第144条规定的"有毒、有害",自然也就不能构成生产、销售有毒、有害食品罪。

综上所述,"限制添加类"非法添加行为在满足了生产、销售不符合安全标准的食品罪其他构成要件之后,可以适用刑法第143条,但不可能适用刑法第144条而成立生产、销售有毒、有害的食品罪。

第二,"禁止添加类"非法添加行为所涉物质的同案不同判——以"毒豆芽案"为例。

---

① 江苏省徐州市中级人民法院(2020)苏03刑终33号刑事二审判决书。

② 杜文俊、陈洪兵:《质疑"足以"系具体危险犯或危险犯标志之通说》,《中国刑事法杂志》,2012年第2期。

所谓"毒豆芽案"是指为了促进豆芽生长，卖相好看，而在豆芽中加入含有6-苄基腺嘌呤、4氯苯氧乙酸钠和赤霉素等物质的无根剂。笔者经检索发现实务中毒豆芽案同样存在同案不同判的情况。例如在被告人王某某、柏某使用"无根素"在其家中自建的彩钢房内生产豆芽，并将所生产的豆芽销售给超市及周边村民一案中，一审法院判决王某某、柏某构成生产、销售有毒、有害食品罪；①在被告人彭某某使用无根剂生产绿豆芽和黄豆芽并销售给紫金县紫城镇内的宝城商业广场以及蔬菜零售商一案中，一审法院认定其构成生产、销售不符合安全标准的食品罪；②而在被告人范某某使用购进的"无根药水"生产、加工豆芽，并销售给零售商一案中，一审法院则以6-苄基腺嘌呤、赤霉酸等成分的安全性尚不清楚，公诉机关指控被告人范某某的行为构成生产、销售有毒食品依据不足为由，不予认定。③通过对相关判决书裁判说理部分进行梳理发现，由于我国缺乏统一适用标准，地方法院无法对此类毒害性尚不明确的"禁止添加类"非法添加物准确定性。因此，对"有毒、有害"作实质解释，正确适用罪名是当务之急。

首先，应当对"有毒、有害"进行实质判断，避免有罪推定。生产、销售有毒、有害食品罪属于行政犯类型。我国原质检总局于2011年发布公告禁止6-苄基腺嘌呤、4氯苯氧乙酸钠和赤霉素等物质在食品加工中使用，2015年国家食品药品监督管理总局等部门又发布公告禁止在豆芽生产过程中使用上述物质，也不允许经营使用了上述物质的豆芽。以此明确了违规添加此类物质的行政违法责任，而行政违法不能成为刑事犯罪的严格依据。④实务中常常存在将一般的行政违法认定为刑事犯罪的情况，究其原因，是因为没

---

① 甘肃省礼县人民法院(2022)甘1226刑初65号刑事一审判决书。
② 广东省紫金县人民法院(2020)粤1621刑初149号刑事一审判决书。
③ 广东省汕头市龙湖区人民法院(2017)粤0507刑初326号刑事一审判决书。
④ 邱陵、戴小强：《食品安全犯罪的司法扩张与理论缩限》，《江西警察学院学报》，2022年第4期。

有对相关犯罪的构成要件要素及案件事实进行实质解释和作出独立判断。在"毒豆芽案"中,此种"禁止添加类"非法添加物的毒害性尚未明确,因此只能按照一般行政违法予以规制。这是因为作为定罪量刑的事实,其有毒性、有害性必须是得到充分证实的,而不可能是"尚无结论"的。否则,就属于有罪推定。根据存疑时有利于被告的原则,不得将违反该公告的行为认定为生产、销售有毒、有害食品罪。①即使毒害性尚不明确的"禁止添加类"非法添加物经累积确会"有毒、有害",也要结合具体案件事实进行判断。像"毒奶粉案件",之所以能构罪,是由于婴儿以奶粉为主要食物,而豆芽作为众多蔬菜中的一种,一般来说,不会作为人们生存的主要食物,并且豆芽中真正所含的非法添加物的量很少,通过洗涤以及人体自身代谢,难以累积到"有毒、有害"的地步,因此不能成立生产、销售有毒、有害食品罪。

其次,从逻辑上来讲,食品如果"有毒、有害",那就一定"不符合安全标准"。因此非法添加行为只要成立生产、销售有毒、有害的食品罪,就一定成立生产、销售不符合安全标准的食品罪。并且根据我国刑法第149条和法释〔2021〕24号司法解释的相关规定,两罪是可以成立法条竞合的。由此,笔者认为,若"禁止添加类"非法添加行为导致食品"有毒、有害"则同时触犯刑法第143条和第144条,应当按照法条竞合予以特别法条或者重法优先处罚;若"禁止添加类"非法添加行为所造成的毒害性尚不明确,但达到了"足以"的危险程度,满足主观"明知"的主客观要件,则成立生产、销售不符合安全标准的食品罪。

最后,即使行为人在食品中掺入了"有毒、有害的非食品原料",如果由于某种原因致使有毒有害的食品不可能进入市场,不存在危害人体健康的风险,则尽管有可能成立生产、销售有毒、有害食品罪,也可以借由刑法第13

---

① 张明楷:《避免将行政违法认定为刑事犯罪:理念、方法与路径》,《中国法学》,2017年第4期。

条"但书"的规定出罪。

### 三、司法解释与指导性案例重合

由于刑法规范在一定程度上保有抽象性和稳定性，而一些抽象术语又具有多义性，由此人们必然会产生不同的理解。此外，现实生活是多样而复杂的，为了统一认识，使抽象的规定适用于具体案件，使司法活动能够跟上客观情况的变化，对刑法规范进行解释是十分必要的。我国颁布了一系列食品安全犯罪相关的司法解释和指导性案例。但是其中部分司法解释的颁布从明确具体案件如何适用刑法的角度来看似乎没有必要，其颁布主要是为了契合我国食品安全犯罪的刑事政策。换言之，对于一些案件的处理好像不需要通过司法解释来实现，而司法解释作出的原因在于发挥出刑法一般预防的机能。并且通过对食品安全犯罪相关的司法解释和指导性案例进行分析，发现对于很多食品安全犯罪情形，已有相关司法解释作出过明确规定，没有必要再发布相关指导性案例。由此造成了司法解释和指导性案例重合的问题。此外，在司法实践中还存在着法院审理案件时多依赖于司法解释，而指导性案例被应用率较低[1]，法官能动性受限而机械适用法律的情况。之所以会出现以上的问题，笔者认为主要是因为司法解释和指导性案例在食品安全犯罪方面的配合及互动存在问题，具体来说包括以下两个方面。

一方面，在制度层面的互动问题主要体现在案例指导制度的不成熟，以及因衔接不足导致的两者在制度层面上"互而不动"的现象。

抽象司法解释与指导性案例在制度层面的互动性主要体现在二者均有最高立法机关和相关法律的授权，都是最高人民法院统一法律适用的工具，具有共同的正当性基础。不过这只能反映出两者存在一定程度的关联性，

---

[1] 郭叶、孙妹：《最高人民法院指导性案例2019年度司法应用报告》，《中国应用法学》，2020年第3期。

但无法体现出两者在制度上的联动与衔接。易言之,二者在制度上表现为"互而不动"之态。实际上,司法解释与指导性案例总体而言属于"并列平行"的关系。自案例指导制度确立至今,在相关规范中对抽象司法解释与案例指导制度均是分别规定,仍没有对二者进行统筹和衔接。

此外,相比于存在时间更长的抽象司法解释,案例指导制度成熟度相对较低。主要表现以下两个方面:一是指导性案例的法律效力或者拘束力不明确。被高度抽象化的司法解释受到来自最高立法机关和最高司法机关等多方面权威性的保障。然而,指导性案例的效力仅具有"应当参照"的级别和被引用时仅具有作为裁判理由的资格,其法律地位缺乏明确的制度化基础,这会极大削弱指导性案例的实际效果。二是案例指导制度的具体制度设计和运行配套机制不完善。与抽象司法解释作为一种"准法律渊源"可以参照制定法的现有适用模式直接援引的情况不同,指导性案例作为一种新的法律渊源形式,与制定法和抽象司法解释在形式、产生方式、内容、适用方法、运作模式、适用方法和技术等方面都有很大的不同。因此应当"具体问题具体分析",对其具体制度设计及运作配套机制都应立足于其本身特点区别规定。但是根据目前我国对案例指导制度的建构能发现,尽管其在整体理念和方向上是正确的,但在具体内容上的规定仍很粗疏,其中部分条款仍未摆脱长期适用制定法及司法解释的实践的影响,对案例指导制度实际发挥作用造成了不利的影响。例如,参考遵循先例原则的普通法运行之核心的区别技术的传统实践中,最主要的标准是待决案件与先例的案件事实是否相似,并不特别强调法律适用问题。但在《〈关于案例指导工作的规定〉实施细则》第9条规定,只有在基本案情和法律适用两方面均与最高人民法院发布的指导性案例相类似时,才应当参照指导案例。这样的规定提高了司法实践中适用指导性案例的门槛,也是导致其应用率低的原因之一。总之,案例指导制度整体上不够完善与成熟,导致其在实践中效果有限、适用率低,而且也对其在制度层面与抽象司法解释的衔接与互动造成了障碍。

在司法规则运行方面,抽象化的司法解释与具体化的指导性案例对于司法裁判规则的供给能力相距甚远,致使事实上双方难以产生实质有效性的良性互动。在规则互动方面的缺陷具体表现如下:

首先,从法律方法层面上讲,在适用抽象司法解释时,指导性案例运用的法律解释方法不够充分全面,指导性案例可以援引大量司法解释的内容,反之司法解释事实上只会零星吸收内嵌于指导性案例中的裁判要点。这一现象形成的原因在于两者裁判规则供给能力相距甚远。指导性案例制度的创设远远晚于司法解释施行制度,这就意味着当最高人民法院、最高人民检察院开始逐次发布指导性案例时,就业已存在着大量相关的司法解释。一个司法解释一般包含十几条到几十条,有的甚至上百条,而一个指导性案例往往只能涵盖一到三条裁判要点。由于两者在提供裁判规则容量上的差异,法官在裁判大多数案件时更倾向援引抽象的司法解释,而鲜少考虑从指导性案例中寻找裁判规则并加以援引,两者之间难以构建出互补、协同发展的关系。在司法实践中,除了少数具有代表性及常见型的指导性案例可能会引起法官的足够重视外,法官更习惯于从制定的法律和司法解释中直接寻求裁判依据,而有意或无意忽视指导性案例所形成的裁判要点,这势必会对指导性案例作用的发挥产生负面影响。例如,在《最高人民检察院关于印发第四批指导性案例的通知》中发布了"胡某某等人生产、销售有毒、有害食品,行贿案"的指导性案例,将被告人胡某某等人在生产腊肠、腊肉过程中,超限量使用亚硝酸钠、工业用盐等食品添加剂,判定为生产、销售有毒、有害食品罪。然而,在此指导性案例出台后,仍存在相当数量的判例对此类行为以生产、销售不符合安全标准的食品罪定罪处罚。

其次,在指导性案例适用司法解释的过程中也存在问题。指导案例适用司法解释的方式分为对司法解释的单纯援引和对司法解释作进一步的补充和细化。单纯援引又根据引用的表述方式分为"直接援引"与"隐性援引"。一方面,在指导性案例对抽象司法解释进行单纯援引时,由于没有对司法解释运用法律解释方法,最终只是对司法解释规定内容的重复,并没有实现互动。此外,有的指导性案例在适用抽象司法解释时表述不明确,没有表述清楚其援引的具体是哪些条文或者对其进行了"隐性援引",导致二者在规则层面的互动并不明晰,也容易使司法人员在适用时难以把握其中的关联性,进一步影响指导性案例的应用率。另一方面,虽然指导性案例对司法解释进行补充细化的适用形式会运用到文义解释及体系解释等,但法律解释方法运用地并不全面,有论证不充分的问题存在。这会遮蔽指导性案例相对于抽象司法解释而言特有的法律方法示范价值,不利于裁判尺度的统一。

最后,指导性案例被抽象司法解释吸收的过程也有缺陷。抽象司法解释吸收指导性案例的裁判规则也分为两种方式:一是直接吸收;二是扩张后吸收。但是并没有相关规范对吸收的标准进行明确,尤其是对第二种扩张后再吸收的方式,其扩张的依据和边界都缺乏具体的规定。此外,与上述指导性案例适用司法解释的表述不清的弊病相类似,对既有的吸收了指导性案例裁判规则的抽象司法解释进行认真审查发现,其并没有指出相关条文与被吸收的指导性案例之间的关联。

为了有效解决上述问题,有必要重新审视抽象司法解释与指导性案例的特性及二者之间的关系,并结合我国的实际情况,有计划分阶段地进行针对性的调整。以下将从总体理念与具体规定两个方面展开论述。

首先,在总体理念方面,抽象司法解释与指导性案例的作出均应当在罪刑法定原则的框架内进行;同时应当将我国宽严相济的刑事政策通过解释方式间接的适用于刑事司法。第一,罪刑法定原则是贯穿于全部刑事立法活动以及刑事司法活动的指导性原则。罪刑法定之下的成文法主义表明,立法者确定的罪刑规范,应当成为司法人员遵守的规范;在刑法领域的"法源",只能是立法机关通过特定程序制定的成文法,刑事司法应该以成文法为准,以此来约束司法行为,防止司法擅断。[1]我国关于食品安全犯罪的司法解释的内容以及其具体适用过程中存在一些违反罪刑法定原则的情况,前文已经说明,此处不再赘述,仅对指导性案例进行简要补充。指导性案例尽管有别于司法解释,但其本质仍然是对法律规范的一种解释或者某种程度的补充。处于指导性案例核心地位的裁判要点实际上也是通过解释和适用法律做出的具有创新性的判断。指导性案例在做出的过程中,就必须遵循罪刑法定原则。学界有观点认为指导性案例不应只是重复法律或者司法解释规定,其应当具有填补法律漏洞,解释法律和"创法"的功能[2],否则难以体现其制度价值和创新性。但在刑事领域,法官没有法律创制权。如果允许法官对成文法自由解释,就容易出现法官以先主观后客观的逻辑作出裁判或者进行类推解释的情形,由此做出的裁判结论就难以避免与成文刑法相冲突。

其次,2006年在构建社会主义和谐社会的新形势下提出宽严相济的刑事政策,将其作为是我国当前基本的刑事政策。刑事政策虽然不能直接作为司法者进行司法活动的法律依据,但是刑事政策的精神可以通过直接立法和间接司法的方式而被实现。前者是通过修法的方式将刑事政策的思想体现在具体法律规定中;后者则通过教义学上的法律解释将刑事政策引入法律论证过程。[3]换言之,刑事政策的思想可以通过解释而被间接适用于刑事司法。这种解释包括相关主体所发布的司法解释和法官对个案解释两

---

① 周光权:《刑事案例指导制度:难题与前景》,《中外法学》,2013年第3期。

② 舒洪水:《建立我国案例指导制度的困境和出路——以刑事案例为例》,《法学杂志》,2012年第1期。

③ 劳东燕:《刑事政策与刑法解释中的价值判断——兼论解释论上的"以刑制罪"现象》,《政法论坛》,2012年第4期。

种。食品安全作为关乎人民健康和生命安全的重大民生问题,我国对食品安全犯罪采取从严打击的刑事政策,有重刑化的倾向。但是重刑主义对我国食品安全犯罪的规制和打击并不是良策。总之,食品安全犯罪相关的司法解释与指导性案例还是应当贯彻宽严相济的刑事政策,合理划定犯罪圈,完善刑罚制度。

最后,在具体规定方面,可以分别从制度和规则两个层面进行针对性调整。基于对抽象司法解释与指导性案例应然关系的不同理解,学界对二者将来的规制方向存在着不同观点。大致上分为"合并说"即将指导性案例规定为司法解释的形式之一;"取代说"即以指导性案例取代抽象司法解释;以及"并行说"即使二者保持形式独立,共同发展。其中"并行说"又区分为"维持发展说"和"调整发展说"。二者的主要区别在于,前者认为抽象司法解释与指导性案例二者应齐头并进,共同发展,不应有所偏废;后者认为二者在保持互相独立与并存的基础上,重视发展指导性案例的潜能和优势。首先对于"合并说",指导性案例与司法解释存在着较大差异,其并不是司法解释的一种,因此直接将指导案例合并为司法解释并不是一个合理的举措。其次对于"取代说",司法解释在我国已经长期存在,其具有较大的"制度惯性",在未来以指导性案例取代司法解释也不是一个可行的发展方向。最后对于"并行说",上文指出在司法解释与指导性案例的配合及互动方面存在问题,指导性案例应用率低,法官能动性受限等问题,因此笔者认为现阶段"调整发展说",更适合中国国情,着重完善案例指导制度,来实现对最高人民法院释法模式的优化升级①。下面将分别从制度和规则层面阐释调整与发展之具体方向和措施。

(1)从制度层面,要明确指导性案例的效力地位,进一步完善具体制度

---

① 参见汤文平:《中国特色判例制度之系统发动》,《法学家》,2018年第6期。

设计和运行配套机制,加强抽象司法解释与指导性案例的衔接。鉴于我国是成文法国家,其主要法律渊源即为制定法,因此直接从立法层面直接将指导性案例规定为我国的正式法律渊源,以此来明确效力地位并不现实。相对可行的方案是将其纳入我国的诉讼审级框架。具体而言,可以规定将指导性案例作为上诉或者申诉的独立理由;将属于"应当参照"而没有参照指导性案例的判决,认定为"适用法律错误",而依法撤销、变更或改判。在具体制度和运行配套机制方面,通过修改相关规范性文件,建立指导性案例特有的适用标准以及激励与惩戒机制。在未来案例指导制度成熟之后,还要从建立抽象司法解释与指导性案例的衔接路径,打造具体互动机制,明确二者在司法适用中的关系,将其进行统筹规划。

(2)从规则层面,尽可能减少具有半立法性质的司法解释,大幅增加指导性案例的数量和类型,扩大法官对案例的说理和解释能力,形成裁判规则,通过指导性案例制度内在约束力来构建同类案件的体系型判断规则。一方面,颁布大量司法解释存在不少弊端。诚然,司法解释对司法机关适用刑法起到了重要的作用,其功能也无法在短期内被代替。但是过多的司法解释会使法官形成制度依赖。在遇到疑难案件时,法官会寄希望于司法解释,通过内部的层层请示来解决问题,限制了法官发现问题、解决问题的主观能动性。并且过多的司法解释也会使指导性案例的发展受限,挤压指导性案例的空间。同时,指导性案例数量过少,也会导致法官不能通过经验积累来掌握"区别技术",难以正确参照指导性案例。另一方面,指导性案例在指导功能的发挥上比司法解释更具优势。由于司法解释具有半立法性质,因此其规定相对更抽象;而指导性案例是针对个案的,并可以逐过法律解释方法对法律和司法解释进行细化,并提出有新意的处理方案,能为个案处理提供更实质清楚的指导。

因此,适当减少司法解释的颁布而增加指导性案例发布数量是十分有必要的。此外,无论是在指导性案例适用抽象司法解释,还是在抽象司法解释吸收指导性案例的过程中,都要加强法律解释方法的应用,增强关联性,并具体规定适用的标准和吸收的界限,尽量避免司法解释与指导性案例规定的重合。

## 第二节 食品安全相关指导性案例

### 一、指导性案例的规范意义和功能

案例指导制度作为我国司法改革制度中的重要内容,自2005年被正式提出,到2010年的施行,再到经历10余年的演进发展已进入了崭新的历史阶段,成为中国式法治现代化的重要组成部分。相较于英美法系的判例法制度而言,我国案例指导制度虽然与其存在诸多差异,但在某种意义上也可以认为我国的指导性案例实质上就是一种具有判例性质的案例①,而指导性案例中的裁判规则成为我国法律规则体系中司法规则的重要组成部分。②

---

① 作为大陆法系(成文法主义)代表的日本判例制度具有独特性,值得我国在完善指导性案例制度时予以适当借鉴。的日本具有其独特的司法制度,一方面日本采取的是法典主义,宪法第39条规定的"适法"仅指实定法而不包括判例法,宪法没有承认判例作为法源之一,在法律制度上并没有规定判例具有拘束力的原理,所以关于判例法是否具有法源性的问题,一般认为判例与法律不具有同等的法源性。另一方面,"判例应被遵守"作为日本司法规则而存续。判例对司法实务具有拘束力是通过两种方式来实现的:其一是相关法律的规定。即日本《刑事诉讼法》"违反判例"(刑事诉讼法第405条第2款)作出了规定,下级裁判所在得出与最高裁判所的判例相反的判断时,将其规定为一种法定的上诉理由。日本《裁判所法》第4条规定:上级裁判所在裁判中所作的判断,对下级裁判所对案件的判断具有拘束力。同时,该法第10条第3款对判例变更作出了规定,即有关宪法及其他法令的解释适用,与之前最高裁判所裁判的意见相反时,只能由最高裁的大法庭以裁判的方式予以变更。其二最高裁的判例在裁判实务上具有事实上的支配影响力。最高裁作为终审机关对法律所作的解释,下级裁判所对同种事件的处理如果不尊重最高裁的判理由,将有损法律的安定性。而且最高裁判所在判决的正文的理由部分很少涉及具体事件的处理,所以就同种其他事件,判例对于其他裁判所也具有事实上的拘束力。具体参见拙文:《日本死刑基准及其逻辑构造》,《法律适用》,2018年第23期。

② 陈兴良:《判例刑法学(教学版)》,中国人民大学出版社,2012年,第50页。

2010年最高人民法院发布《关于案例指导工作的规定》（法发〔2020〕51号）的司法文件，其中第7条规定：最高人民法院发布的指导性案例，各级人民法院审判类似案件时应当参照。最高人民法院发布的指导性案例如何在执法办案中被参照是中国特色案例指导制度的核心问题，这直接关涉指导性案例的价值定位，也涉及指导性案例的实际应用效果。①归纳为以下三个要点：其一是"参照"应该理解为"参考比照"，因为指导性案例不是法律法规等抽象性的法律文件，其在本质上可以理解为对法律规范的一种解释或者某种程度的补充，所以不能将其作为独立的司法裁判规则予以适用。其二是"应当参照"的理解，与最高人民检察院发布的案例指导制度司法解释中"可以参照执行"的表述不同，最高人民法院的司法解释为"应当参照"，其目的在于突出指导性案例所具有的权威性和强制性。最高人民法院发布的《最高人民法院指导性案例2019年度司法应用报告》和《最高人民法院刑事指导性案例司法应用报告（2018）》等所公布的司法大数据显示，指导性案例在实践中很少被参照，②这种尴尬与参照模式的阙如存在密切关系。其三对于指导性案例被援引或参照的方式，胡云腾指出：指导性案例是由最高人民法院审判委员会讨论确定的③，裁判要点也是由最高人民法院审判委员会根据审判经验进行的归纳总结，因此指导性案例可以被视为与司法解释具有相似的效力。在司法实践中，指导性案例的裁判要点既可以被作为裁判说

---

① 胡云腾：《打造指导性案例的参照系》，《法律适用》，2018年第14期。

② 在2019年《最高人民法院指导性案例司法应用研究报告》中指出：援引刑事指导性案例的案例，即应用案例，仅有55例。其中应用频率最高的是指导案例13号（"王召成等非法买卖、储存危险物质案"），应用次数为13次。

③ 2018年修订的《人民法院组织法》第37条规定，最高人民法院对属于审判工作中具体应用法律的问题，应当由审判委员会全体会议讨论通过；发布指导性案例，可以由审判委员会专业委员会会议讨论通过。

理的依据而引用,也可以作为裁判依据而被引用。[1]指导性案例的裁判要点实际上是对法律法规或法律规范的阐释,大多是对法律法规进行某种程度上的提炼、厘清或补充,而不是对法律法规进行修改或重新创设,因此一般而言不能独立将其作为司法判决的规则或依据。即使判决要点属于"裁判规则型","一般"也不能作为判决结论的最终规范性理由,但如果其"例外"属于"法律解释"或"填补法律漏洞"[2],则可以作为判决结论的最终规范性理由。

指导性案例制度在我国司法体系中具体功能主要体现在三个方面:首先,指导性案例具有释法功能,统一法律适用基准和执法尺度的保障功能。其次,指导性案例具有规范司法裁判以及约束自由裁量权的制约功能。最后,指导性案例具有为制定法体系拾遗补阙,辅助、补充立法的功能,[3]亦即法之续造或者漏洞的填补。

根据刑事指导性案例裁判要点,有学者认为可以将其分为六种类型:条文含义解释型、基本事实归类型、诉讼要点指示型、量刑行刑指导型、程序规则确认型和刑事政策宣示型。[4]指导性案例的裁判要点包括但不限于明确裁判规则、确立裁判方法、宣示价值理念等,所以应从价值与规则相统一的角度理解和参照指导性案例的裁判要点。[5]最高法第70号指导性案例(北京某生物技术开发有限公司、习某某等生产、销售有毒、有害食品案)即属于条

---

[1] 胡云腾:《打造指导性案例的参照系》,载《法律适用》2018年第14期。这一观点与2015年公布的《最高人民法院关于案例指导工作的规定》实施细则第十条:"各级人民法院审理类似案件参照指导性案例的,应当将指导性案例作为裁判理由引述,但不作为裁判依据引用。"表达相冲突,该条表述中有两点明显不同:其一是应当和可以,其二是全体会议和专业委员会会议。虽然司法解释和指导性案例制定的程序存在一定差异。

[2] 法律漏洞包括真正的漏洞和不真正的漏洞,在成文法国家对于真正的法律漏洞只能通过修法方式予以实现,对于不真正的法律漏洞可以通过法律解释予以填补,即称为法官续造,笔者认为此处所指的填补法律漏洞仅指不真正法律漏洞的填补情形。

[3] 张骐:《立足价值追求 彰显案例指导功能》,《检察日报》,2019年3月30日。

[4] 陈兴良主编:《中国案例指导制度研究》,北京大学出版社,2014年。

[5] 胡云腾:《打造指导性案例的参照系》,《法律适用(司法案例)》,2018年第14期。

文含义解释型。还有学者认为"裁判要点"可以大致归纳为三种：其一，裁判规则型，例如"王某某等非法买卖、储存危险物质案""杨某某等贪污案"；其二，裁判理念型，例如"李某故意杀人案""王某某故意杀人案""董某某、宋某某抢劫案"；其三，裁判方法型，例如"潘某某、陈某受贿案"。①总而言之，案例指导制度以类型化思维为指导，运用类型化方法对司法适用规则予以提炼对于完善中国式法治现代化体系具有重要意义。

### 二、食品安全犯罪相关指导性案例

截至2023年8月，最高人民法院和最高人民检察院已分别颁布35批195个、47批190个指导性案例。其中最高人民检察院在2014年第四批中发布了四个与生产、销售有毒、有害食品罪相关的指导性案例，具体如下：(1)检例第12号柳某某等人生产、销售有毒、有害食品，生产、销售伪劣产品案。(2)检例第13号徐某某等人生产、销售有害食品案。(3)检例第14号孙某某等人生产、销售有毒、有害食品案。(4)检例第15号胡某某等人生产、销售有毒、有害食品，行贿；骆某等人销售伪劣产品；朱某某等人生产、销售伪劣产品；黎某某等人受贿、食品监管渎职案。最高人民法院在2016年发布了1个生产、销售有毒有害食品案，即指导案例70号北京某生物技术开发有限公司、习某某等生产、销售有毒有害食品案。

从五个有关食品安全犯罪的指导性案例来看，它们均与食品安全犯罪相关的司法解释存在密切关联。2002年8月最高人民法院、最高人民检察院联合发布的《关于办理非法生产、销售、使用禁止在饲料和动物饮用水中使用的药品等刑事案件具体应用法律若干问题的解释》和2012年1月最高人民法院、最高人民检察院和公安部联合发布的《关于依法严惩"地沟油"犯罪

----

① 刘树德：《"裁判依据"与"裁判理由"的法理之辨及其实践样态——以裁判效力为中心的考察》，《法治现代化研究》，2020年第3期。

活动的通知》分别对盐酸克仑特罗(俗称"瘦肉精")和"地沟油"相关规定做出解释,但2014年最高人民检察院发布的检例第12号柳某某等人生产、销售有毒、有害食品,生产、销售伪劣产品案和检例第14号孙某某等人生产、销售有毒、有害食品案两个指导性案例,分别涉及"地沟油"和"瘦肉精"的非法生产和使用的刑法评价。对于这种情形,已经有相关司法解释做出明确规定,没有必要再通过指导性案例予以发布,其指导性案例制度的功能已经被虚化,事实上也存在着指导案例应用率较低的问题。

表6.3　指导性案例

| 发布主体 | 发布时间 | 案例序号 | 案件名称 | 裁判要点 |
|---|---|---|---|---|
| 最高人民检察院 | 2014 | 第12号 | 柳某某等人生产、销售有毒、有害食品,生产、销售伪劣产品案 | 明知对方是食用油经销者,仍将用餐厨废弃油(俗称"地沟油")加工而成的劣质油脂销售给对方,导致劣质油脂流入食用油市场供人食用的,构成生产、销售有毒、有害食品罪;明知油脂经销者向饲料生产企业和药品生产企业等单位销售豆油等食用油,仍将用餐厨废弃油加工而成的劣质油脂销售给对方,导致劣质油脂流向饲料生产企业和药品生产企业等单位的,构成生产、销售伪劣产品罪。 |
| 最高人民检察院 | 2014 | 第13号 | 徐某某等人生产、销售有害食品案 | 在食品加工过程中,使用有毒、有害的非食品原料加工食品并出售的,应当认定为生产、销售有毒、有害食品罪;明知是他人使用有毒、有害的非食品原料加工出的食品仍然购买并出售的,应当认定为销售有毒、有害食品罪。 |

| 发布主体 | 发布时间 | 案例序号 | 案件名称 | 裁判要点 |
|---|---|---|---|---|
| 最高人民检察院 | 2014 | 第14号 | 孙某某等人生产、销售有毒、有害食品案 | 明知盐酸克仑特罗（俗称"瘦肉精"）是国家禁止在饲料和动物饮用水中使用的药品，而用以养殖供人食用的动物并出售的，应当认定为生产、销售有毒、有害食品罪。明知盐酸克仑特罗是国家禁止在饲料和动物饮用水中使用的药品，而买卖和代买盐酸克仑特罗片，供他人用以养殖供人食用的动物的，应当认定为生产、销售有毒、有害食品罪的共犯。 |
| 最高人民检察院 | 2014 | 第15号 | 胡某某等人生产、销售有毒、有害食品，行贿；骆某某等人销售伪劣产品；朱某某等人生产、销售伪劣产品；黎某某等人受贿、食品监管渎职案 | 负有食品安全监督管理职责的国家机关工作人员，滥用职权、向生产、销售有毒、有害食品的犯罪分子通风报信，帮助逃避处罚的，应当认定为食品监管渎职罪；在渎职过程中受贿的，应当以食品监管渎职罪和受贿罪实行数罪并罚。 |
| 最高人民法院 | 2016 | 第70号 | 北京某生物技术开发有限公司、习某某等生产、销售有毒有害食品案 | 行为人在食品生产经营中添加的虽然不是国务院有关部门公布的《食品中可能违法添加的非食用物质名单》和《保健食品中可能非法添加的物质名单》中的物质，但如果该物质与上述名单中所列物质具有同等属性，并且根据检验报告和专家意见等相关材料能够确定该物质对人体具有同等危害的，应当认定为《中华人民共和国刑法》第144条规定的"有毒、有害的非食品原料"。 |

### 三、指导性案例参照形式的规范化

在成文法国家,案例或判例作为成文法功能不足之补充具有重要的意义。但囿于历史文化、法治观念等各种因素的差异,要使案例能够充分发挥其功能仍有很多困难需要克服。目前,我国的指导性案例制度存在着效力定位不清晰、遴选方式不科学、案例选取不系统、指导效果不满意等问题,与预期的司法效果上存有很大的差距。概括为如下几方面:

第一,指导性案例中裁判要点有准条文化倾向。

对于指导型案例的关注和使用多集中于裁判要点,因为裁判要点形成的司法规则可以作为裁判理由而被援引。但这也会引发一个问题,即在目前的中国司法体系中,原本存在差异的指导性案例和解释却出现了制定过程和功能上趋同化的倾向,如果不对指导性案例进行适当的调整,未来极有可能被边缘化。①

第二,指导性案例的发布数量无法满足供需要求。

根据司法数据统计,我国三千多家法院每年受理的案件总计上千万件,相比之下所发布的指导性案件的数量则相对较少。②司法实践中对指导性案例的需求可能很大,而能提供的指导性案例数量非常少且类型相对单一,无法满足司法实践的需要,也会掣肘指导性案例制度的目标实现。另外,最高人民法院案例指导办公室发布的指导性案例外,还有很多提供案例的其

---

① 已故的全国模范法官邹碧华先生曾经指出:"我们有的案例非常有示范意义,但如果我们把它当作判例来适用的话,会容易发生案例要旨的偏移现象。"这其实也间接地表明过分重视案例裁判要旨所可能出现的问题。详见邹碧华:《要件审判九步法》,法律出版社,2010年,第18页。

② 2018年至2022年,最高人民法院受理案件14.9万件,审结14.5万件,比上一个五年分别上升81.4%和81.5%,制定司法解释114件,发布指导性案例119件。其中五年来审结一审刑事案件590.6万件,判处罪犯776.1万人。详见2023年《最高人民法院工作报告》,http://lianghui.people.com.cn/2023/n1/2023/0317/c452482-32646450.html,浏览日期为2023年10月23日。

他部门,而且相互之间缺乏协调,没有形成一定的内部协调和外部效力的适用规则。

第三,指导性案例生成机制模式亟待改变。

自指导性案例制度建立以来,为了保证指导案例的质量,相关部门制定了一套比较严格的选送、遴选、讨论和编辑的制度。在选送和编写指导性案例时,一方面为了保证案例具有指导性价值,案例的选取通常会倾向于具有一定疑难性或复杂性;但另一方面为了保证指导性案例具有适用的稳定性,通常会选择相对争议较少甚至无争议的案例,因为稳定的案例在司法制度的运行中更容易发挥持续性的指导作用。这种指导性案例的选取方式存在一定的悖论,如果选取的案件无争议,那么作为指导性案例的价值就大大被削减甚至被排斥;但如果选取争议性或疑难性的案件会意味着同类案件数量极少,通过指导性案例确立司法规则的重复使用可能性极低,以指导性案例方式确立极少适用的司法规则造成司法成本过高。同时,指导型案例以层报、筛选、编辑等的生成机制在一定程度上限制了指导性案例制成数量。由此可见,选取指导性案例的标准之一是具有典型意义,包括能够有效指导频发性的案例,但此类案件因大多比较"接地气",经过实践后发现这种编选结果已经偏离了制度设立的初衷。案例指导制度被遴选而非自然生成的机制,使其介于判例法和成文法之间。这种行政化的司法程序将失去提供规则的独特性。这种特色的指导性案例生成机制会成为案例指导系统发展过程中的阻力。

第四,指导性案例法律效力问题亟待确认。

为了使法官能够更好地适用指导性案例,因而应给指导性案例的法律定位为虽非"法律上的拘束力"而为"事实上的约束力"。虽然已有诸多规范性文件和学者已经论证了指导性案例在法律地位上的"事实效力",但是有些法官会因某种顾虑而不愿明确地援引指导性案例,或者选择以隐性方式加以适用,再或者甚至根本不适用(援引)指导性案例,置指导性案例在某种程度上处于"事实上的无效力"的尴尬困境。

指导性案例制度和类案强制检索制度的宗旨都是避免司法中的同案不同判的现象,实现司法公正。但是这个命题的前提"同案"必须予以厘清。《最高人民法院关于案例指导工作的规定》第7条规定:"最高人民法院发布的指导性案例,各级人民法院审判类似案件时应当参照。"因此,将"同案"解读为"同类案件"或"类似案件",而非"同样案件"或"相同案件"[①]更为妥当。"同案同判"另一个关键是"同判","同判"涉及案件定性和量刑。前者如破坏计算机信息系统罪的几个指导性案例,后者如指导案例限制死刑适用。最高人民法院的指导性案例第70号"有毒、有害"的构成要素认定规则就属于前者。但从目前来看,第70号指导性案例被直接援引或者隐性参照率极低。指导性案例的应用要求相似案件相似处理,司法机关要受指导性案例所包含的规则和所体现的法律推理的约束。

参照指导性案例的关键在于类似案件的判断。类案的判断标准可以从事实对比和价值判断两方面进行。第一,在事实对比层面,类案判断的主要支点为案例的争议焦点和关键事实。这是因为首先法官在适用指导案例时,是希望能从其中获得解决待判案件争议问题的法律方案,因此该争议问题就成了待判案件与指导性案例的中间环节,作为二者之间的桥梁将其联结,其具有独特的地位。另一方面,关键事实相较于复杂多变的基本案情而言,可操作性更强。这里的"关键事实"是指与案件争议点存在实质的直接相关性的案件事实。这是因为在对两个案件的事实因素拆分进行相似性比较时,其中存在很多因素与案件争议点无关,能够被随意替换而不影响判决的实质。此外,有观点认为裁判理由和法律适用也是类案判断的要点。针

---

① 张志铭:《最高法"类案强制检索制度"的法理质疑》,《法制日报》,2012年3月7日。

对裁判理由来说,如果从重视裁判理由在类似案件判断中的作用角度,此种观点存在合理性。但是从另一种角度来看,裁判理由中包含了类案判断所需要的关键事实。而对于法律适用来说,法官在试图参照指导性案例时,不管是法律解决方案、判决结果抑或是裁判理由均未得出,因此在法律适用层面判断待判案件与指导性案例是否类似同样难以具备可操作性。第二,在价值判断层面。在进行类似案件判断时,要按照一定的价值标准,在若干具有关联性的指导性案例中选择、确定与待决案件事实最为接近、裁判效果最好的一个,"从内涵上认知到其有规范评价意义的相同性"①。

为了做出妥当的类案判断,还需要妥当的类比推理的帮助。尽管类比推理存在许多问题,但是我国法官"可以借鉴其识别与排除技巧,合理避开不当的或有缺陷的指导性案例"。②并且类比推理有章可循,只要合理使用,就会减少不良的情形发生,给类案判断带来积极的作用。首先,妥当运用类比推理既要考虑结果,又要兼顾价值和正当性,并侧重于后者。具体而言可以从以下几点解决类比推理的妥当性问题:第一,在使用类比推理的过程中,对于类比推理结论是否妥当起决定性作用的是我们对法律价值合理性的诠释和判断;第二,法律秩序是判断类似案件的理由与逻辑基石;第三,法律类似性判断的后果应当符合法律和公正。③其次,妥当地运用类比推理,还要尽量予以发挥推理主体的主导作用、综合考量影响推理的多种因素以及影响价值判断的各种规则(包括推理的道德基础与价值因素及规则方面)。

法官在引证指导性案例时,既可以引证裁判要点,也可以引证裁判理由;指导性案例不仅可以作为裁判理由的重要组成部分,还可以在必要时作为审

---

① 于同志:《论指导性案例的参照适用》,《人民司法》,2013年第7期。

② 黄泽敏、张继成:《指导性案例援引方式之规范研究——以将裁判要点作为排他性判决理由为核心》,《法学研究》,2014年第4期。

③ 张骐:《再论类似案件的判断与指导性案例的使用——以当代中国法官对指导性案例的使用经验为契口》,《法制与社会发展》,2015年第5期。

理案件的实质性依据,给予法官以指导。为了确保适用指导性案例的合理性,法官需要对案件进行可普遍化论证。对适用或使用指导性案例进行可普遍化论证是指如果我们认为一个特定的针对某个案件争议适用指导性案例的判决是正当的,它就应当在所有基本具备该争议的同一特征或相同特征的情境中均为正当,亦即满足类似案件类似处理、一视同仁的正义要求。①

当指导性案例可能存在错误或偏差的情况时,不能就此予以否定案例指导制度的整体。首先,由于指导性案例提供了解决某一类案件所需要的统一标准,为司法实践带来了形式上的公平和正义。在实质公正时常充满着争议的情况下,适用指导性案例则显得尤为重要。因此即便指导性案例可能存在错误,或令人不满意的地方,相比之下刑事立法和司法解释也同样不可避免会出现错误。但是很少有人会质疑法律或司法解释可能有错误而不予或者拒绝适用。因此,我们对于指导性案例的公正性和正确性不必苛求。在这种情况下,指导性案例依然具有其重要的司法引导作用。在评估其公正性与正确性时,我们应持有相对开放和实用的态度,充分认识其在司法决策中的必要性和价值,尽力在(实质)公正与法的安定之间取得平衡。只有如此,我们才能更好地维护司法体系的稳定性与公信力。

指导性案例应当明示适用。首先,在需要适用指导性案例的地方明示适用指导性案例有助于完善我国以法治为原则的法律制度。②中国的案例指导制度是我国司法制度不可缺少的组成部分,是"制度化的方法规范体系"的重要组成部分。只有在明确适用的情况下,这种制度化的方法才能充分发挥作用。必要的法律形式主义有利于权力的规制。明确引用指导性案例是在司法领域践行法治原则的必然要求。其次,明确引用指导性案例的做法有助于促进法学理论家与法律实践者之间的积极互动,共同走向法治

---

① [英]尼尔·麦考密克:《修辞与法治》,程朝阳等译,北京大学出版社,2014年。
② 参见张骐:《再论指导性案例效力的性质与保证》,《法制与社会发展》,2013年第1期。

与正义的目标。再次,指导性案例的明确借鉴有助于实现专业法律共同体和公众之间的密切联系。最后,指导性案例的引用被明确化,将有利于保持指导性案例的开放性,进一步促进我国案例指导制度的良性发展。明确援引指导性案例可以在一定程度上保持案例体系的灵活性和适应性,使其能够与国际法律标准接轨,为我国法律体系的现代化发展提供积极助力。

从最高人民法院力推的"类案强制检索制度"来看,强化指导性案例在不突破既有制定法律框架的基础上,以真实案例的具体情境来对刑法进行解释、提炼裁判规则,促使僵化的刑法本身能够焕发出生机与活力,进而增强成文刑法的明确性和可预见性。总之,案例指导制度在实现刑法规范的明确化方向发挥着其独特且不可替代的作用,是弥补刑法缺陷和消除刑法规范模糊性不可缺少的手段。

司法机关应当充分意识到,任何判决结论都不是裁判的理由。所以司法机关需要正确判断先前的判决结论是否妥当,判决理由是否充分,如果已有的判决结果不妥当、判决理由不充分,就绝不可盲从。[①]

总之,对于指导性案例的调整,应该从观念到机制作整体性的反思,调整的方向是向判例法机制转型。

第一,判例制度的发展与指导性案例制度的宗旨相契合,具有共同的价值意涵。判例制度的基本价值与指导性案例制度的宗旨一致,均是类似案件类似审判、实现司法公正。[②]判例是在个案判决基础上形成的裁判规范,表现为针对特定问题的法律解决方案,由于这种裁判规范或个案解决方案具有普遍意义或一般性,所以就具有了要求"类似案件类似审判"的判例的性质和价值。[③]类似案件类似审判首先符合形式公正。在当今社会矛盾复

---

① 张明楷:《高空抛物案的刑法学分析》,《法学评论》,2020年第3期。
② 张志铭:《司法判例制度构建的法理基础》,《清华法学》,2013年第7期。
③ 张骐:《论中国案例指导制度向司法判例制度转型的必要性与正当性》,《比较法研究》,2017年第5期。

杂的背景下，在实现社会稳定与发展的过程中，通过法律程序来解决纠纷和冲突具有重要意义。尤其是在利益的多元性和实体正义难以确定、形式正义难以实现的情况下尤为重要。

第二，判例制度相较于指导性案例制度在功能和作用方面更具优势。首先是功能层面，判例作为现代法律体系中重要且不可或缺的组成部分，其具体功能主要体现在以下三个方面。一是判例具有释法机能。当法律制定后，在解决法律纠纷过程中法官的解释是司法过程中不可或缺的环节。法官需要面对整体法律秩序并加以审视以确定是否涵盖解决当下争端的法律规则。判例解释是一种重要的法律解释方式。在某些情况下，适用的法律规范可能不够明确，无法为当前争端的问题提供明确的答案；或者存在诸多可以同时适用且相互冲突的规范（例如刑法中逆向量刑情节的适用），法官需要通过阐释规则的涵摄范围，选择适用的规则，或者调整规则之间的准则，甚至在必要时制定新的规则来解决纠纷（司法续造）。因此，为解决这些问题的判例形成之后，为面对类似问题的法官提供了借鉴的模板。此外，判例和指导性案例都具有解释法律的功能，但其本身并不是司法解释。指导性案例在制度取向、产生程序和存在形式上都不同于司法解释。无论如何，在指导性案例形成和不断深化发展的过程中，我们过分强调指导性案例与判例的区别以及仅具有对制定法的解释机能会制约该制度的发展。因此，指导性案例似乎只是在原有抽象文本的基础上增加了"故事元素"，由此产生的案例因为数量有限，难以形成强大的影响力，进而对司法判决的实质性影响有限。由此我们可以看出，判例比指导性案例更有优势。因此，从更好地解释法律的需要出发，案例指导制度应该转变为判例法制度。二是判例法具有弥补法律体系缺失的功能，通过补充和完善法律为其提供具体的指导准则。在现代社会，很难有一个涵盖各种纠纷和问题的完美的法律体系。立法机构也难以独自完成制定法律的所有工作。在审理案件的过程中，法院不得不依靠自身的审判活动来弥补法律制定上的不足。判例是法官根据同类案件、同类审判原则形成的一种非正式的法律渊源。判例法制度的完善还表现在判例法可以为制定新的法律、修改或完善现行法律提供素材的准备和实践。在当下的中国,诸多的立法行为多是建立在对以往司法判决的总结、提炼并归纳的基础上的。就判例法对制定法的补充而言,虽然强调判例法在功能上是辅助的,但绝不认为判例法对制定法是微不足道、无足轻重的。相反,判例在功能上非常重要,甚至是对制定法具有不可或缺的补充价值。通过对案例指导制度存在的诸多问题的分析,认为案例指导制度无法担当为制定法提供拾遗补阙、辅助和补充的重要任务。只有判例系统才能真正胜任这项重要任务。三是判例法具有规范法官行为的功能。法官作为法律适用的主体,在适用法律时必须受到法律的指导、规范和约束,不能恣意、擅断。判例法具有统一法律适用标准和规范法官在司法过程中的行为的重要功能。此外,判例法还具有约束法官法律解释的功能。为了避免法官的恣意性,规范法官的裁判行为,保证法官能够合法、公正地释义法律,有必要坚持"类似案件类似审判"的原则。这既有利于对法官裁量行为的制约,也有助于对法官的规则指导。因此,判例法的这一功能既有积极的一面,也有消极的一面。一方面,判例约束了法官的审判行为,规范了法官在审判过程中的自由裁量权,如利用证据认定事实、解释适用法律、进行法律推理判决等。这样的约束措施有效地限制和防止法官的任意行为,确保司法裁决的公正性和一致性。另一方面,判例为法官提供指导,促使其高效处理常规案件,并在面对疑难和新型案件时做出合法公正的判决。

　　首先,判例系统在整合各类案例资源等方面发挥着非常重要的作用。与案例指导体系相比,我们面临着两个棘手且具有关联性的问题:一方面,除了案例指导制度之外,尚有诸多来自不同部门的案例资源,难以有效地将它们进行整合;另一方面,中国地域面积广阔,各地法治发展状况参差不齐,不同地区不同级别的法院难以均衡地从具体案例中提炼出法律的普遍价值或法律主张。据此,难以苛求在我国多元分散的法律体制下,建构一元的案例指导制度。① 为解决上述问题,可以采用以审级制和诉讼制为依托,以说服力为基础的判例制度,较为有效地解决这个问题。其次,判例制度在强化判决理由和证实判决方面具有重要作用。通过引用法院对类似案件的判例,能够帮助涉案当事人理解并相信法院的判决是公正的有效方法。对于那些纠纷复杂或对法院判决表示不满的当事人,不仅可以向他们解释法律的规定,还可以同时向他们展示类似案件的类似判决,以加强判决的说服力。再次,在判例影响类似案件的当事人时,判例制度具有强化判决理由、证实判决的机能;而当判例对社会公众产生影响之时,它则体现出一种法律宣传或教育的作用。最后,判例制度作为一种基于同类案件、同类审判原则的裁判规则制度,为多项司法改革提供了平台和起点。具体而言,(1)通过明确的判例和裁判规则体系,法院和检察院能够在类似案件中实现依法独立公正的审判和检察。(2)判例和裁判规则体系有助于细化和落实以全面推进以审判为中心的诉讼制度改革。(3)通过明确的判例和裁判规则,为实践程序正义而提供规则依据。(4)审判规则体系的形成和判例制度的建立,有利于实现和保障民众参与司法、对人权的司法保障予以加强,进而消除各种潜规则等。实施判例法制度是上述司法改革的关键措施。通过判例制度,上述司法改革才能真正得以贯彻和实施。

第三,指导性案例制度向判例制度的转型具备本土化基础。相关的历史资料表明,我国早在20世纪50年代中期有过短暂的判例援用的实践。具体而言,"1956年在全国司法审判工作会议上,最高法院明确指出:'要注重编纂典型判例,经审定后发给各级法院比照援用。'针对当时奸淫幼女犯罪

---

① 陈瑞华:《指导性案例的法律效力》,载陈兴良主编:《中国案例指导制度研究》,北京大学出版社,2014年,第71页。

比较突出的情况,1954年初最高人民法院征集各地典型案例,进行了总结和归纳,起草了《关于处理奸淫幼女案件的经验总结和对奸淫幼女罪犯的处刑意见》,并经中共中央批转下发各地法院参照执行"①。自1962年后,最高人民法院着手以案例替代判例,并具有了"案例指导"之一说法,用"案例"而弃"判例"词语,以此来指导法院的审判工作。②因此,我国虽然只在极短的时间内实行过判例援用制度,但这可以证明判例制度有在我国建立的可能。当下,"司法体制改革为建立判例制度创造了良好的政策环境和历史机遇"③,部分法院在部分专业司法领域中已经着手判例制度的试点并积累了有益的实践经验。所有这一切都为指导性案例制度向判例制度的转型提供了本土化基础。

## 第三节　食品安全犯罪实证性分析

实证研究作为一种与理论研究不同的研究方式,近年来被越来越多的学者所青睐,这也是因为该种研究方式独有的优势所致。首先,实证研究指的是研究者通过对研究对象相关的大量信息进行社会调查、资料整理,这使得通过实证研究所获得的资料具有理论研究无法比拟的可靠性与广泛性。研究者自己通过实证所获得的第一手资料,能够大幅增加其研究结果的可靠性,同时这种用事实说话的研究结果也能够让他人更容易信服。其次,实证研究所获得的资料一般都是在大范围内对众多的研究对象展开调研,其广泛的样本可以涉及不同人物、不同地区甚至不同时间段,这使得实证研究的结果更具有普适性,方便人们将研究结果运用到实践之中。

---

① 陈兴良:《中国案例指导制度研究》,北京大学出版社,2014年,第51页。
② 陈兴良:《中国案例指导制度研究》,北京大学出版社,2014年,第50页。
③ 宿迟、杨静:《建立知识产权司法判例制度》,《科技与法律》,2015年第2期。

## 一、危害食品安全犯罪案件样本宏观分析

我国刑法学界通常根据食品安全犯罪的行为样态与法益侵害程度,将食品安全犯罪所涉相关罪名大致分为危害食品安全基本犯罪和危害食品安全延伸犯罪。[①]笔者将危害食品安全基本犯罪限定为两个罪名,具体为生产销售不符合安全标准的食品罪,生产、销售有毒、有害食品罪;危害食品安全延伸犯罪则包括以危险方法危害公共安全罪,生产、销售伪劣产品罪,非法经营罪,食品监管渎职罪[②]等。

2020年10月,在中国裁判文书网中,以"生产、销售不符合安全标准的食品罪"为关键词,搜索的刑事案件判决书共计8350篇;以"生产、销售有毒、有害食品罪"为关键词,搜索得到刑事案件判决书8322篇。

### (一)时间维度审视

最高人民法院《关于人民法院在互联网公布裁判文书的规定》自2014年1月1日施行(2016年修订),再加之2011年《刑法修正案(八)》将生产、销售不符合卫生标准的食品罪修改为生产、销售不符合安全标准的食品罪,以及对生产、销售有毒、有害食品罪的修改,因此笔者收集的相关刑事判决书主要集中在2012年至2020年期间。其一,对于生产、销售不符合安全标准的食品罪在裁判文书网公开发布是自2012年始,随之每年呈大幅增长,峰值出现在2015年,达1772例,此后则呈明显下降趋势。其二,生产、销售有毒、有害食品罪总数与生产、销售不符合安全标准的食品罪大致相当,但出现频率更为集中,主要是2014年,高达2571例。通过对上述数据的分析,我们可初步得出一些结论:首先,2011年的《刑法修正案(八)》与2013年的《关于办理危害食品安全刑

---

① 张伟:《两岸食品安全犯罪刑事立法比较研究》,《当代法学》,2015年第2期。

② 有学者认为食品监管渎职罪应当属于危害食品安全基本犯罪,但笔者认为从刑法分则体系和法益属性角度来看,将其划入危害食品安全犯罪延伸犯罪类型更为妥当。

事案件适用法律若干问题的解释》均对我国食品安全犯罪的治理起到了积极
作用。图表中也显示,我国自2011年开始认识到食品安全这一问题,并在
2013年进一步得到了重视,这也是为什么会在2014年整体案例数量大规模增
加的原因之一,并在之后处于逐步降低的趋势,这也表明我国对此类犯罪的治
理是取得了一定的成果的,但另一方面从数据上来看,我国该类犯罪的数量依
旧较多,刑法仍是预防和治理食品安全犯罪的主要手段。

| | 生产、销售不符合安全标准的食品罪 | 生产、销售有毒、有害食品罪 |
|---|---|---|
| 2012年 | 3 | 29 |
| 2013年 | 125 | 400 |
| 2014年 | 1672 | 2571 |
| 2015年 | 1772 | 1341 |
| 2016年 | 1554 | 1257 |
| 2017年 | 1110 | 1059 |
| 2018年 | 865 | 696 |
| 2019年 | 887 | 723 |
| 2020年 | 365 | 255 |

**图6.1　食品安全基本犯罪案件数量统计表(2012—2020)**

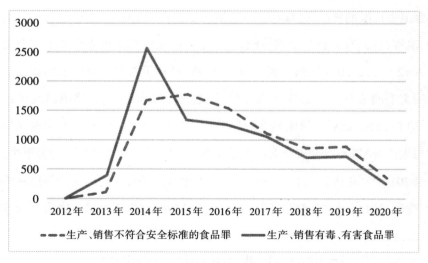

**图6.2　食品安全基本犯罪案件数量趋势图(2012—2020)**

**（二）空间维度审视**

以食品安全犯罪地域分布为参照，数据样本统计分析显示，我国各省、自治区和直辖市案件分布十分不均衡，食品安全基本犯罪中生产、销售不符合安全标准的食品罪和生产、销售有毒、有害食品罪案发率趋同，全国食品安全基本犯罪案发率排名前几位分别为河南省、江苏省、浙江省、广东省；案发率最低的地区分别为西藏自治区、海南省、宁夏回族自治区。由统计数据可见，一定程度上反映出食品安全犯罪的发生频率与经济发展水平成正比，如经济密集型的江浙地区、人口密集型的河南省；另一方面，民族聚居区因饮食文化传统等原因相对而言食品安全犯罪较少，如西藏自治区、宁夏回族自治区、新疆维吾尔自治区等。但诸如北京、天津、上海等地，虽然经济发达但案例数量也比较低，说明除了经济影响因素以外，当地政府的治理力度与相关政策也会有一定的影响。如图6.3的趋势图显示，对于"生产、销售不符合安全标准的食品罪"与"生产、销售有毒、有害食品罪"，河南都居于最高，分别为3353例与2007例，反映出河南地区食品安全犯罪情况较为严重，治理时需要花费更多的精力，同时也应该加大治理力度并出台相配套的刑事政策来改善这一乱象。

| 地区 | 生产、销售不符合安全标准的食品罪 | 生产、销售有毒、有害食品罪 |
|---|---|---|
| 北京市 | 142 | 13 |
| 天津市 | 42 | 10 |
| 河北省 | 694 | 388 |
| 山西省 | 134 | 95 |
| 内蒙古自治区 | 19 | 49 |
| 辽宁省 | 142 | 97 |
| 吉林省 | 183 | 139 |
| 黑龙江省 | 23 | 41 |
| 上海市 | 97 | 192 |
| 江苏省 | 814 | 1158 |
| 浙江省 | 611 | 844 |
| 安徽省 | 95 | 180 |
| 福建省 | 157 | 364 |
| 江西省 | 129 | 111 |
| 山东省 | 305 | 699 |
| 河南省 | 3353 | 2007 |
| 湖北省 | 93 | 58 |
| 湖南省 | 94 | 237 |
| 广东省 | 610 | 576 |
| 广西壮族自治区 | 117 | 98 |
| 海南省 | 7 | 24 |
| 重庆市 | 29 | 57 |
| 四川省 | 123 | 330 |
| 贵州省 | 48 | 129 |
| 云南省 | 47 | 16 |
| 西藏自治区 | 0 | 1 |
| 陕西省 | 172 | 308 |
| 甘肃省 | 18 | 59 |
| 青海省 | 15 | 24 |
| 宁夏回族自治区 | 13 | 6 |
| 新疆维吾尔自治区 | 24 | 12 |

图6.3 危害食品安全基本犯罪案件地域分布数量统计表

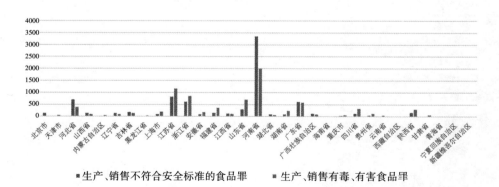

图6.4 食品安全基本犯罪案件地域分布图

## 二、危害食品安全犯罪数据的类型化审视

### （一）生产、销售不符合安全标准的食品罪

**表6.5 生产、销售不符合安全标准的食品罪随机样本统计（25份）**

| 序号 | 案例 | 刑罚方式 | 是否适用缓刑 | 减轻情节 | 危害方式 |
|------|------|---------|------------|---------|---------|
| 1 | （2020）皖06刑初21号 | 拘役+罚金 | 否 | 自首 | 有害添加剂 |
| 2 | （2020）京02刑终209号 | 拘役+罚金 | 是 | | 有害添加剂 |
| 3 | （2020）冀0606刑初648号 | 拘役+罚金 | 是 | | 有害添加剂 |
| 4 | （2020）豫1422刑初228号 | 有期徒刑+罚金 | 是 | | 硫磺熏制 |
| 5 | （2019）湘01刑终753号 | 有期徒刑+罚金 | 否 | | 病羊 |
| 6 | （2019）鲁0211刑初409号 | 有期徒刑+罚金 | 是 | 自首 | 剩饭剩菜 |
| 7 | （2019）冀0408刑初522号 | 有期徒刑+罚金 | 否 | | 病死猪肉 |
| 8 | （2019）豫0192刑初527号 | 有期徒刑+罚金 | 否 | | 有害添加剂 |
| 9 | （2018）豫1324刑初963号 | 有期徒刑+罚金 | 是 | 坦白 | 有害添加剂 |
| 10 | （2018）浙0603刑初63号 | 拘役+罚金+禁止令 | 是 | | 有害添加剂 |
| 11 | （2017）晋1023刑初18号 | 拘役+罚金 | 否 | | 有害添加剂 |
| 12 | （2017）冀0406刑初55号 | 有期徒刑+罚金 | 否 | | 有害添加剂 |
| 13 | （2016）冀05刑终335号 | 拘役+罚金+禁止令 | 是 | | 有害添加剂 |
| 14 | （2016）冀0481刑初486号 | 有期徒刑+罚金 | 否 | | 有害添加剂 |
| 15 | （2016）苏1283刑初767号 | 拘役+罚金 | 否 | | 有害添加剂 |
| 16 | （2015）南刑三终字第00005号 | 拘役+罚金+禁止令 | 是 | | 添加不符合标准的食盐 |
| 17 | （2015）金刑初字第132号 | 有期徒刑+罚金 | 否 | | 有害添加剂 |
| 18 | （2015）祥刑初字第474号 | 拘役+罚金 | 否 | | 有害添加剂 |
| 19 | （2015）兰刑初字第00233号 | 有期徒刑+罚金 | 否 | | 有害添加剂 |
| 20 | （2014）洛刑一终字第146号 | 有期徒刑+罚金 | 是 | | 添加不符合标准的食盐 |
| 21 | （2014）商刑初字第164号 | 拘役+罚金 | 否 | | 有害添加剂 |
| 22 | （2014）穗增法刑初字第1021号 | 有期徒刑+罚金 | 否 | | 有害添加剂 |
| 23 | （2014）延刑初字第416号 | 拘役+罚金 | 是 | | 有害添加剂 |

| 序号 | 案例 | 刑罚方式 | 是否适用缓刑 | 减轻情节 | 危害方式 |
|------|------|----------|--------------|----------|----------|
| 24 | （2014）温乐刑初字第1557号 | 拘役+罚金 | 否 | | 有害添加剂 |
| 25 | （12014）睢刑初字第17号 | 拘役+罚金+禁止令 | 是 | | 有害添加剂 |

随机抽取25份样本进行梳理统计,该类犯罪以非法添加有害添加剂为主,占总体76%,其中,主要非法添加行为常见于包子、面条等食物,店家为使食物更加亮白诱人而在制作过程中使用含铝泡打粉,这也是检测出铝含量超标的重要原因。而这也表明要想治理社会中混乱的食品安全犯罪现象,相关机关应该加大对各类早点、面点商铺的监督力度,力求在源头上减少此类犯罪的发生。

通过对样本案例研究发现,只有一份判决书对危害结果进行了具体说明,其他大部分只是认为行为人生产、销售的产品足以危害人体健康。这很大程度也是由于该类犯罪造成的危害较为隐蔽,无法进行直观判断与比较,故在量刑阶段,整体量刑偏轻。数据显示,25例中共有13例被判处拘役,拘役时间为1个月至5个月不等,有期徒刑时间处于六个月至两年三个月之间,远低于生产、销售伪劣产品罪刑期的平均数与中位数。

首先,并科罚金数额由2000元至30万元不等,罚金金额相差极大。其次,由于缺乏足够明显的现实危害结果,且大多数犯罪人都有自首、坦白或认错态度良好等情节,根据《刑法》第52条规定,判处罚金应当根据犯罪情节决定罚金数额,影响本罪的犯罪情节涵摄范围以及影响程度缺乏明确标准,虽然有2014年最高人民法院发布《关于常见犯罪的量刑指导意见》中规定的量刑的指导原则、量刑的基本方法以及常见量刑情节的适用对于规范量刑具有一定指导价值和参考意义,但因各地区经济差异、案件类型情节复杂以及罚金刑过于抽象原则规定等,罚金刑适用缺乏统一标准,通过数据分析发现,同样是拘役2个月,有的被判处7 000元罚金,而有的仅仅处以3 000元罚金,无法总结出一套通用的规律,充斥着明显的随意性[①],在缺乏具体的相关规定下,法官的自由裁量权得到了进一步的放大,在当今"严打"政策的环境下容易造成权力的滥用与错用。

在11例适用缓刑的案件中,仅有4例附加适用了禁止令,而职业禁止适用数为零。根据前文的推断我们可以得知,该罪行为人大多是非法添加有害物质,尤其是餐饮业使用的含铝泡打粉,仅仅几个月的拘役和较低的罚金并不能有效杜绝这类食品安全犯罪现象的发生,而禁止令与职业禁止则可以给这些行业人员带来足够的威胁,从而达到降低该类犯罪现象的效果。但是根据2018年修正的《食品安全法》第135条第2款规定:因食品安全犯罪被判处有期徒刑以上刑罚的,终身不得从事食品生产经营管理工作,也不得担任食品生产经营企业食品安全管理人员。因此无论人民法院是否决定对其适用从业禁止,只要行为人判处徒刑以上刑罚(应当包括适用缓刑情形)均终身不得从事食品生产经营管理有关工作,但事实上这一规定的实现有待食品生产企业的合规化运营和食品生产经营行政许可制度的完善,对于小作坊等领域难以实现。

**(二)生产、销售有毒、有害食品罪**

1.生产、销售有毒有害食品犯罪样本统计

**表6.6　生产、销售有毒有害食品罪随机样本总计(25份)**

| 序号 | 案例 | 刑罚方式 | 是否适用缓刑 | 减轻情节 | 危害方式 |
|---|---|---|---|---|---|
| 1 | (2020)皖06刑初16 | 有期徒刑+罚金 | 否 | | 不合格卤肉 |

---

[①] 参见李欣冉:《食品安全犯罪量刑调查报告》,西北大学,2017年硕士研究生毕业论文,第13页。

| 序号 | 案例 | 刑罚方式 | 是否适用缓刑 | 减轻情节 | 危害方式 |
|---|---|---|---|---|---|
| 2 | （2020）川0823刑初96号 | 有期徒刑+罚金+禁止令 | 是 | | 回收剩油 |
| 3 | （2020）沪7101刑初164号 | 有期徒刑+罚金+禁止令 | 是 | | 掺入有毒原料 |
| 4 | （2018）豫01刑终1214号 | 有期徒刑+罚金+职业禁令 | 否 | | 非食品原料盐酸苯乙双胍、格列苯脲保健品 |
| 5 | （2019）苏1282刑初674号 | 有期徒刑+罚金+禁止令 | 是 | | 非法添加罂粟果 |
| 6 | （2019）冀0434刑初408号 | 有期徒刑+罚金 | 否 | | 非食品原料西地那非保健品 |
| 7 | （2017）琼96刑初107号 | 有期徒刑+罚金 | 否 | | 使用工业松香脱毛 |
| 8 | （2017）苏0412刑初1530号 | 有期徒刑+罚金+禁止令 | 是 | | 非法添加罂粟果 |
| 9 | （2017）粤0306刑初7799号 | 有期徒刑+罚金 | 否 | | 非法回收剩菜 |
| 10 | （2016）豫08刑终299号 | 有期徒刑+罚金 | 是 | | 向肉猪使用非法药物 |
| 11 | （2016）闽0721刑初208号 | 有期徒刑+罚金+禁止令 | 是 | | 使用工业松香脱毛 |
| 12 | （2016）浙0782刑初3261号 | 有期徒刑+罚金 | 是 | | 含铝泡打粉 |
| 13 | （2016）豫0422刑初231号 | 有期徒刑+罚金+禁止令 | 否 | | 含铝泡打粉 |
| 14 | （2015）海南一中知刑初字1号 | 有期徒刑+罚金 | 否 | | 使用工业松香脱毛 |
| 15 | （2015）睢刑初字第750号 | 有期徒刑+罚金 | 否 | | 使用工业染料"直接大红"烹剖狗肉 |
| 16 | （2015）东三法刑初字第2554号 | 有期徒刑+罚金 | 是 | | 非法添加罂粟果 |
| 17 | （2014）运中刑二终字第151号 | 有期徒刑+罚金+禁止令 | 是 | | 非法使用食品加工助剂 |
| 18 | （2014）洛刑一终字第105号 | 有期徒刑+罚金+禁止令 | 是 | | 使用工业松香脱毛 |

| 序号 | 案例 | 刑罚方式 | 是否适用缓刑 | 减轻情节 | 危害方式 |
|---|---|---|---|---|---|
| 19 | （2014）信刑终字第92号 | 有期徒刑+罚金+禁止令 | 是 | | 非法使用食品加工助剂 |
| 20 | （2015）杭刑初字第10号 | 有期徒刑+罚金+禁止令 | 是 | | 使用工业松香向鸭子脱毛 |
| 21 | （2014）前刑初字第298号 | 有期徒刑+罚金 | 否 | | 掺入了有毒、有害的非食品原料 |
| 22 | （2014）溧刑二初字第194号 | 有期徒刑+罚金 | 是 | | 非法添加罂粟果 |
| 23 | （2014）贾刑初字第286号 | 有期徒刑+罚金 | 否 | | 非食用盐当作食用盐 |
| 24 | （2014）光刑初字第00199号 | 有期徒刑+罚金+禁止令 | 是 | | 使用工业松香向鸭子脱毛 |
| 25 | 确刑初字第00299号 | 有期徒刑+罚金 | 否 | | 含铝泡打粉 |

从随机抽取的25个案例来看，常见危害行为有非法加入含铝泡打粉制作面点、非法使用工业松香脱毛制作熟食和非法使用食品加工助剂（4-氯苯氧乙酸钠及6-苄基腺嘌呤）生产毒豆芽等类型。

相较于前罪，本罪的刑罚力度更为严厉，也在《刑法修正案（八）》中取消了拘役这一最低刑，但从样本刑期来看，25例案例中有24例属于第一档刑期，时间由6个月至1年6个月不等，仅有一例因在保健品中非法添加非食品原料而被判处六年有期徒刑。整体而言，与前罪横向对比，刑罚力度要略重于前罪，但仅以本罪各档刑期比较，依旧有着量刑偏轻的特征。

罚金刑方面，最低为1000元，最高为66万元。经过《刑法修正案（八）》的修改之后，该罪的罚金额设定由销售金额的50%以上2倍以下改为无限额罚金，虽然提高了罚金上限，但也使罚金数额没有下限规定，法官的自由裁量占据主导因素。在25例案例中，罚金额的设置较为混乱，与前罪一样，无法找到可遵循的规律，在同类型犯罪行为的情况下，行为人都具有坦白与认罪等情况,所判刑期也相差无几,但罚金额却相差数倍。

在职业禁止与禁止令的适用方面,该罪的适用频率更高,约有48%的案件被同时宣告适用。因为本罪最低刑罚是有期徒刑6个月,结合《食品安全法》第135条第2款规定,即所有因本罪获刑的,均终身不得从事食品生产经营管理工作。但行政法的罚则规定不能取代刑罚的规定,但从职业禁止的适用率看,刑罚与行政罚缺乏有效的衔接,这是该类犯罪司法适用存在的一个值得重视的问题。

在25例样本案例中,有13例适用了缓刑,适用率依旧高于整体平均水平,缓刑考验期也随主刑刑期的增加随之增加,比较合理。

2.有毒有害食品之"地沟油"类犯罪样本统计

在食品安全犯罪的类型中,最具有典型代表的莫过于"瘦肉精"、有毒豆芽和地沟油这几种发生频率高,涉及范围大、持续时间长的几类犯罪。2012年1月9日,最高人民法院、最高人民检察院以及公安部联合发布了《关于依法严惩"地沟油"犯罪活动的通知》。此举也是为了严打有关"地沟油"的食品安全犯罪活动,以保障人民群众的生命健康安全。最高检《关于发布第四批指导性案例的通知》再次提到了地沟油相关案例,同时也提到了"瘦肉精"相关案例,说明这些常见食品安全犯罪类型已经引起了我国高度的重视,对这些典型案例进行研究,比较它们与普通食品安全犯罪司法适用的区别有助于我们进行食品安全犯罪的实证研究。

在中国裁判文书网以"地沟油"判决结果和"生产、销售有毒、有害食品罪"为关键词,至2020年9月29日检索得117篇刑事案件判决书,随机从中抽取15例作为样本案例进行分析。

表6.7　地沟油类型食品安全犯罪案例样本统计（15份）

| 序号 | 案例编号 | 涉案金额（单位：元） | 持续时间 | 刑罚方式 | 是否适用缓刑 | 缓刑考验期 | 减轻情节 | 伪产品类型 | 行为主体 | 罪数 | 审判程序 | 做出更改 |
|---|---|---|---|---|---|---|---|---|---|---|---|---|
| 1 | (2020)川0113刑初11号 | 8560 | 2019年12月至2020年1月 | 有期徒刑+罚金+禁止令 | 是 | 2年，1年，1年6月 | 自首，悔罪表现 | 地沟油火锅 | 小作坊 | 一罪 | 一审 | |
| 2 | (2020)川0823刑初23号 | 937 | 2019年2月16日至2019年2月18日 | 有期徒刑+罚金+禁止令 | 是 | 1年 | | 地沟油火锅 | 个人 | 一罪 | 一审 | |
| 3 | (2019)川1302刑初30号 | 11863 | 2018年5月至2018年12月21日 | 有期徒刑+罚金 | 否 | | | 地沟油火锅 | 个人 | 一罪 | 一审 | |
| 4 | (2019)川0191刑初30号 | 94331.2 | 2017年9月至2017年11月 | 有期徒刑+罚金 | 否 | | 自愿认罪 | 地沟油火锅 | 小作坊 | 一罪 | 一审 | |
| 5 | (2019)川1302刑初369号 | 不明 | 2018年9月至2018年12月25日 | 有期徒刑+罚金+禁止令 | 是 | 2年，1年，1年6月 | 自愿认罪 | 地沟油火锅 | 个人 | 一罪 | 一审 | |
| 6 | (2018)川1602刑初189号 | 不明 | 2017年6月至2018年1月16日 | 有期徒刑+罚金，拘役+禁止令 | 否 | | 如实供述犯罪事实，认罪 | 地沟油火锅 | 小作坊 | 一罪 | 一审 | |
| 7 | (2018)川13刑终175号 | 79634.9 | 2017年8月至2018年1月21日 | 有期徒刑+罚金+禁止令 | 是 | 一年6月 | | 地沟油火锅 | 小作坊 | 一罪 | 二审 | 撤销两年职业禁止改为禁止令 |

续表

| 序号 | 案例编号 | 涉案金额（单位:元） | 持续时间 | 刑罚方式 | 是否适用缓刑 | 缓刑考验期 | 减轻情节 | 伪劣产品类型 | 行为主体 | 罪数 | 审判程序 | 做出更改 |
|---|---|---|---|---|---|---|---|---|---|---|---|---|
| 8 | （2019）川13刑终11号 | 3.5万 | 2018年5月至2018年9月5日 | 有期徒刑+罚金+禁止令 | 是 | 2年 | | 地沟油火锅 | 小作坊 | 一罪 | 二审 | 增判禁止令 |
| 9 | （2020）川11刑终67号 | 447824 | 2018年4月20日至2019年1月30日 | 有期徒刑+罚金+终身禁止 | 是 | 4年 | | 地沟油火锅 | 小作坊 | 一罪 | 二审 | 五年禁止与缓刑期禁止改为终身禁止 |
| 10 | （2014）渝五中法刑终字第137号 | 409636 | 2010年1月至2011年4月 | 有期徒刑+罚金+禁止令 | 是 | 4年 | 立功 | 地沟油 | 公司 | 一罪 | 二审 | 全部改定生产、销售伪劣产品罪，公司罚金80万降为70万，主犯8年降7年70万改5年6月，50万 |
| 11 | （2018）陕00825刑初120号 | 不明 | 2016年10月左右（具体时间不详）至2017年5月23日 | 有期徒刑+罚金 | 否 | | 如实供述犯罪事实，认罪态度较好 | 地沟油 | 小作坊 | 一罪 | 二审 | |
| 12 | （2017）浙0523刑初386号 | | 2016年8月底至2017年3月8日 | 有期徒刑+罚金 | 否 | | 如实供述犯罪事实，认罪态度较好 | 地沟油 | 小作坊 | 一罪 | 一审 | |

续表

| 序号 | 案例编号 | 涉案金额（单位:元） | 持续时间 | 刑罚方式 | 是否适用缓刑 | 缓刑考验期 | 减轻情节 | 伪类产品类型 | 行为主体 | 罪数 | 审判程序 | 做出更改 |
|---|---|---|---|---|---|---|---|---|---|---|---|---|
| 13 | （2017）浙1024刑初368号 | 600 | 2017年1月初至1月16日 | 有期徒刑+罚金 | 否 | | 如实供述犯罪事实、认罪态度较好 | 地沟油 | 小作坊 | 一罪 | 一审 | |
| 14 | （2015）双流刑初字第852号 | 19764 | 2014年9月底至10月中旬 | 有期徒刑+罚金 | 否 | | | 地沟油 | 公司 | 一罪 | 一审 | |
| 15 | （2017）粤0306刑初7799号 | 不明 | 2017年7月初至2017年7月6日 | 有期徒刑+罚金 | 否 | | 如实供述犯罪事实、认罪态度较好 | 地沟油 | 个人 | 一罪 | 一审 | |

从时间上来看,地沟油案件的发生频率整体呈现出上升趋势,目前以2019年次数最高,为33例,2020年时间已经过去三分之二,也已经出现了18例,虽然国家多次出台相关文件对地沟油进行治理,但依旧需要继续加强治理力度。

从地域分布来看,整体案发地点以我国西南地区占比最多,其中仅四川省就占比一半左右,其次是我国的东南地区,浙江省仅次于四川省排名第二,整体而言,地沟油绝大部分发生于我国的南方地区。

在随机抽取的15个样本中,涉案金额最低600元,最高涉案金额447 824元,平均110 815.01元,中位数为49 699.45元。80%的样本涉案金额都在10万元以下,剩下的皆为40万元以上,上下差距较大。

以犯罪行为人主体而言,15例样本中仅有两例为单位,其余皆是个人抑或小作坊形式,整体以个人和家族小作坊犯罪居多,这也是导致该类犯罪涉案金额较低的原因之一。由于犯罪规模小,涉案金额低,也导致对这类案件的搜查更为困难,很难第一时间做出反应,只能通过大规模的突击检查逐一清理。

从犯罪持续时间而言,最短的仅持续2天便被相关部门抓获,最长的则持续了1年3个月,相较于其他食品安全犯罪案件,处于一个较低的水平。在15例样本案例中,持续时间1个月以内的有4例,1年以内1个月以上的有10例,仅有1例持续时间在1年以上。鉴于该类犯罪的隐蔽性强、范围小的特点,说明我国相关部门对这类犯罪的检查力度加强,大部分能够很快发现犯罪事实进而快速阻止进一步恶化。

在15例案件中,适用缓刑的有7例,这也与生产、销售有毒、有害食品罪适用缓刑的比例相当,在7例适用缓刑的案件当中,缓刑考验期最长为4年,最低为1年,而生产、销售有毒、有害食品罪的25例样本中大部分考验期仅有1年,少数达到了2年,明显低于因地沟油而获罪的案例。同时,15例样本的量刑也能体现这一点，生产、销售有毒、有害食品罪的量刑刑期大部分都低于1年，而该罪案例样本显示，有11名犯罪人刑期低于1年，另有11名处于1年以上5年以内，另有2名是5年以上10年以下，10年以上数目为0。这表明了相较于一般的食品安全犯罪，涉及地沟油的犯罪可能会具有更大的社会危害性以及在量刑时法官具有严惩的倾向。非刑罚措施的适用与生产、销售有毒、有害食品罪的平均水平相当，15例中有7例被附加适用了禁止令，但依旧存在着没有全部适用终身禁止这一问题，这也可能是地沟油案件依旧无法得到彻底解决的原因之一。

3.有毒有害食品之"毒豆芽"类犯罪样本统计

以"毒豆芽"判决结果和"生产、销售有毒、有害食品罪"为关键词在中国裁判文书网中进行检索，得到刑事案件判决书76篇，同样从其中抽取15篇为研究样本。

在78件案例中，发生次数最多地区是山东省，其次是广东省，但分布并不如地沟油案件那般集中，而是在全国各个地区都有出现。且时间分布集中在2014年，为60例，约占比79%，并且在此之后2年内数量为0，近几年也每年仅有1至2例，说明在2014年之后，我国对毒豆芽的治理取得了显著有效的成果。

对于涉案金额，15个样本案例并没有给出确定的数值，但从豆芽的单价较低、罚金额多数在1万元以内和犯罪主体多数为个体等因素中大致推断出金额并不会很高。但有1例案件判决书曾提到，该行为人每年销售金额约为5万元左右，虽然无充分证据证明，但也可做大致参考。15例样本中，犯罪主体皆为自然人，大部分是单人犯罪，少部分是属于夫妻或者亲人之间的小作坊类型。

从犯罪持续时间来看，该类型犯罪持续时间远长于地沟油类型的食品安全犯罪，15例中，仅有3例持续时间在1年以内，且都在半年以上；其次，样

表 6.8 毒豆芽类型食品安全犯罪案例样本统计（15 份）

| 序号 | 案例编号 | 涉案金额（单位：元） | 持续时间 | 刑罚方式 | 是否适用缓刑 | 缓刑考验期 | 减轻情节 | 伪类产品类型 | 行为主体 | 罪数 | 审判程序 | 做出更改 |
|---|---|---|---|---|---|---|---|---|---|---|---|---|
| 1 | （2015）穗中法刑二终字第93号 | 不明 | 2013年12月份至2014年7月4日 | 有期徒刑+罚金+ | 否 | | | 毒豆芽 | 个人 | 一罪 | 二审 | 生产、销售符合安全标准的食品罪改判生产、销售有毒、有害食品罪 |
| 2 | （2014）吉中刑二终字第53号 | 不明 | 2003年至2013年 | 有期徒刑+罚金+ | 否 | | | 毒豆芽 | 小作坊 | 一罪 | 二审 | 主刑由1年降为10个月 |
| 3 | （2015）兖刑初字第9号 | 不明 | 2009年至2014年 | 有期徒刑+罚金+ | 否 | | | 毒豆芽 | 个人 | 一罪 | 一审 | |
| 4 | （2014）梁刑初字第287号 | 不明 | 2013年5月份至2014年8月份 | 有期徒刑+罚金+ | 是 | 1年 | 如实供述犯罪事实，认罪态度好主动投案 | 毒豆芽 | 小作坊 | 一罪 | 一审 | |
| 5 | （2014）古刑初字第157号 | 不明 | 2011年至2014年 | 有期徒刑+罚金+ | 否 | | 如实供述犯罪事实，认罪态度较好 | 毒豆芽 | 个人 | 一罪 | 一审 | |
| 6 | （2014）穗增法刑初字第 | 不明 | 2013年6月份至2014年3月28日 | 有期徒刑+罚金+ | 否 | | 如实供述犯罪事实，认罪态度较好 | 毒豆芽 | 小作坊 | 一罪 | 一审 | |

续表

| 序号 | 案例编号 | 涉案金额（单位:元） | 持续时间 | 刑罚方式 | 是否适用缓刑 | 缓刑考验期 | 减轻情节 | 伪劣产品类型 | 行为主体 | 罪数 | 审判程序 | 做出更改 |
|---|---|---|---|---|---|---|---|---|---|---|---|---|
| 7 | （2014）华鎏刑初字第90号 | 不明 | 2007至2014年7月 | 有期徒刑+罚金+ | 是 | | 如实供述犯罪事实，认罪态度较好 | 毒豆芽 | 小作坊 | 一罪 | 二审 | |
| 8 | （2014）临刑初字第64号 | 不明 | 7—8年 | 有期徒刑+罚金+ | 否 | | | 毒豆芽 | 个人 | 一罪 | 一审 | |
| 9 | （2014）穗增法刑初字第464号 | 149万 | 2006年3月至2013年11月28日 | 有期徒刑+罚金+ | 否 | | 如实供述犯罪事实，认罪态度较好 | 毒豆芽 | 个人 | 一罪 | 一审 | |
| 10 | （2014）宁刑初字第00529号 | 不明 | 2013年7月至2014年2月26日 | 有期徒刑+罚金+ | 否 | | 如实供述犯罪事实，认罪态度较好 | 毒豆芽 | 个人 | 一罪 | 一审 | |
| 11 | （2014）穗番法刑初字第1326号 | 不明 | 2012年9月至2014年5月 | 有期徒刑+罚金+ | 否 | | 如实供述犯罪事实，认罪态度较好 | 毒豆芽 | 个人 | 一罪 | 一审 | |
| 12 | （2014）金堂刑初字第155号 | 不明 | 2012年初至2014年4月 | 有期徒刑+罚金+ | 是 | 三年 | 如实供述犯罪事实，认罪态度较好 | 毒豆芽 | 个人 | 一罪 | 一审 | |
| 13 | （2014）东刑初字第35号 | 不明（约5万每年,但证据不足） | 2006年至2013年 | 有期徒刑+罚金+ | 否 | | 如实供述犯罪事实，认罪态度较好 | 毒豆芽 | 个人 | 一罪 | 一审 | |

续表

| 序号 | 案例编号 | 涉案金额（单位:元） | 持续时间 | 刑罚方式 | 是否适用缓刑 | 缓刑考验期 | 减轻情节 | 伪类产品类型 | 行为主体 | 罪数 | 审判程序 | 做出更改 |
|---|---|---|---|---|---|---|---|---|---|---|---|---|
| 14 | （2014）干刑初字第76号 | 不明 | 2012年7月9日至2013年12月24日 | 有期徒刑+罚金+ | 否 | | 如实供述犯罪事实,认罪态度较好,影响范围小 | 毒豆芽 | 个人 | 一罪 | 一审 | |
| 15 | （2014）夏刑初字第33号 | | 2012年至2013年10月15日 | 有期徒刑+罚金+ | 是 | 1年 | 认罪态度较好 | 毒豆芽 | 个人 | 一罪 | 一审 | |

本案例中最长持续时间为10年,5年以上的也有5例,整体持续时间也长于普通的食品安全犯罪,这可能也是导致量刑刑期长度长于地沟油犯罪的原因之一。

在15例样本中,仅有3例适用了缓刑,缓刑适用率低于一般的食品安全类犯罪,与整体严惩的趋势相同。从量刑刑期上来看,最低为6个月,最高为3年6个月,大部分处于1年以上2年以内这一区间,高于一般食品安全犯罪案例,低于地沟油类案例的平均水平。虽然在自由刑和缓刑适用方面体现了严惩趋势,但在禁止令等非刑罚方式上的使用让人感到惊讶,15例样本中竟然没有1例被宣告一定时间内禁止从事相关行业或终身禁止从事相关行业经营业务,这令人感到十分疑惑。

4.生产、销售有毒有害食品罪之死刑、无期徒刑适用

搜索方式:以事实"特别严重情节"、案件名称"生产、销售有毒、有害食品罪"为关键词,并附条件为刑事案件,死刑案件为零[1],无期徒刑案件为1起,判处十年以上有期徒刑选取10个样本案例。

---

① 因为中国裁判文书网从2013年6月正式开通,2008年影响重大的"三鹿毒奶粉事件"在裁判文书网中无法查到,只能查到(2016)冀01刑更3895号田某某生产、销售伪劣产品刑罚变更刑事裁定书。(2008)石刑初字第351号刑事判决结果如下:原三鹿董事长田某某以生产、销售伪劣产品罪一审被判处无期徒刑;奶贩张某某以危险方法危害公共安全罪被判处死刑;奶贩张某某以危险方法危害公共安全罪被判处无期徒刑;劣质奶生产者高某某以危险方法危害公共安全罪被判处死刑缓期两年执行;行唐县化工试剂店店主薛某某以危险方法危害公共安全罪被判处无期徒刑;正定金河奶源基地负责人耿某某以生产、销售有毒食品罪判处死刑。

表6.9 判处无期徒刑的涉食品安全案件

| 序号 | 案件来源 | 判决结果 |
|---|---|---|
| 1 | （2013）苏刑二终字第0032号 | 经查,上诉人王某某、李某某均为康润公司股东,占股比例相等,且王某某为法定代表人,李某某负责原材料采购和生产,王某某负责销售,在康润公司单位犯罪中均起组织、领导作用,地位相当,应当认定为单位犯罪中直接负责的主管人员。康润公司以"地沟油"加工"食用油"并对外销售,销售金额达6 000余万元,社会影响恶劣,属犯罪情节特别严重,一审判决对上诉人王某某判处无期徒刑,因上诉人李某某认罪态度较好从轻处罚判处有期徒刑15年,量刑适当。 |
| 2 | （2019）陕04刑初81号 | 本院认为,被告人边某某、梁某某、方某某、金某某明知郭某某生产的保健品含有国家禁止添加的西药成分,为了获取非法利益,仍从郭某某处购进并销售牟利,其中被告人边某某销售金额100余万元系情节特别严重;被告人梁某某销售金额70余万元系情节特别严重;被告人方某某销售35万余元系情节严重;被告人金某某销售金额20余万元系情节严重,其行为均触犯了《中华人民共和国刑法》第144条之规定,构成销售有毒、有害食品罪,公诉机关指控被告人边某某、梁某某、方某某、金某某犯销售有毒、有害食品罪的事实清楚,证据确实、充分,指控罪名成立,本院予以支持。 |
| 3 | （2017）苏08刑终99号 | 其中,丘某、田某某、石某某、萧某某生产、销售金额超过50万元,具有其他特别严重情节。 |
| 4 | （2016）苏10刑终35号 | 原审法院认为,被告人彭某某生产、销售明知掺有有毒、有害的非食品原料的保健食品,金额已达50万元以上,情节特别严重;被告人李某、彭某某明知彭某某生产、销售的保健食品中掺有有毒、有害的非食品原料而协助其生产、销售,情节特别严重;被告人刘某知彭某某生产、销售的保健食品中掺有有毒、有害的非食品原料而从彭某某处代加工保健食品予以销售,金额已达50万元以上,情节特别严重;被告人杨某、王某某明知刘某销售的保健食品中掺有有毒、有害的非食品原料而协助其销售,情节特别严重,其行为均已构成生产、销售有毒、有害食品罪。 |
| 5 | （2015）浙甬刑一初字第156号 | 本院认为,被告人吴某某作为河南省惠康油脂有限公司和河南庆隆商贸有限公司直接负责的主管人员,明知上述两公司采赃进来的劣质成品油是以餐厨废弃油脂为原料提炼而成,仍以正常豆油名义销售给饲料、制药企业;其还将以餐厨废弃油脂为原料提炼成的劣质油脂与其他油品进行勾兑后冒充食用油销售给食品企业,且有特别严重情节;其行为已分别构成销售伪劣产品罪和销售有毒、有害食品罪。 |

| 序号 | 案件来源 | 判决结果 |
|---|---|---|
| 6 | （2017）湘0523刑初366号 | 公诉机关认为，被告人唐某某、唐某、肖某某在生产、销售的食品中掺入有毒、有害的非食品原料，生产、销售金额达2 296 962元，情节特别严重，三被告人的行为应当以生产、销售有毒、有害食品罪追究其刑事责任。 |
| 7 | （2018）浙1002刑初54号 | 公诉机关认为，被告人张某某明知他人生产、销售有毒、有害食品而提供有毒、有害非食品原料，销售金额计人民币142.0065万元，属其他特别严重情节；被告人周某某、颜某某、李某某、谭某某、李某某结伙生产、销售有毒、有害食品，其中周某某生产、销售金额计人民币181.97万元，颜某某、李某某、谭某某生产、销售金额计人民币106.18万元，均属其他特别严重情节；被告人邵某某、赵某某、邵某某结伙生产、销售有毒、有害食品，其中邵某某、赵某某生产、销售金额计人民币155万余元，邵某某生产、销售金额计人民币110万余元，均属其他特别严重情节；被告人王某某销售有毒、有害食品金额计人民币70万余元，属其他特别严重情节；被告人曾某某销售有毒、有害食品金额计人民币31.9838万元，属其他严重情节；被告人罗某某销售有毒、有害食品金额计人民币17.3496万元；被告人罗某某销售有毒、有害食品金额计人民币1.3894万元；被告人杨某、张某、张某某结伙销售有毒、有害食品，其中杨某、张某销售金额计人民币114.0725万元，张某某销售金额计人民币50万余元，均属其他特别严重情节；被告人潘某某销售有毒、有害食品金额计人民币63.6846万元，属其他特别严重情节；被告人程某某、李某某销售有毒、有害食品金额计人民币16.6391万元，均应当以生产、销售有毒、有害食品罪追究其刑事责任。被告人张某某违反国家规定，未经许可，经营化学原料药，经营额计人民币12万余元，其行为应当以非法经营罪追究其刑事责任。被告人张某某一人犯二罪，应数罪并罚。被告人程某某到案后检举他人犯罪事实，查证属实，是立功，可以从轻处罚。在各自的共同犯罪中，被告人周某某、邵某某、杨某、程某某起主要作用，是主犯，主犯按照其所参与的全部犯罪处罚；被告人颜某某、李某某、谭某某、李某某、赵某某、邵某某、张某、张某某、李某某起次要作用，是从犯，应当从轻或者减轻处罚。 |

| 序号 | 案件来源 | 判决结果 |
|---|---|---|
| 8 | (2016)苏1291刑初10号 | 本院认为,被告人王某某、刘某某将有毒、有害的非食品原料直接包装后充当食品销售,被告人姜某某明知被告人王某某将有毒、有害的非食品原料直接包装后充当食品销售而向其提供原料,其中被告人王某某、姜某某有其他特别严重情节,被告人刘某某有其他严重情节,其行为均已构成生产、销售有毒、有害食品罪,且系共同犯罪;被告人江天某某、张某某销售以假充真的产品,销售金额五十万元以上不满二百万元,其行为均已构成销售伪劣产品罪,且系共同犯罪;被告人胡某某、江五某某销售不符合安全标准的食品,有其他严重情节,其行为均已构成销售不符合安全标准的食品罪,且系共同犯罪,均应依法惩处。被告人王某某、姜某某、江天某某、胡某某各自在共同犯罪中起主要作用,是主犯,应当按照其所参与的全部犯罪处罚,其中被告人姜某某在共同犯罪中所起作用相对较小,酌情予以从轻处罚。被告人张某某、江五某某、刘某某分别在共同犯罪中起次要、辅助作用,是从犯,依法均予以减轻处罚。七名被告人均如实供述犯罪事实,依法予以从轻处罚。公诉机关指控被告人王某某、姜某某、刘某某犯生产、销售有毒、有害食品罪,被告人江天某某、张某某犯销售伪劣产品罪,被告人胡某某、江五某某犯不符合安全标准的食品罪,主要事实清楚,证据确实、充分,指控的罪名成立,本院依法予以支持。 |
| 9 | (2015)甬奉刑初字第174号 | 其中,被告人潘某某、张某、许某、俞某参与生产各类空心胶囊2 500余箱,价值人民币120余万元;被告人章某参与生产各类空心胶囊1 100余箱,价值人民币50余万元;被告人张某参与生产各类空心胶囊500余箱,价值人民币20余万元;被告人潘某甲、潘某乙参与生产各类空心胶囊200余箱,价值人民币10余万元。 |
| 10 | (2017)浙0327刑初569号 | 被告人雷某某的供述,供认其自2015年2月份至2016年6月期间,为郑某某加工性保健食品。其中2015年2月份至2015年12月份期间,因其没有厂房,便通过朋友李某某认识郭某,并将郑某某的订单委托给郭某生产,平均每生产一件货(每件货有300—400小盒不等),其从中抽成50—80元不等,这期间,其一共通过郭某给郑某某发货300件左右,共获利2万余元。2015年12月起,其注册了青海同安泰生物工程有限公司,开始自己为郑某某生产性保健品1000多件,共收取郑某某货款100余万元。替郑某某加工产品有加拿大巨根、基因睾酮、护根宝、鹿茸参灵草、参茸洗肾、美国勃大等产品。冯某某在公司分管出纳、人事、销售。李某某、杨某某系生产主管,负责保健食品的生产、包装等事务。张某某系物流经理,负责货打包、发货和收货。 |

### 附表6.10　典型案例

| 典型案例 | 基本案情 | 判决结果 | 意义 |
|---|---|---|---|
| 江苏付某某等生产、销售有毒、有害食品案 | 2017年3月至2018年4月，被告人付某某知道其从上家购进的"曲芝韵""古方"等非正规渠道生产的减肥胶囊可能含有危害人体健康成分，仍通过被告人张某某等人在网上销售。张某在收取买家订单和货款后，将买家信息、货物种类、数量通过微信发送给付某某，付某某根据张某的发货订单，从广东省广州市将减肥胶囊及包装材料寄给张某的客户王某、贡某某（均另案处理）等人，销售金额共计21万余元。2018年4月8日，公安机关在付某某处查获"曲芝韵"减肥胶囊2705瓶、"古方"减肥胶囊2475瓶、粉色胶囊3107瓶、散装胶囊20余公斤及包装材料、快递单、账本等物品。经检测，从付某某茅处查获的"曲芝韵""古方"、粉色减肥胶囊及散装胶囊中检测出法律禁止在食品中添加的西布曲明成分。 | 江苏省南京市六合区人民法院一审判决、南京市中级人民法院二审裁定（01年）认为，被告人付某某、张某销售明知掺有有毒、有害的非食品原料的食品，其行为均已构成销售有毒、有害食品罪，且二被告人涉案金额均超过20万元，属有其他严重情节，应依法惩处。付某某、张某共同实施的销售行为部分、构成共同犯罪。据此，依法判处：被告人付某某犯销售有毒、有害食品罪，判处有期徒刑六年，并处罚金人民币八十万元；被告人张某犯销售有毒、有害食品罪，判处有期徒刑五年、并处罚金人民币七十五万元；扣押的有毒、有害食品依法没收。 | 近年来，危害食药安全犯罪出现向互联网蔓延的新趋势，犯罪分子利用淘宝等网店、微信朋友圈及快递服务等便利条件实施犯罪，参与人员多，牵涉地域广，犯罪手段隐蔽。相关部门不断提高打击力度，应对危害食药安全网络犯罪的新趋势，取得良好效果。本案中，被告人付某某从他人处购进非正规减肥胶囊产品，通过张某等人在网上销售，张某通过网络向其客户加价销售，将订单信息通过微信发给付某某，由付某某直接发货，一、二审法院认为付某某、张某构成共同犯罪，综合发货明细和微信、支付宝转账记录等证据，并结合被告人供述和证人证言认定销售数量和犯罪金额，认定和处理依据确实、充分，为有力打击危害食药安全网络犯罪提供了经验和参考。 |

| 典型案例 | 基本案情 | 判决结果 | 意义 |
|---|---|---|---|
| 陕西李某某等非法经营案 | 2009年以来,被告人李某某在未取得药品经营资质的情况下,挂靠西安某医药公司,从事药品经营活动。李某某将非法购进的药品存放于其租赁的陕西省西安市新城区三处民房内,后加价销售给药店、个人及其实际控制的西安市某诊所。被告人李某利在明知李某某没有药品经营资质的情况下,受雇于李某某负责管理库房药品发放、记账,帮助其销售药品。2017年2月22日,公安机关在李某某租赁的民房内查获大量未销售的药品及销售账本。经鉴定,李某某、李某利非法经营药品的金额共16 383 365.12元。 | 陕西省西安市中级人民法院一审判决、陕西省高级人民法院二审裁定(2018)认为,被告人李某某、李某利违反国家药品管理法律法规,未取得药品经营许可证,非法经营药品,金额特别巨大,情节特别严重,其行为均构成非法经营罪。在共同犯罪中,李某某作为经营负责人,联系挂靠单位、租赁房屋、购买药品、雇佣并指使他人对外销售,起主要作用、系主犯。李某利受雇于李某某,负责药品收发、记账等,起次要作用,系从犯,可依法从轻处罚。据此,依法判处:被告人李某某犯非法经营罪,判有期徒刑十一年,并处没收财产人民币一百万元;被告人李某利犯非法经营罪,判处有期徒刑五年,并处没收财产人民币十万元;扣押在案的药品依法予以没收。 | 食药安全监管要严把每一道防线,不仅要严管生产环节,维护生产秩序,保证食品、药品质量,还要严管流通环节,维护流通秩序,打击非法经营等行为。药品生产、储运、销售、使用等各个环节专业性强、风险性高,加强药品经营许可监管,严管流通秩序,对保证药品安全亦尤为重要。被告人李某某等非法经营一案是发生在药品流通领域的一起重大典型案件。李某某在未取得药品经营资质的情况下,采取挂靠有经营资质企业的方式,从事药品经营活动,从2009年至2017案发,无资质从事药品经营达8年之久,经营行为长期脱离监管,销售金额达1 600余万元,严重破坏药品经营管理秩序,依法惩处各被告人,对有效遏制相关犯罪、具有积极的示范作用。 |

续表

| 典型案例 | 基本案情 | 判决结果 | 意义 |
|---|---|---|---|
| 河南吕某某等生产、销售有毒、有害食品案 | 自2013年起,被告人吕某某购进生产设备及空胶囊壳等大量生产原料,先后伙同被告人吕某省、吕某伟、吕某运(另案处理)等人辗转在河南省中牟县白沙镇大雍庄、沈丘县南杨集、冯营乡吕集村等地生产非法添加非食品原料的补肾壮阳类、降糖降压类等假冒保健品,吕某伟还在内蒙古自治区、辽宁省沈阳市、重庆市、河南省信阳市等药交会上散发保健品代加工名片,进行宣传,招揽客户。吕某某生产假冒保健品后通过物流发货对外销售给李某(另案处理)等人,李某又包装成"圣傲"牌雪源软胶囊、"逸身沁"牌红花红景天软胶囊等假冒保健品,面向全国销售。其间,吕某省还伙同吕某伟自行生产此类假冒保健品对外邮寄销售。截至案发,吕某某通过物流向李某等人销售非法生产的保健品,并通过他人银行账户收取货款5 173 425元。吕某省涉案金额3 020 047元,吕某伟涉案金额345 780元。经抽样检验,上述保健品及原料中检测出国家禁止添加的格列本脲和西地那非成分。 | 河南省济源市人民法院一审判决、济源中级人民法院二审裁定(2019年)认为,被告人吕某某、吕某省、吕某伟在生产、销售的假冒保健品中掺入国家禁止添加的非食品原料,其中,吕某某销售金额517万余元,吕某省销售金额302万余元,情节特别严重;吕某伟销售金额34万余元,情节严重,三被告人的行为均已构成生产、销售有毒、有害食品罪。吕某某、吕某省在共同犯罪中起主要作用,系主犯。吕某省曾因故意犯罪被判处缓刑,在缓刑考验期限内又犯新罪,应当撤销缓刑,数罪并罚。据此,依法判处:一、被告人吕某某犯生产、销售有毒、有害食品罪,判处有期徒刑十五年,并处罚金人民币一千二百万元。二、被告人吕某省犯生产、销售有毒、有害食品罪,判处有期徒刑十年,并处罚金人民币六百五十万元;撤销缓刑与前罪所判刑罚并罚,决定执行有期徒刑十年三个月,并处罚金人民币六百五十万三千元。三、被告人吕某伟犯生产、销售有毒、有害食品罪,判处有期徒刑二年,并处罚金人民币七十万元。四、对被告人吕某某、吕某省的违法所得予以追缴,上缴国库。 | 为严格落实"四个最严"要求,坚决贯彻依法从严惩处原则,人民法院审理危害食药安全刑事案件,综合利用自由刑、财产刑等刑罚措施,充分发挥刑法的威慑作用,保障刑法实施的效果,对此类犯罪严格适用缓刑、免予刑事处罚。其中,针对危害食药安全犯罪的贪利性特点,注重加大财产刑适用力度,剥夺再犯能力和条件。近年来,在保健食品中添加药品予以销售案件多发,这些保健食品中虽添有药品,但仍以食品名义对外销售,依据相关规定应当以生产、销售有毒、有害食品罪定罪处罚。此类案件危害性大,一直以来都是打击的重点。本案中,被告人吕某某等人生产、销售金额达500余万元,从中获取巨额利益,一、二审法院在判处有期徒刑的同时,除追缴各被告人的违法所得外,还判处生产、销售金额二倍以上的罚金,斩断其再犯的经济基础。 |

# 第七章　食品企业刑事合规的具体展开

## 第一节　企业刑事合规模式概览

企业组织体内部自治存在一定局限性,在当前企业犯罪(法人犯罪)日益严重的情形下,按照以往仅在"经济刑法"框架下进行考虑是不足以窥见企业犯罪的全貌,适时把握好刑事主体合规理念,由经济犯罪转向企业犯罪,构筑企业刑法框架对于应对企业犯罪实属必要。因此,为了促进企业真正自律,有必要在必要范围内进行外部观察和外部控制,刑事规制就是重要外部控制环节。日本首都大学东京教授白石贤氏认为:各企业可以自主检查是否应该引入行政检查系统,这虽然不会直接消除腐败,但是可以尽量减少恶性违法行为的发生,由此在该系统中引入合规计划,不仅在一定程度上提高企业管理,同时能够实现企业的社会责任(corporate social responsibility,简称CSR)。①

诈骗罪、侵占罪、背信罪等是财产犯罪或经济犯罪的典型类型,多是围绕个人(包括共犯)而展开的。但是企业活动是研究企业犯罪的基础,并在此基础上进行分析和研究以形成对策,以意大利2001年制定的《企业刑法》

---

① [日]田口守一、甲斐克则、今井猛嘉、白石贤编:《企業犯罪とコンプライアンス・プログラム》,商事法務,2007年,第11页以下。

为例进行研究并考虑予以借鉴。传统意大利法并不承认企业犯罪,其中意大利宪法明确说明,犯罪仅是个人行为,而改造个体才是刑罚的目的。然而,当意大利发生愈发严重的企业犯罪,加之意大利还承担着国际公约中惩治法人商业贿赂等企业犯罪行为的国际义务,在这样的情况下,意大利于2001年6月8日颁布了第231号法令《企业刑法》,解决了上述问题。法令强调了组织体即企业本身的罪责,就是企业组织责任。若组织的高级职员或者其下层职员实施犯罪行为,企业要为此负责,但企业可通过证明其已采取了适当措施进行预防和监督犯罪而免除责任。①

## 一、美国的刑事合规制度概览

从现代意义上所论及的美国企业刑事合规制度可追溯至20世纪初,公共安全机构出现之时。而我们普遍认为,美国真正意义上的刑事合规制度应该是在《美国联邦量刑指南》(United States Federal Sentencing Guidelines)中首次出现,文件首章开门见山地指出本章旨在通过建立预防、发现和处罚犯罪的内在体制,从而使得能对企业组织体及其代理人大体上能够提供足够的威慑与激励以及公正的惩罚。日本川崎友巳教授指出:"从美国联邦层面上,20世纪80年代中期以后,主流的刑罚观是重视对犯罪者的更生改善,从社会复归(rehabilitation)立场向要求适正的报应立场进行过渡,从犯罪者处遇模式、医疗模式(medical model)向正义模式(justice model)转换的背景下,为了实现量刑上公平化这一主要目的,由此引入了量刑指南(guide-line)。"②《对组织体联邦量刑指南》③(Sentencing Guidelines for Organization)

---

① 刘霜:《意大利企业合规制度的全面解读及其启示》,《法制与社会发展》,2022年第1期。
② [日]川崎友巳:《企业の刑事责任》,成文堂,2004年。
③ 《联邦组织量刑指南》是由美国量刑委员会制定的一系列规则。这些规则建立了对犯有联邦重罪或a类轻罪的人(或在我们的案例中是组织)进行量刑的国家标准。

明确了对企业刑事制裁的目的,与此同时采用一些新的刑事制裁手段,包括罚金刑的高额化,损害赔偿命令、企业赔偿。其中,美国企业为了履行社会责任(CSR),作为其中一环的为生存而建立的合规计划的实施与否成为犯罪和刑罚评价的重点。《对组织体联邦量刑指南》法制化的进展中,一方面对企业科处高额罚金,另一方面是合规计划适当实施下对罚金额应当减轻,该法的重要性逐渐得到增强。

《美国联邦量刑指南》提供了企业合规计划的标准和要求,旨在帮助企业预防和识别违法行为,并在发现违法行为时采取适当的纠正措施。以下是联邦量刑指南中关于企业合规计划的标准几方面内容:(1)合规计划的有效性:企业合规计划应设计和执行的有效,并针对企业的特定风险和情况进行定制。它应该是一项全面的、持续的努力,以确保企业遵守适用的法律法规。(2)高层管理支持:企业高层管理层应提供积极的支持,确保合规计划得以有效实施。他们应该通过言行示范对合规的重要性进行明确表达,并确保资源的充分分配。(3)合规程序的内容:合规计划应包括明确的合规政策和程序,涵盖员工行为准则、反贪污政策、知识产权保护、竞争法遵守等方面。这些政策和程序应以易理解、易执行为原则。(4)培训和教育:企业应提供适当的培训和教育,确保员工了解合规要求和企业政策。培训应定期进行,并覆盖与企业业务和风险相关的内容。(5)内部监督和审计:合规计划应设立有效的内部监督和审计机制,以识别违法行为并及时采取纠正措施。这包括监测和评估合规计划的执行情况,以及建立举报机制。(6)违规行为的处理:合规计划应明确规定如何处理违规行为,包括调查程序、追究责任、纠正行为和实施必要的改进措施。(7)持续改进:合规计划应具备持续改进的机制,包括监督和评估合规计划的效果,并根据评估结果进行必要的改进。需要指出的是,联邦量刑指南中的标准和要求是指导性的,而非强制性规定。企业可以参考这些标准和要求来制定和改进其合规计划,以适应自身的业务和风险情况。

美国安然公司的丑闻事件①曝光之后，各种企业的不正当财务行为陆续被曝光，从而演变成十余起企业倒闭的大事件。2002年包含对企业腐败予以严厉惩罚的《萨宾斯法》（简称SOX法）②的制定也顺应时代的要求，对发达国家企业统治体制产生重大影响。尽管如此，2008年底以"雷曼冲击"③为代表的美国金融危机席卷全球之后，合规计划的真正意义再次受到质疑。

美国近些年企业行为规范的数量激增。在此背景下，从业人员即使实施了职务上的违法行为，企业也可能因为制定了明确的企业行为规范从而受到宽宥的处理（暂缓起诉、刑罚制裁的减轻、民事制裁金的减轻）。

企业行为规范包括哪些事项呢？根据美国企业法律事务所Fried Frank对500家美国大企业的调查，企业行为规范规定的事项如下：利益冲突（97%）、礼品（87%）；滥用秘密信息（83%）、海外腐败行为（83%）、政治献金（79%）、内幕交易（73%）、违反反垄断法的行为（64%）、劳动关系（27%）、其他（29%）。④

---

① 1985年，在能源行业规制缓解的环境下，作为能源公司而成立的安然集团迅猛发展成为从事宽带业务和气候衍生品交易的多元化大企业。但是2001年10月，随着该公司隐瞒账外债务等问题浮出水面，安然公司股票暴跌，结果2001年末该公司就宣告破产。

② SOX法是指美国的《萨班斯-奥克斯法案》（Sarbanes-Oxley Act），该法案于2002年颁布，旨在改善公众公司的财务报告和企业治理，以防止企业腐败和会计舞弊。该法案的规定对于提高企业的透明度、监管公司的内部控制和预防企业腐败起到了重要作用。它增强了公司高层管理层的责任感和监督机制，并加强了对公司财务报表的可靠性和准确性的要求。SOX法案适用于在美国证券交易委员会注册的公众公司。

③ 雷曼冲击指的是2008年9月15日，美国第四大投资银行雷曼兄弟（Lehman Brothers）宣布破产的事件，对全球金融市场和经济产生了广泛的冲击和连锁反应。这一事件被认为是当代金融危机的转折点之一。雷曼兄弟破产引发了金融市场的恐慌和不确定性，导致全球范围内的信贷紧缩和市场崩盘。该事件对全球金融体系和经济产生了深远的影响，对金融行业的监管和企业的风险管理产生了长期的影响。

④ ［美］Henry Pontel：《美国企业行为规范》，［日］甲斐克则、［日］田口守一编：《刑事合规的国际动向》，信山社，2015年。

2004年，美国量刑委员会扩张量刑指南的射程，将其更名为"伦理及合规程序（计划）"并加以修改。例如，新量刑指南推进了旨在促进遵守法律的努力以及符合法律的激励条款。但是刚性的指南似乎成为刑罚适正（due process）判断的障碍，这令很多法官愤慨，在2004年United States *v.* Booker判决中欲将量刑指南规定为建议性的而非强制性的。由此可见，司法广泛的灵活性，可以使企业因企业行为规范的进展和导入而获益。

## 二、日本的刑事合规制度概览

日本对德国、意大利、英国、澳大利亚、美国和中国六国的刑事合规进行了系统的研究，得出的结论是：21世纪全球化背景下，如果不跨越国界来探讨企业合规的问题就会存在明显的局限性。国际交易的频繁、跨国企业的增多，使得企业犯罪本身具有国际性的特征，因此对于企业合规问题，也应以国际化的视野进行分析探讨，期望通过各国共同努力解决共同的企业犯罪问题。日本学界和政府合作对日本企业和驻日外资企业进行问卷调查，2004年和2010年的调查结果显示，随着立法的完善和国内国际经济环境变迁企业合规和企业社会责任内容也发生与时俱进的变化，并指出了未来研究合规的重点领域。

20世纪80年代，日本政府开始推动企业制定和实施法律合规计划。到了20世纪90年代，随着日本《反垄断法》执法力度的加强，企业法律合规计划在反垄断领域的重要性显著提高。为此，日本政府在1991年先后颁布了两项规范性文件以对企业适法活动作出进一步规定。①这里的法律合规活动主要是指对企业内部建设管理措施的一种法律指导，即以运律的形式督

---

① 注：日本于1991年先后颁布了《反垄断法适法计划辅导》与《反垄断法适法计划手册》，对必要的基本事项作了简洁的规定。以上述两项文件以及其后颁布的立法为基础，日本经济的各界逐渐制定了统一的指导守则，要求企业制定、实施适法计划。

促企业建立合规制度。但本章所指的法律合规是否为刑事合规,还需进一步探讨。从企业角度审视刑事合规的内涵,其目的不仅在于预防企业犯罪,更在于发挥刑罚预防的指导作用。从国家层面来看,公司合规规则有利于提高司法效率。但是从制度的源头上看,合规管理要比刑事合规早得多,其是否包含刑事政策意义是两者的重要区别之一。

尽管如此,笔者仍然认为日本存在刑事合规的实践。日本虽为成文法国家,但是其法院法和刑事诉讼法确立了"判例应该遵守"的司法规则。日本最高裁判所(日本最高法院)的两件典型的判例对企业犯罪的研究提供了有益参考。其一是药害艾滋病事件,追究了具有监管责任的公务员的刑事责任(最判平成20-3-3刑集62卷4号567页[①]),确立了企业犯罪与公务员的刑事责任。其二,以三菱汽车轮胎脱落事故最高裁的判决确立制造缺陷车辆与刑事过失,并借此出台了针对防止企业合规与防止制造缺陷产品的法

---

[①] "业务上过失致死被告事件"为东京高等裁判所(2005年)一审判决,日本最高法院第二小法庭(2008年)驳回上诉。判决事项:关于注射了被HIV(人类免疫缺陷病毒)污染的非加热血液制剂的患者患上艾滋病(后天免疫缺陷症候群)而死亡的药害事件,厚生省药务局生物制剂课长被认定业务过失致死罪成立的事例。裁判要旨:关于注射了被HIV(人类免疫缺陷病毒)污染的非加热血液制剂的患者患上艾滋病(后天免疫缺陷症候群)而死亡的药害事件,当时广泛使用的未经加热的血液制剂中,含有相当数量的被HIV污染的物质,如果使用了这些物质,就会出现感染HIV而患上没有有效治疗方法的艾滋病的人,有许多人因高度的外然性而死亡几乎是必然的预测等判断的状况。在这种情况下,不仅在医药行政上,而且在刑事法上,负责制造、使用和确保药品安全的医药行政人员,作为社会生活上防止药品危害发生的工作人员,负有注意义务。被告是厚生省药务局生物制剂课长,在该省与该制剂有关的艾滋病对策中处于中心地位,应协助厚生大臣统一执行防止药品危害这一医药行政。包括在必要时与其他部门协商并敦促采取所需措施在内,在医药行政上有义务谋求必要且充分的应对。疏忽这一点,对该制剂的销售、给药等放任不管的被告人,业务上过失致死罪成立。https://www.courts.go.jp/app/hanrei_jp/detail2? id=35923。

政策(最判平成24年刑集66卷4号200页①)。

概言之,日本刑事合规的实践主要是以(管理)监督过失理论的引入为标志的。即企业只要怠于履行建立安全机制的作为义务且导致有害结果的发生,在安全机制不完备的情况下,如果企业对有害结果有认识即可以受到惩罚。也就是说,过失理论在监督管理中的运用客观上迫使企业主动履行监督管理义务,这是具有日本特色的刑事合规。

## 第二节 企业刑事合规法律效果

虽然理论界在引介刑事主体合规制度时,主要目的是在立法层面将企业合规义务予以刑事化,以此来重建我国单位犯罪的立法模式,但合规计划的解释学功能也是不能忽略的存在,亦即将刑事合规理念应用到企业犯罪的定罪量刑之中。

---

① "业务上过失致死伤被告事件"为东京高等裁判所一审判决(2008年),日本最高裁判所第三小法庭驳回上诉(2012年)。判决事项:1.卡车的轮毂在行驶中因车轮破损而导致前轮、轮胎等脱落,造成行人伤亡的事故,该卡车的制造公司负责质量保证业务的人员。为了实施召回等改善措施,对于装备了相同集线器的车辆,有应采取必要措施的业务注意义务的事例。2.卡车的车轮在行驶中因车轮破损,前轮、轮胎等脱落,造成行人伤亡的事故;对于装备了同类集线器的车辆,为了实施召回等改善措施,应该采取必要的措施,与违反业务上注意义务的行为之间存在因果关系的事例。裁判要旨:1.关于卡车的轮毂在行驶中因轮圈破损而导致前轮、轮胎等脱落,撞击行人而致人死伤的事故,在处理以前的类似事故案时,在客观的情况下,人们普遍认为可能存在中枢强度不足的问题,其强度和预测事故的严重性、多发性,在该卡车的制造公司一手掌握事故相关信息等本案事实关系下,当时担任该公司品质保证部部长或组长的负责品质保证业务的人员,对于配备同类集线器的车辆,为了实施召回等改善措施,应采取必要的措施,防止因强度不足引起的集线器轮切破损事故的进一步发生,这是业务上的注意义务。2.关于卡车的车轮在行驶中因车轮破损,前轮、轮胎等脱落,冲撞行人造成人员伤亡的事故。对于装备了同类集线器的车辆,由于可能存在集线器强度不足等问题,为了实施召回等改善措施,有应采取必要措施的业务注意义务。在通过尽该义务可以肯定该事故的避免可能性的情况下,如果不能认定该事故的起因是集线器的强度不足,则不能认定该事故与违反上述义务之间的因果关系。在认定该事故是由于集线器强度不足引起的情况下,作为基于违反上述义务的危险成为现实,该事故与违反上述义务之间存在因果关系。(对1、2有反对意见。) https://www.courts.go.jp/app/hanrei_jp/detail2? id=81989。

　　合规计划在刑法上的意义可以归纳为三项机能:(1)法的正当化或者阻却违法性的机能。(2)免责或者阻却违法的机能。(3)免除刑罚或者免予追诉的三项机能。首先,合规计划具有正当化机能。这项机能在日本刑法中的主要法律根据第35条①正当业务行为之一的企业活动。例如,保安公司的员工严格遵守合规计划,实践中却造成财物的毁坏结果的出现。再如,航空公司的飞行员和海运公司的船长严格遵守规定,在遭遇难以预测的危险时,不得已为了保护更大的利益而造成一定的损害,可以适用日本刑法第37条紧急避险而使之正当化。再比如,媒体报道与名誉毁损罪的关系,如果给予合规计划而进行充分的采访报道,就会发挥正当化的机能。另外,在过失犯中,合规计划也影响犯罪是否成立。在违法性阶段考量过失犯的本质,如采纳新过失论,可以合规计划作为客观注意义务的基准加以判断,如果企业活动虽造成了人身事故(被允许的风险理论),但遵守了合规计划,就具有正当化的可能。其次,合规计划具有免责机能。前面已经对仅就合规计划的建立不能成为企业没有违法性认识的事由从而免责进行了说明,但并不意味着合规计划不具有免责机能。在对企业的合规计划的内容以及执行的全过程进行全面综合考察后认为企业没有过失的情况下,确实可以不追究企业的刑事责任,这就是合规计划的免责机能,可以从实质上激励企业加强合规建设和内部安全管理。最后,合规计划具有免除刑罚的机能。根据美国《量刑指南》的规定,如果在犯罪发生之时,企业内部存在着有效的合规性计划,可酌情减轻其刑事责任。德国、意大利等国家也都对"合规计划"作出相应的规定,构建了一套相对完整的企业违法(犯罪)的预防、发现和报告机制,可以将其作为法定的辩护理由,从而实现减轻或者免除处罚甚至于正当化的结果。就"合规计划"能否成为减轻甚至免除刑事处罚依据的争论而言,

---

　　① 日本刑法第35条(正当行为):依法令或者正当业务行为,不罚。

我们不得不回到刑罚目的论上加以讨论以获得正当性,因为建立并有效实施"合规计划"的企业,其预防犯罪的必要性降低,从而极大地影响了预防刑,可以酌情减轻甚至免除刑罚处罚。通过刑事责任的加重或减轻、免除,对企业合规施以压力和动力,从制度合规进一步逐步形成合规文化,最终实现刑法积极一般预防的效果。

## 一、刑事合规对定罪的影响

虽然企业刑事合规有可能会阻却过失责任这一点被大多数学者所关注,但从方法论角度而言,阶层犯罪论体系之下,首先考虑主观要素的思维方式并不适当。更为妥当的做法还是依犯罪论体系对刑事合规产生的影响进行系统判断与梳理。

### (一)刑事合规对犯罪化的影响

企业犯罪通常为行政犯类型,而在我国《刑法》中规定的行政犯多采用"违反国家规定"等类似空白罪状或空白叙明罪状。在判断企业是否符合行政犯的客观构成要件时,首先需要在具体的个案中判断企业是否有"违反国家规定"这一要素,但这在司法认定上存在一定的障碍。引入"合规计划"制度后有助于上述问题的解决并可以提供有益的参考。通过对企业制定的合规计划进行综合审查,更容易判断企业生产经营的各个环节,以及企业在此过程中是否遵守了相关规定(包括国家的法律规定)。无论是检察机关对企业违反国家规定的指控,还是企业没有违反国家规定的证明,合规计划的框架和内容都是可以论证的。

在考量企业犯罪主观构成要件方面,合规计划会影响过失犯罪中的注意义务标准,即将合规计划作为评价的对象,用来判断企业是否履行法定的注意义务。笔者认为,企业的合规计划可为判断企业是否存在过失提供一个重要参考,但这不意味着合规计划可以排除过失的成立。因为对于合规计划的判断评价,不仅要看形式的一面,还需看其实质的一面,即一合规计划如果被实施,通常是否能防止违法行为的发生。这种有效的合规计划需要满足什么条件呢？英国司法部公布的《2010年贿赂法指南》(The Bribery Act 2010 Guidance),规定了包括适当程序(Proportionate procedures)①、高层承诺(Top-level commitment)②、风险评估(Risk Assessment)③、尽职调查(Due diligence)④、沟通(包括培训)(Communication [including training])⑤、监督与检讨(Monitoring and review)⑥在内的六项原则。但是以事前的各种具体标准对合规计划的有效性进行判断是存在局限性的。既然企业合规计划设立的初衷是通过内部制度的设计以预防企业犯罪,那么在考察合规计划是否有效时,就要看在通常情况下,是否在实践中起到预防犯罪的作用。

**(二)刑事合规对出罪化的影响**

如果不把罪过置于构成要件符合性中,而认为罪过是责任要素,那么刑事合规就成为罪过的影响因素,进而影响责任的判断。而且还有观点认为,企业合规计划可以作为刑事司法中的出罪事由,即可将企业合规计划作为无法避免的违法性认识错误的出罪事由,即企业以自己严格依照合规计划开展活动,但因为合规计划本身的不合理而导致刑法意义上损害后果的产

---

① 适当程序:商业机构防止与其有关人士贿赂的程序,应与其所面临的贿赂风险,以及商业机构活动的性质、规模和复杂程度相称。它们也是明确、实际、可获得、有效实施和执行的。

② 高层承诺:商业机构的最高管理层(无论是董事会、所有者还是任何其他同等机构或个人)都有责任防止与其有关的人员行贿。他们在组织内培养一种绝不接受贿赂的文化。

③ 风险评估:商业机构评估其暴露于与其相关人员代表其行贿的潜在外部和内部风险的性质和程度。评估是定期的、知情的和记录的。

④ 尽职调查:商业机构对为或代表其提供服务或将为其提供服务的人员采取适当和基于风险的尽职调查程序,以减轻已确定的贿赂风险。

⑤ 沟通(包括培训):商业组织寻求通过内部和外部沟通(包括培训),确保其贿赂预防政策和程序在整个组织中得到贯彻和理解,并与所面临的风险成比例。

⑥ 监督和检讨:商业机构监察及检讨旨在防止与其有关人士贿赂的程序,并在有需要时做出改善。

生,但由于企业遵循合规计划,因此企业有相当的理由认为其行为没有违法性,对其行为缺乏违法性认识,因此无法追究企业刑事责任。但也有种观点认为,上述将企业合规计划作为企业出罪事由的观点是对企业合规计划的一种误解。相反,企业合规计划是企业为了防止犯罪才建立的内部控制机制,如果企业制定合规计划,这意味着企业对相关行为的违法性已具有充分的认识,一般不会存在违法性认识错误(禁止错误),这意味着对于企业存在期待其适法的可能性(具有期待可能性)。例如,当某企业为了避免安全事故的发生而建立与安全生产有关的一系列内部控制规定及制度,但是因为某种原因企业发生了重大的安全事故,在此企业之前建立安全生产相关机制的行为显然不能成为企业发生安全事故的免责事由。

笔者同样认为,如果因为企业建立了相关的内部控制机制,就认为企业对责任事故的发生没有违法性认识的可能性,这种观点是对企业合规计划的误解。这是因为虽然我们承认超法规的违法阻却事由与责任阻却事由的存在,但企业合规计划主要由企业内部制定,不同企业制定的内容与标准不一,以企业合规计划作为企业行为的出罪事由,会造成司法实践中对企业犯罪的定罪量刑的衡量标准不一。另外,企业合规计划存在本身,就是企业具有违法性认识的最好证明,认为企业合规计划说明企业不具有违法性认识的观点从逻辑上是经不起推敲的。

## 二、刑事合规对量刑的影响

从整体上讲,刑事合规对量刑存在影响是毫无疑问的,但是对于刑事合规影响的内容存在一些争议,有种观点主张,可将企业对刑事合规的排斥作为从重情节考虑,详细来说,就是指在企业过失犯罪的过程中存在有故意对抗企业合规要求的情况,反映了企业对刑法本身的敌对态度。笔者认为刑事合规仅能作为从宽情节,而不能作为从重情节予以考虑,刑事合规只能作为刑罚减轻事由,不能以缺失内控机制为由加重刑罚。一方面,立法上并没有将刑事合规明确规定为法定量刑情节,将其作为从严情节考量必然违反罪刑法定原则的要求。另一方面,刑事合规只能作为刑事宽宥的事由,而不能作为从严处罚的事由。因为在企业之时,对作为犯罪主体的企业判断其是否存在罪过(故意或过失)时,就已经将企业合规计划缺乏有效性或合规缺失作为认定其主观罪过的标准,如果在量刑之时,再将企业合规计划作为其刑罚加重的事由,就会作出不利于被告人的重复性评价(禁止重复评价原则)。但是当企业制定了合规计划,但其不够有效,以致最终危害结果还是发生,这种情况下应认定该企业存在过失。由于在认定该企业存在过失时,并未考虑合规计划,因此在量刑阶段就应对合规计划进行考量。因此,原则上刑事合规只能作为量刑时的从宽事由而不能作为从严事由加以考虑。

## 第三节　食品企业刑事合规意蕴

### 一、食品企业刑事合规的研究意义

#### (一)食品安全责任主体多元化

食品安全问题不仅涉及没有营业执照的黑作坊,还蔓延至一些知名的企业公司,甚至包括某些跨国公司。2019年德国爆发了"芳香烃门"事件,一家名为"foodwatch"检测机构抽检在德国当地销售的16款奶粉,其中有8款产品检测出了芳香矿物油成分。[①]这种成分已经被欧洲食品安全局列为有潜在致癌性和致突变性的物质,即使极少量的该物质也将有可能对人类的身体健康造成损害。这些产品中大多数奶粉厂商也同时在中国销售奶粉。食品供应链全球化不仅使得消费者可能面临越来越多的健康风险,而且业

---

① https://www.sohu.com/a/349714365_419768　2023年7月15日浏览。

已使得食品从业者因为不同的规制而需要承担更多的合规成本。

就国内来说，一些大型食品企业同样也面临着食品安全问题的严峻考验，如上海福喜臭肉事件、河南双汇集团瘦肉精事件，以及2020年曝光的汉堡王过期面包事件，大型食品企业的食品安全事件层出不穷，而且由于企业生产规模巨大，对民众健康造成的危害以及社会上的恐慌都愈加严重。食品安全问题关涉整个食品行业领域和全世界消费者利益，关乎民众切身健康利益，加之消费者与专家、企业之间存在着食品信息、安全知识等诸多方面的认知差别（信息不对称），尤其在科技迅猛发展的当下，食品添加剂的滥用、化学药剂的使用等现象较为普遍，消费者无法有效获悉食品的安全隐患，缺乏有效防范风险的措施。恢复民众对食品安全的信任和信赖任重道远。消除企业和消费者之间的信息不对称，恢复民众对食品安全的信任和信赖，应当根据法律对企业科以特定的义务，以填补信息不对称，进而保障消费者对商品的知情权和选择权。

从宏观层面来看，与食品相关的所有个人、企业、社会均是食品安全风险管理的对象；从企业管理和主体合规层面看，食品企业的风险管理是其中必不可少的重要一环。很多食品安全事故的发生是企业没有做好风险管理，风险意识低所造成的，主要体现在管理体制上存在的一些问题。以前，在食品安全问题方面，制造和销售的相关企业负最终责任；而当下，随着社会生产和生活方式的变化，食品从以往的生鲜食品、加工品发展到烹调品，食品安全的责任范围正在扩大。面对这样的情况，加强企业的风险管理，严格把控食品从生产到配送的每一个环节尤为重要。食品企业合规主体包括如下：（1）食品及其包装物的生产者、销售者，（2）餐饮服务提供者，（3）集中用餐单位食堂，（4）集中消毒服务单位，（5）添加剂生产者、采购者——特定许可，（6）集中交易市场开办者、柜台出租者，（7）网络食品市场第三方平台提供者（直播平台）。食品企业合规可以对食品从生产到配送的每一个环节都进行严格把控,从而有效降低食品安全犯罪发生的可能。

### (二)食品企业犯罪归责的困境

当今社会,企业在利用各种社会资源达成特定社会生活以及生产目标方面的能量和影响范围远远超过自然人。以食品企业为例,一方面,众多食品企业积极有效地创造社会财富,提供给人们大量生存所必需的食品,给人们的生活带来便利;另一方面,食品企业为追求利润而不择手段,生产损害人体健康的食品,致使民众身体健康甚至生命受到严重损害的行为并不鲜见,包含我国在内的很多国家通过刑事立法的手段对应对企业犯罪。然而,刑罚的处理手段对于企业犯罪的处理存在许多难题,包括理论和实践两方面的问题。首先,刑罚是对犯罪行为人行为所进行的道义上的谴责,因为企业没有真正意义上的意思能力以及行为能力,对企业施加以意思自由为理论基础的刑法上的道义谴责缺乏合理性。我国尽管没有明文规定企业犯罪,但由于《刑法》将企业明确规定为单位犯罪的主体之一,因此对于企业犯罪可直接适用单位犯罪的相关规定。但在司法实践中,企业刑事责任的追究是通过特定自然人的行为和意志来实现的,但这种做法一方面不符合企业犯罪当下的实际情况,也不符合近代刑法的责任原理。主要有以下三方面的问题。

首先,传统的这种方式在企业犯罪和企业内部员工的个人犯罪的区分问题上处理无力。虽然我国相关判例指出,企业成立的有效性、谋取利益的目的,以及行为是否产生于企业整体意志的支配三方面是区分企业行为和个人行为的标准,但由于企业的整体意志是产生自企业中的特定人即法定代表人等,因此难以对企业犯罪否定论进行有力反驳。如果说,企业领导的意思即是企业自身的意思,那么企业犯罪与个人犯罪的范围应该没有什么区别。只要经过一定决策程序,企业领导人的犯罪意志都能转嫁给企业自身。根据这种见解，预防企业犯罪应是处罚企业中的自然人，而处罚企业本身是没有必要的。但这又和我国现行刑法关于单位犯罪的规定相悖。

其次，会导致不当地扩大或缩小企业犯罪所成立的范围。凡是企业集体决策或是企业负责人的决定经过一定程序后，就会成为企业自身的意志，而通过此意志实施的行为就将其认定为企业行为的话，一方面即便是企业成员所实施的个人违法犯罪行为最后也会转嫁给企业，这显然会导致企业犯罪的成立范围不当地扩大，另一方面，企业员工依照企业规定的规则开展业务活动时造成犯罪结果时，只要没有相关证据证明该结果产生自企业意志，企业就不用承担相关刑事责任，这显然又导致企业犯罪的成立范围不当地缩小了。

最后，对企业犯罪进行相关判断时受企业规模因素的干扰较大。规模较大的企业采用的政策决定程序比较复杂，企业代表人一般并不直接干预具体业务活动，而是通过授权给各个具体的职能部门，由各个部门操作实施。所以司法实践中，这种企业的直接工作人员即使在业务活动中引发了违法结果，也很容易因为难以认定该违法结果和企业领导决策成员之间的因果关系被作为该员工的个人犯罪处理。相反，对于中小企业，由于决策程序简单，企业领导成员的权限比较集中，会较多地直接参与企业行为和活动的具体策划和实施，因此，相比于规模较大的现代企业，中小型企业的违法行为与犯罪结果的因果关系较为容易确定，更容易将企业员工的个人行为认定为企业犯罪。

因此，依照现行刑法的处理企业犯罪的相关理论，把企业犯罪限定在"企业负责人或企业集体决定按照一定程序决定实行的犯罪"，并不能起到真正有效打击企业犯罪的作用。

## 二、食品企业刑事合规的实现路径

前面提到刑事合规制度是在当前严峻的食品安全问题的背景下产生的,研究以及适用刑事合规制度,既是打击企业食品安全犯罪的社会需要,同时也是顺应国际规制食品安全犯罪的发展趋势。但目前还有关于刑事合规制度的一些前提性的概念以及相关的重要概念尚没有厘清,也存在着很多争议。

### (一)食品企业刑事合规建构前提

1.刑事合规适用范围的厘定

第一,刑事合规制度的核心是拟通过刑罚手段来激励或"倒逼"企业构建有效的内部控制与管理制度以达到预防企业犯罪的目的。一般而言,刑事合规制度是通过规范或者规制企业内部员工的行为以防范其实施违法或犯罪(企业内部监管义务),而不包括对企业的客户违法或犯罪行为的直接规制。但是目前有学者以我国刑法中拒不履行信息网络安全管理义务罪为例来论证在我国有利用刑法手段推动企业扩张监管义务的范围之趋向。本罪中法定前置义务之"安全管理义务"指向的并不是网络服务提供者对其内部员工的管理义务(监督管理义务),而该义务则是网络服务提供者对网络平台的网络安全之保护义务(安全保护义务)。简而言之,拒不履行网络安全管理义务罪的规范目的在于网络服务提供者具有防止网络平台遭受外部犯罪行为的侵害的保护义务。尽管这里的安全管理义务和企业内部控制存在一些交叉与重合,但其与内部控制义务相比,在内容以及出发点和落脚点上都存在本质的区别。由此可见,我国理论界存在不当扩大刑事合规外延的情况。

第二,刑事合规除了应符合国内法,是否还应符合关联国家的法律呢?由于对刑事合规的定位存在着一些争议,导致理论界对刑事合规的内容范畴存在着一些误解。近年来,美国根据其《海外反腐败法》①(Foreign Corrupt Practices Act,简称FCPA)和《美国反洗钱法》(Bank Secrecy Act,简称BSA)②,通过长臂管辖原则③对其他国家的公民和企业进行处罚与制裁。企业犯罪渐趋国际化,我国企业在境外面临着越来越大的合规风险。但刑事合规实际上也主要是一个国内法问题,并不是国际法问题。因为刑事合规制度的激励机制是通过对涉案企业的定罪量刑来实现的,这要依据一国的国内法来进行。将刑事合规作为一个国际法问题,认为通过刑事合规,在国内法中确立企业刑法上的合规义务,以确保企业不会受到他国的刑事追诉。首先,这种做法不符合基本的法理要求。因为本国公民没有在本国遵守外国法律的义务;其次,这种做法在实践中缺乏可操作性。如要求本国公民在本国遵循符合外国法的合规制度,那么本国的法院就必须做到基于他国法律对合法性进行审查,这在实践中几乎是不可能实现的。面临愈发复杂的国际环

---

① 修订的1977年《海外反腐败法》旨在禁止某些类别的个人和实体向外国政府官员支付款项以协助获得或保留业务。具体来说,《海外反腐败法》的反贿赂条款禁止在明知将直接或间接提供、给予或承诺全部或部分金钱或有价值的东西的情况下,故意利用邮件或州际贸易的任何手段,腐败地促进向任何人提供、支付、承诺支付或授权支付金钱或有价值的东西。外国官员以其官方身份影响该外国官员,诱使该外国官员做或不做违反其合法职责的行为,或获取任何不正当利益,以协助为任何人获得或保留业务,或与任何人开展业务,或将业务引向任何人。自1977年以来,《海外反腐败法》的反贿赂条款适用于所有美国人和某些外国证券发行人。随着1998年某些修正案的颁布,《反海外腐败法》的反贿赂条款现在也适用于在美国境内直接或通过代理人促成此类腐败支付行为的外国公司和个人。《海外反腐败法》还要求其证券在美国上市的公司遵守其会计规定。这些会计条款是为了配合《海外反腐败法》的反贿赂条款而制定的,要求这些条款所涵盖的公司:(a)制作并保存准确、公平地反映公司交易的账簿和记录;(b)设计并维持适当的内部会计控制系统。https://www.jus-tice.gov/criminal-fraud/foreign-corrupt-practices-act浏览。

② 长期以来,犯罪分子一直使用洗钱计划来隐藏或"清洗"欺诈性获得或被盗资金的来源。洗钱对美国金融业的安全和稳健构成重大风险。随着利用洗钱技术为其行动提供资金的恐怖分子的出现,风险扩大到包括国家的安全和保障。通过健全的业务,银行在帮助调查和管理机构查明洗钱实体并采取适当行动方面发挥了重要作用。

③ 美国法院在行使长臂管辖时,通常要求被告在案件中有一定的关联,例如与美国有贸易往来、使用美元作为交易货币、利用美国的金融体系等。此外,管辖权的行使还要考虑公平和正当程序的原则。

境,作为跨国企业而言,应遵循行为地法律,同时其具体行为也要符合关联国法律的相关规定,且不能以遵守本国法作为抗辩事由以免除关联国的刑事处罚。

2.单位犯罪处罚模式的厘清

论及刑事合规制度时,往往会提及法人犯罪的处罚模式,即从一元(个人-法人递进评价)到二元模式(个人与法人平行评价)的转变。在英美法系国家,最初在判定法人犯罪时,首先找到应负刑事责任的自然人,然后确定自然人和企业间的关系,最后判断企业是否承担刑事责任,这种进路是典型的一元模式。二元模式的研析路径是分别判断自然人和企业的刑事责任,即先依据传统刑法理论来判定个人的刑事责任,然后根据企业的内部控制的缺陷(包括企业文化和经营管理模式等)来判定企业的刑事责任。刑事合规制度的倡导者主张我国亦应在刑事政策与刑事立法层面确立单位犯罪处罚的二元模式。

上述观点对美国单位犯罪处罚模式的转变及我国现行的单位犯罪处罚模式均存在一定误读。一方面,替代责任作为刑事合规制度的基础,目前尚不存在其他可替代的具有相同认可度的责任标准,因而当前美国联邦各级法院在判决中只能继续广泛援用替代责任原则,以保障能够有效地处罚相应企业犯罪。因此,与其说英美法上对于法人犯罪的处罚模式在由一元模式转向二元模式,不如说两种处罚模式相互融合、相互补充。另一方面,严格意义上来讲,我国现行单位犯罪处罚模式并不是纯粹的一元模式。在以替代责任为基础的一元模式中,首先要找到应负刑事责任的自然人,再将自然人的行为视作单位的行为,最终由单位承担刑事责任。但是在实践中,我国对于单位犯罪刑事责任的认定并非如此。我国认定单位犯罪有两个方面的标准,一是实施犯罪的名义,二是主要利益的分配主体,显然与一元处理模式不同。故在引介刑事合规相关制度与理论时不能把英美法上的法人犯罪的处罚模式强行适用于我国刑法语境中来。

### 3.刑事合规研究体系的整合

毋庸置疑，刑事合规通过在刑法层面上确立合规义务，用刑罚的手段反向激励企业建构完善的内部控制机制，必然会有利于企业犯罪的预防和治理。但当我们评价一种新的理论和制度时，应站在客观中立的立场进行全面的评价。理论界在刑事合规的问题上，往往只能片面地从单一的角度分析，缺少利弊比较的过程。具体来说主要体现在以下几个方面：

第一，有些学者认为用刑罚的手段反向激励企业建构完善的内部控制机制，将国家的管理责任部分转移给私人，有利于预防和治理企业犯罪的同时，无疑也加重了企业的负担。权力和责任应是统一对应的，刑事合规旨在将管理责任转移给私人，却没有把管理权力转移给私人。刑事合规于企业而言是增加一种没有权力的责任。笔者认为，上述观点是对企业责任和刑事合规的误解。首先，刑事合规确实是通过刑事立法倒逼企业加强内部控制，但前面已经提到刑事合规只能作为从宽情节考虑，因此认为刑事合规是加重企业负担的说法是完全站不住脚的。其次，于企业而言，加强内部管理体制，预防犯罪的发生本身就是其应尽职责，不存在国家将管理责任转嫁给个人的情况。相反刑事合规却将企业这种应尽职责的履行作为定罪量刑时的从宽情节考虑。

第二，减轻了控方的证明负担是刑事合规的显著优势之一，有利于预防和惩治单位犯罪。现代社会下对于企业犯罪的调查取证存在着很多障碍与困难，刑事合规一定程度上能鼓励企业内部积极收集提供证据，减轻控方的证明负担。但另一方面，因为企业与其雇员之间是雇佣关系，对于违反法律的雇员，企业可以直接对其进行解雇等内部制裁。有观点认为，刑事合规会使企业通过将违法犯罪的员工辞退除名，从而推卸企业的刑事责任，因此助推企业犯罪的灰色化。[①]

第三,有些刑事法学者认为刑事合规不仅有利于预防企业犯罪,而且从经济角度来看刑事合规对企业本身也是有利的。因为从企业长远发展来看,合规计划的存在和运行能够保证企业拥有合法的内部运作机制,有效规范作为企业雇员的个人行为,有助于提升企业生产和服务的质量,最终使得企业及其雇员均受益。但另一方面,合规计划建立的成本也是不能忽略的一个因素。合规计划要求配置硬件,配置相关人员如审计人员和法务人员等,这些都需要大量的资金支持。从这个方面看,企业合规对规模较小的企业是一个较大的考验。但应该注意到的是,企业合规本身主要针对的就是大规模的企业,对于规模较小的企业,甚至是在我国大量存在的家庭小作坊,企业合规无从提起。但随着经济的进一步发展,大型食品企业数量逐渐增加,企业合规的适用范围自然会逐渐扩张。

**(二)食品企业刑事合规内容释义**

食品企业的有效合规研究是社会安全学的重要课题,食品企业的刑事合规是刑事法当下热点课题。近年来,每当食品企业发生重大丑闻时都会促使法律进行适当的修改,而且随着食品安全危机出现,社会不信任感随之增强,企业所处的环境也急剧地发生着变化。

1."合规"的基本范畴

合规一般被译为"遵守法令"。2010年ISO[②]26000中予以发布,现在企业的社会责任(Corporate Social Responsibility,简称CSR)愈发受到关注。但是现在一种将遵守内容不仅限于"法令",还应该包括"规则、规范、标准和企业伦

---

① 田宏杰:《刑事合规的反思》,《北京大学学报》(哲学社会科学版),2020年第2期。

② 国际标准化机构(International Organization for Standardization,简称ISO)制定组织的社会责任知道标准。

理"①的广义合规观的赞同者增多。但是合规是以某种社会需求为背景倡导的,遵守法令本身并不是目的,而是通过遵守法令来满足社会的要求。法令是合规的底线,规则、规范、标准和企业伦理应成为合规的目标。企业的文化和企业的伦理是企业存续和发展的基本要求,而企业合规范和和标准是企业内部控制的基本保障,而企业合法令则是企业外部控制或防范企业犯罪的必然要求。

2.食品企业的范围

一般认为食品企业为食品制造业,但是从合规的角度来看,食品的生产→处理→加工→流通→销售这个食品连锁过程,任何一个环节都可能存在风险,并给整个链条带来危机。因此,应该将食品企业从广义上加以把握,即包括食品连锁最上游的第一产业生鲜部门以及与消费者接触的下游外食和零售等所有与吃相关的企业概称为食品企业。

3.食品企业合规的标准——安全和安心

食品行业的迅猛发展也带来很多新的挑战,一方面国际化发展促使各国进口食材的增加,加工技术、冷冻技术的高度化等,使消费者对流通过程的把握变得极其困难,在长距离的运输中所使用的添加剂、杀菌剂等不可缺少,但这些对于消费者而言难以理解;另一方面随着互联网技术的普及,自媒体的影响力日益深远,其中对食品成分的功能性信息的偏向性引导致使食品信息泛滥,消极影响不容忽视。所有这些都会加剧消费者与食品企业

---

① 根据社团法人日本经营协会实施的《合规白皮书2010》中,合规中出现的"社会伦理、企业伦理"压倒性的占超过八成,对于规范和法律(法令)哪一个最重要的调查中,"社会规范"以81.5%居首位。参见 https://noma.actibookone.com/content/detail? param=eyJjb250ZW50TnVtIjoxMjg1Mjl9&pNo=2 2023年7月30日浏览。

之间的矛盾,即食品"安全和安心"[①]与"廉价和健康"之间的平衡难以实现。因此,"安全和安心"对于现在的食品企业而言是最强烈的需求,企业因为消费者的不安感而萎缩地情况是不正常的,也不是社会的要求。安全是需要企业努力实现的,而安心的实现则需要与消费者进行风险沟通,提供正确的信息,食品企业的合法合规尤为重要,建立与企业的双向信赖,企业通过自身努力实现食品"安全";并实现与消费者进行风险沟通的社会要求,以使其获得"安心"。

### 4.食品领域的风险和危害的区分

在食品领域应区分风险(Risk)与危害(Hazard),前者是指作为食品中存在风险的结果,对人体健康产生不良影响的可能性及其程度(对健康产生不良影响的概率和影响的程度);后者是指食品中可能造成对人体健康不利影响的物质或食品状态。[②]实践中容易将风险与危害混淆,致使刑事处罚范围泛化,比如农作物的化学残留、家禽饲养中使用的兽药等,并非绝对禁止,而是应足以达到危害程度而非存在风险就予以刑事制裁。

---

① 所谓的"安全"是指对引起故障的风险因素采取事前和事后的对策,防患未然,或者将故障的程度控制在容许的范围内。安心是由个人的主观所决定的,指"相信安全"的状态。换言之,安全是一个客观状态,而安心则是一种主观心态,两者既可以一致,有可能存在悖离情形。
② [日]食品安全委员会:《食品の安全性に関する用語集(第4版)》,第5页。

# 参考文献

**一、中文专著类:**

1. 李维:《风险社会与主观幸福》,上海社会科学院出版社,2005年。

2. 薛晓源、周占超主编:《全球化与风险社会》,社会科学文献出版社,2005年。

3. 苏力:《法治及其本土资源》,中国政法大学出版社,2001年。

4. 马克昌:《比较刑法原理——外国刑法学总论》,武汉大学出版社,2002年。

5. 高铭暄、马克昌主编:《刑法学》(上编),中国法制出版社,1999年。

6. 张明楷:《外国刑法纲要》(第2版),清华大学出版社,2007年。

7. 张明楷:《法益初论》,中国政法大学出版社,2000年。

8. 张明楷:《刑法学》(第六版),法律出版社,2021年。

9. 张明楷:《未遂犯论》,法律出版社与成文堂联合出版,1997年。

10. 张明楷:《刑法的基本立场》,中国法制出版社,2002年。

11. 张明楷:《刑事责任论》,中国政法大学出版社,1992年。

12. 贾宇主编:《刑法学》,西安交通大学出版社,2005年。

13. 赵秉志主编:《犯罪总论问题探索》(第二卷),法律出版社,2004年。

14. 赵秉志主编:《外国刑法原理(大陆法系)》,中国人民大学出版社,

2000年。

15.赵秉志、王秀梅、杜澎:《环境犯罪比较研究》,法律出版社,2004年。

16.陈忠林:《意大利刑法学纲要》,中国人民大学出版社,1999年。

17.邱兴隆:《关于刑罚哲学》,法律出版社,2000年。

18.王世洲:《德国经济犯罪与经济刑法研究》,北京大学出版社,1999年。

19.郑少华:《生态主义法哲学》,法律出版社,2002年。

20.陈兴良:《刑法哲学》,中国政法大学出版社,1997年。

21.李海东:《刑法原理入门(犯罪论基础)》,法律出版社,1998年。

22.梁根林:《刑事政策:立场与范畴》,法律出版社,2005年。

23.曲新久:《刑法的精神与范畴》,中国政法大学出版社,2001年。

24.刘仁文:《过失危险犯研究》,中国政法大学出版社,1998年。

25.郑飞:《行为犯论》,吉林人民出版社,2004年。

26.史卫忠:《行为犯研究》,中国方正出版社,2002年。

27.王秀梅:《刑事法理论的多维视角》,中国公安大学出版社,2003年。

28.周光权:《刑法学的向度》,中国政法大学出版社,2004年。

29.周光权:《刑法诸问题的新表述》,中国法制出版社,1999年。

30.周少华:《刑法理性与规范技术——刑法功能的发生机能》,中国法制出版社,2007年。

31.王志祥:《危险犯研究》,中国人民公安大学出版社,2004年。

32.许道敏:《民权刑法论》,中国法制出版社,2003年。

33.冯军:《刑事责任论》,法律出版社,1996年。

34.舒洪水:《危险犯研究》,法律出版社,2009年。

35.林东茂:《危险犯与经济刑法》,台湾五南图书出版公司,1996年。

36.褚剑鸿:《刑法总则论》(增订五版),台湾有盈印刷有限公司,1994年。

37.柯耀程:《刑法的思与辩》,元照出版有限公司,2003年。

38.许玉秀:《当代刑法思潮》,中国民主法制出版社,2005年。

39.柯耀程:《变动中的刑法思想》,中国政法大学出版社,2003年。

40.李文健:《罪责概念之研究——非难的实质基础》,台湾春风煦日论坛。

41.陈志龙:《法益与刑事立法》,台湾高尚印刷企业有限公司,1990年。

42.韩忠谟:《刑法原理》,中国政法大学出版社,2002年。

43.杨仁寿:《法学方法论》,中国政法大学出版社,1999年。

44.张丽卿:《交通刑法》,学林文化事业有限公司,2002年。

45.黄荣坚:《刑罚的极限》,元照出版有限公司,1999年。

46.林东茂:《一个知识论上的刑法学思考》,台湾五南图书出版公司,2002年。

47.许福生:《刑事政策学》,中国民主法制出版社,2007年。

48.郑昆山:《环境刑法之基础理论》,台湾五南图书出版公司,1998年。

49.陈朴生:《刑法专题研究》,台湾三民书局,1983年。

50.张晶:《风险刑法:以预防机能为视角的展开》,法制出版社,2013年。

51.黄星:《中国食品安全刑事概论》,法律出版社,2013年。

52.古承宗:《刑法的象征化与规制理性》,元照出版有限公司,2017年。

53.许恒达:《法益保护与行为刑法》,元照出版有限公司,2017年。

54.张丽卿:《食品安全的最后防线——刑事制裁》,元照出版有限公司,2017年。

## 二、中文期刊类:

1.刘明祥:《德日刑法学的动向与我国刑法学的展望》,《法商研究》,2003年第3期。

2.张明楷:《危险犯初探》,载马俊驹主编:《清华法律评论》(总第一辑),清华大学出版社,1998年。

3.张明楷:《刑事立法的发展方向》,《中国法学》,2006年第4期。

4.张明楷:《日本刑法的发展及其启示》,《当代法学》,2006年第1期。

5.黎宏:《日本近年来的刑事实体立法动向及其评价》,《刑事法杂志》,2006年第6期。

6.薛晓源、刘国良:《法治时代的危险、风险与和谐——德国著名法学家、波恩大学法学院院长乌·金德霍伊泽尔教授访谈录》,《马克思主义与现实》,2005年第3期。

7.薛晓源、刘国良:《全球风险世界:现在与未来——德国著名社会学家、风险社会创始人乌尔里希贝克教授访谈录》,《马克思主义与现实》,2005年第1期。

8.刘挺:《风险社会与全球治理》,《社会科学家》,2004年第2期。

9.杨雪冬:《全球化、风险社会与复合治理》,《马克思主义与现实》,2004年第4期。

10.程红:《环境刑法保护法益比较研究》,载高铭暄、赵秉志主编:《刑法论丛》(第9卷),法律出版社,2005年。

11.刘仁文:《敌人刑法初步整理》,《西北法律科学》,2007年第6期。

12.高艳东:《预备行为整体犯罪化的批判性反思》,载陈兴良主编:《刑事法评论》(第18卷),北京大学出版社,2006年。

13.李海东:《社会危害性与危险性:中、德、日刑法学的一个比较》,载陈兴良主编:《刑事法评论》(第4卷),中国政法大学出版社,1999年。

14.王志祥:《抽象危险犯否定论》,载赵秉志主编:《刑法评论》(第6卷),法律出版社,2005年。

15.郑军男:《抽象的危险犯、具体的危险犯与未遂犯》,载赵秉志主编:《刑法评论》(第8卷),法律出版社,2005年。

16.高巍:《抽象危险犯的概念及正当性基础》,《法律科学》,2007年第1期。

17.劳东燕:《公共政策与风险社会的刑法》,《中国社会科学》,第2007年第3期。

18.周光权:《刑法学的西方经验与中国现实》,《政法论坛》,2006年第2期。

19.周光权:《规范违反说的新展开》,《北大法律评论》,法律出版社2004年。

20.周光权:《论刑法目的的相对性》,《环球法律评论》,2008年第1期。

21.冯军:《刑法的规范论诠释》,《法商研究》,2005年第6期(总第110期)。

22.王世洲:《德国环境刑法中污染概念的研究》,载北京大学法学院编:《刑事法治的理念建构》,法律出版社,2002年。

23.梁根林:《非刑罚化—当代刑法改革的主题》,载北京大学法学院编:《刑事法治的理念建构》,法律出版社,2002年。

24.黄丁全:《环境保护、科技发展、刑法谦抑性能维持吗》,《公法》(第5卷),法律出版社,2004年。

25.黄丁全:《机能刑法观的后退与挫折》,载陈兴良主编:《刑事法评论》(第9卷),法律出版社,2001年。

26.储槐植:《刑法目的断想》,《环球法律评论》,2008年第1期。

27.陈兴良:《刑法机能的话语转换——刑法目的论的一种讨论路径》,《环球法律评论》,2008年第1期。

28.张明楷:《刑法目的论纲》,《环球法律评论》,2008年第1期。

29.周少华:《作为目的的一般预防》,《法学研究》,2008年第2期。

30.何庆仁:《刑法的沟通意义》,载陈兴良主编:《刑事法评论》(第18卷),北京大学出版社,2006年。

31.齐文远:《刑法应对社会风险之有所为与有所不为》,《法商研究》,2011年第4期。

32.刘明祥:《"风险刑法的风险及其控制"》,《法商研究》,2011年第4期。

33.刘艳红:《"风险刑法"理论不能动摇刑法谦抑主义》,《法商研究》,

2011年第4期。

34. 于志刚：《"风险刑法"不可行》，《法商研究》，2011年第4期。

35. 张明楷：《"风险社会"若干刑法理论问题反思》，《法商研究》，2011年第5期。

36. 黎宏：《对风险刑法观的反思》，《人民检察》，2011年第3期。

37. 李晓明：《风险社会之刑法应对》，《法学研究》，2009年第6期。

38. 童德华、贺晓红：《风险社会的刑法的三个基本面相》，《山东警察学院学报》，2011年第3期。

39. 陈兴良：《"风险刑法"与刑法风险：双重视角的考察》，《法商研究》，2011年第4期。

40. 高铭暄：《风险社会中刑事立法正当性理论研究》，《法学论坛》，2011年第4期。

41. 王振：《坚守与超越：风险社会中的刑法理论之流变》，《法学论坛》，2010年第4期。

42. 龙敏：《秩序与自由的碰撞——论风险社会刑法的价值冲突与协调》，《甘肃政法学院学报》，2010年第10期。

43. 王立志：《风险社会中刑法范式之转换》，《政法论坛》，2010年第3期。

44. 田鹏飞：《论风险社会视野下的刑法立法技术》，《吉林大学社会科学学报》，2009年第3期。

45. 赵书鸿：《风险社会的刑法保护》，《人民检察》，2008年第1期。

46. 郝艳兵：《风险社会下的刑法价值观念及其立法实践》，《中国刑事法杂志》，2009年第7期。

47. 程岩：《风险规制的刑法理性重构——以风险社会理论为基础》，《中外法学》，2011年第1期。

48. 姚贝、王拓：《法益保护前置化问题研究》，《中国刑事法杂志》，2012

年第1期。

49.马克昌:《危险社会与刑法谦抑原则》,《人民检察》,2010年第3期。

50.许发民:《风险社会的价值选择与客观归责论》,《甘肃政法学院学报》,2008年第5期。

51.谢杰、王延祥:《抽象危险犯的反思性审视与优化展望——基于风险社会的刑法保护》,《政治与法律》,2011年第2期。

52.张红艳:《风险社会中公害犯罪之刑法规制——以抽象危险犯理论为切入点》,《中州学刊》,2009年第5期。

53.康伟:《对风险社会刑法思想的辩证思考》,《河北学刊》,2009年第6期。

54.田宏杰:《"风险社会"的刑法立场》,《法商研究》,2011年第4期。

55.劳东燕:《罪刑规范的刑事政策分析—— 一个规范刑法学意义上的解读》,《中国法学》,2011年第1期。

56.梁根林:《预备犯普遍处罚原则的困境与突围——〈刑法〉第22条的解读与重构》,《中国法学》,2011年第2期。

57.卢建平:《风险社会的刑事政策与刑法》,《法学论坛》,2011年第4期。

58.杨兴培:《"风险社会"中社会风险的刑事政策应对》,《华东政法大学学报》,2011年第2期。

59.利子平:《风险社会中传统刑法立法的困境与出路》,《法学论坛》,2011年第4期。

60.张兵:《风险时代的风险刑法——以危险驾驶为视角》,《福建法学》,2010年第4期。

61.齐文远:《应对中国社会风险的刑事政策选择——走出刑法应对风险的误区》,《法学论坛》,2011年第4期。

62.王钧、冀莹:《危害性原则的崩溃与安全刑法的兴起——兼评伯纳德·哈考特与劳东燕的"崩溃论"》,《中国刑事法杂志》,2009年第9期。

63. 张旭：《风险社会的刑事政策方向选择》，《吉林大学社会科学学报》，2011年第2期。

64. 李建良：《从正当法律程序观点透析SARS防疫相关措施》，《台湾本土法学杂志》，2003年第49期。

65. 许玉秀：《我国环境刑法规范的过去、现在与未来》，《环境刑法国际学术讨论会论文集》，1992年。

66. 许玉秀：《无用的抽象具体危险犯》，《台湾本土法学杂志》，2000年第8期。

67. 许玉秀：《水污染防治法的制裁构造——环境犯罪构成要件的评析》，《主观与客观之间》，春风煦日出版社，1997年。

68. 许玉秀：《刑法的任务——与效能论的小小对话》，（台湾）《刑事法杂志》，2003年第2期。

69. 林东茂《抽象危险犯的法律性质》，载蔡墩铭主编：《刑法争议问题研究》，五南图书出版公司，1999年。

70. 林东茂：《危险犯的法律性质》，《台大法学论丛》，2004年第2期。

71. 张丽卿：《醉酒驾车应属有罪》，《台湾本土法学杂志》，2000年第8期。

72. 张丽卿：《酗酒驾车在交通往来中的抽象危险》，《月旦法学杂志》，1999年第57期。

73. 卢映洁：《论危险前行为的成立要件》，《月旦法学杂志》，2001年第78期。

74. 陈志龙：《基因改造食品之争论、定位与刑事法规范》，《月旦法学杂志》，2004年第112期。

75. 王皇玉：《论贩卖毒品罪》，《政大法学评论》，2005年第84期。

76. 王皇玉：《论刑罚的报应与预防作用》，《自由·责任·法——苏俊雄教授七秩华诞祝寿论文集》。

77.蔡圣伟:《评2005年关于不能未遂的修法——兼论刑法上行为规范与制裁规范的区分》,《政大法学评论》,2006年第91期。

78.林立:《由 Jakobs"仇敌刑法"之概念反省刑法"规范论"传统对于抵抗国家暴力问题的局限性》,《政大法学评论》,2004年第81期。

79.陈仟万:《"醉酒而不能安全驾驶罪"的立法形成自由与比例原则的研究》,(台湾)《警大法学论丛》,1994年第10期。

80.王正嘉:《风险社会下的刑法保护机能论》,(台湾)《法学新论》,2009年第6期。

81.李茂生:《风险社会与规范论的世界》,《月旦法学杂志》(No.173)2009年。

82.邵彦铭:《我国食品安全犯罪治理刑事政策的反思与重构》,《河北法学》,2015年第8期。

83.李希慧:《生产、销售伪劣产品罪的几个疑难问题》,《人民检察》,2008年第18期。

84.张芳:《中国现代食品安全监管法律制度的发展与完善》,《政治与法律》,2007年第5期。

85.阎二鹏、任海涛:《经济立法模式之比较与选择》,《政治与法律》,2008年第5期。

86.许桂敏:《罪与罚的嬗变:生产、销售有毒、有害食品罪》,《法学杂志》,2011年第12期。

87.李兰英、周微:《论惩治危害食品安全犯罪的刑事政策》,《中国刑事法杂志》,2013年第3期。

88.储槐植、李莎莎:《论我国食品安全犯罪刑事政策》,《湖南师范大学社会科学学报》,2012年第2期。

89.吴喆、任文松:《论食品安全的刑法保护——以食品安全犯罪本罪的立法完善为视角》,《中国刑事法杂志》,2011第11期。

90.孙建保:《生产、销售有毒、有害食品罪司法认定解析》,《政治与法律》,2012年第2期。

91.左卫民:《中国量刑改革:误区与正道》,《法学研究》,2010年第4期。

92.张伟珂:《危害食品安全犯罪刑事司法政策研究》,《中国人民公安大学学报》(社会科学版),2017年第3期。

93.张弛:《论生产、销售伪劣产品罪与〈食品安全法〉之衔接——福喜事件若干问题钩沉》,《中国刑事法杂志》,2017年第3期。

94.舒洪水:《食品安全犯罪刑事政策:梳理、反思与重构》,《法学评论》,2017年第1期。

95.章桦:《食品安全犯罪的量刑特征与模型构建——基于2067例裁判的实证研究》,《法学》,2018年第10期。

96.刘艳红:《形式入罪实质出罪:无罪判决样本的刑事出罪机制研究》,《政治与法律》,2020年第8期。

97.张明楷:《高空抛物案的刑法学分析》,《法学评论》,2020年第3期。

98.张明楷:《增设新罪的观念——对积极刑法观的支持》,《现代法学》,2020年第5期。

99.张明楷:《简评近年来的刑事司法解释》,《清华法学》,2014年第1期。

100.左袖阳:《中美食品安全刑事立法特征比较研究》,《中国刑事法杂志》,2012年第1期。

101.周凌:《美国食品安全的刑法保护机制及启示》,《国外社会科学》,2018年第1期。

102.韩永红:《美国食品安全法律治理的新发展及其对我国的启示——以美国〈食品安全现代化法〉为视角》,《法学评论》,2014年第3期。

103.喻浩东:《抽象危险犯的本质及限制解释》,《法学》,2020年第8期。

104.朱芒:《论指导性案例的内容构成》,《中国社会科学》,2017年第4期。

105.张骐:《论中国案例指导制度向司法判例制度转型的必要性与正当性》,《比较法研究》,2017年第5期。

106.张骐:《再论类似案件的判断与指导性案例的使用》,《法制与社会发展》,2015年第5期。

107.孙跃:《指导性案例与抽象司法解释的互动及其完善》,《法学家》,2020年第2期。

108.孙海波:《指导性案例的隐形适用及其矫正》,《环球法律评论》,2018年第2期。

109.胡云腾:《打造指导性案例的参照系》,《法律适用司法案例》,2018年第14期。

110.高尚:《司法类案的判断标准及其运用》,《法律科学》,2020年第1期。

111.周光权:《刑事案例指导制度:难题与前景》,《中外法学》,2013年第3期。

112.周光权:《刑事案例指导制度的发展方向》,《中国法律评论》,2014年第9期。

113.付玉明、汪萨日乃:《刑事指导性案例的效力证成与司法适用——以最高人民法院的刑事指导性案例为分析思路》,《法学》,2018年第9期。

114.陈金林:《现象立法的理论应对》,《中外法学》,2020年第2期。

115.时方:《我国经济犯罪超个人法益辨析、类型划分及评述》,《当代法学》,2018年第2期。

116.徐久生、曹震南《风险社会下食品安全的体系刑法观——以修正案(八)对食品安全犯罪的修改为线索》,《东南大学学报》(哲学社会科学版),2013年第5期。

117.王玉珏:《〈刑法〉第144条中"有毒有害非食品原料"的合理定

位——以晚近食品安全事件为例》,《法学》,2008年第11期。

118.陈烨:《刑法中的"食品"概念辨析》,《时代法学》,2013年第1期。

119.刘宪章:《食品安全犯罪的刑法规制》,《人民检察》,2009年第7期。

120.张晶:《日本死刑基准及其逻辑构造》,《法律适用》,2018年第24期。

121.张晶:《风险社会下刑法功能化发展路径研究》,《江西社会科学》,2012年第5期。

122.张晶《预防罪责理论介评——以德国刑法学说为主线的展开》,《河北法学》,2012年第11期。

123.舒洪水、张晶:《法益在现代刑法中的困境与发展》,《政治与法律》,2009年第7期。

124.周亦峰、张晶:《刑法预防机能的现代展开》,《江西社会科学》,2011年第4期。

125.舒洪水、张晶《近现代法益理论的发展及其功能化解读》,《中国刑事法杂志》,2010年第9期。

## 三、外文著作类:

1.[德]哈贝马斯:《现代性的哲学话语》,曹卫东等译,译林出版社,2004年。

2.[德]乌尔里希·贝克:《风险社会》,何博闻译,译林出版社,2004年。

3.[德]乌尔里希·贝克:《世界风险社会》,吴英姿、孙淑敏译,南京大学出版社。

4.[德]乌尔里希·贝克、约翰内斯·威尔姆斯:《自由与资本主义——与著名社会学家乌尔里希·贝克对话》,路国林译,浙江人民出版社,2001年。

5.[德]克劳斯·罗克辛:《德国刑法学》(总论),王世洲译,法律出版社,2005年。

6.[德]冈特·施特拉藤韦特、洛塔尔·库伦著:《刑法总论I——犯罪论》,

杨萌译,法律出版社,2004年。

7.[德]李斯特:《德国刑法教科书》(修订译本),徐久生译,法律出版社,2006年。

8.[德]汉斯·海因里希·耶赛克、托马斯·魏根特:《德国刑法教科书》(总论),徐久生译,中国法制出版社,2001年。

9.[德]京特·雅科布斯:《行为、责任、刑法——刑法的机能描述》,冯军译,中国政法大学出版社,1997年。

10.[德]G.雅科布斯:《规范、人格体、社会——法哲学前思》,冯军译,法律出版社,2001年。

11.[德]哈塞默:《现代刑法体系的基础理论》,[日]崛内捷三编译,成文堂,1991年。

12.[德]阿图尔·考夫曼、温弗里德·哈斯默尔主编:《当代法哲学和法律理论导论》,郑永流译,法律出版社,2000年。

13.[德]N.霍恩:《法律科学与法哲学导论》,罗莉译,法律出版社,2005年。

14.[德]哈贝马斯:《在事实与规范之间》,董世骏译,生活·读书·新知三联书店,2003年。

15.[德]G.拉德布鲁赫:《法哲学》,王朴译,法律出版社,2005年。

16.[德]拉德布鲁赫:《法学导论》,邓正来译,中国大百科全书出版社,1997年。

17.[德]考夫曼:《法律哲学》,刘幸义等译,法律出版社,2005年。

18.[德]卡尔·拉伦茨:《法学方法论》,陈爱娥译,商务印书馆,2003年。

19.[日]大冢仁:《刑法概说》(第三版),冯军译,中国人民大学出版社,2003年。

20.[日]曾根威彦:《刑法学基础》,黎宏译,法律出版社,2005年。

21.[日]大谷实:《刑事政策学》,黎宏译,法律出版社,2000年。

22.[日]芝原邦尔:《经济刑法》,金光旭译,法律出版社,2002年。

23.[日]森本益之等:《刑事政策学》,戴波等译,中国公安大学出版社,2004年。

24.[日]山口厚:《危险犯研究》,东京大学出版社,1982年。

25.[日]金尚均:《危险刑法与社会——刑法的机能与界限》,成文堂,2001年。

26.[日]山中敬一:《刑法总论Ⅰ》,成文堂,1999年。

27.[日]吉田敏雄:《刑法理论的基础》,成文堂,2007年。

28.[日]木村龟二主编:《刑法学辞典》,顾肖荣、郑树周等校译,上海翻译出版社,1987年。

29.[美]理查德·A.波斯纳:《法律的经济分析》,蒋兆康译,中国大百科全书出版社。

30、[美]乔纳森·H.特纳:《社会学理论的结构》(第七版),邱泽奇、张茂元等译,华夏出版社,2006年。

31.[美]本杰明·N.卡多佐:《法律的成长、法律科学的悖论》,董炯、彭冰译,中国法制出版社,2002年。

32.[意]贝卡里亚:《论犯罪与刑罚》,黄风译,中国大百科全书出版社,2003年。

33.[意]帕多瓦尼:《意大利刑法学原理》,陈忠林译,法律出版社,1998年。

34.[法]米依海尔·戴尔玛斯-马蒂:《刑事政策的主要体系》,卢建平译,法律出版社,2000年。

35.[法]米歇尔·福柯:《规训与惩罚》,刘北成、杨远婴译,生活·读书·新知三联书店,2003年。

36.[法]卡斯东·斯特法尼等:《法国刑法总论精义》,罗结珍译,中国政法大学出版社,1998年。

37.[挪威]约翰尼斯·安德聂斯:《刑罚与预防犯罪》,法律出版社,1983年。

38.[韩]李在祥:《韩国刑法总论》,韩相敦译,中国人民大学出版社,2005年。

39.[韩]金日秀:《转折时期的法学及刑法学的课题》,郑军男译,武汉大学出版社,2008年。

40.[日]甲斐克则:《企业犯罪与刑事合规——企业刑法的构筑》,成文堂,2018年。

## 四、外文期刊类:

1.[德]克劳斯·罗克辛:《刑法的任务不是法益保护吗?》,樊文译,《刑事法评论》(第19卷),中国政法大学出版社,2006年。

2.[德]托马斯·魏特根:《论刑法与时代精神》,樊文译,《刑事法评论》(第19卷),中国政法大学出版社,2006年。

3.[德]乌尔斯·金德霍伊泽尔:《安全刑法:风险社会的刑法危险》,刘国良编译,《马克思主义与现实》,2005年第3期。

4.[德]乌尔弗瑞德·诺依曼:《国家刑罚的法哲学问题》,冯军译,载郑永流主编:《法哲学与法社会学论丛》,中国政法大学出版社,2000年。

5.[德]许逎曼:《从下层阶级刑法到上层阶级刑法在道德要求中一种具示范作用的转变》,陈志辉译,载许玉秀等:《法治国志刑事立法与司法——洪增福律师八十五寿辰祝贺论文集》,台湾成阳印刷股份有限公司,1999年。

6.[德]许逎曼:《刑法上故意与罪责之客观化》,郑昆山、许玉秀译,载《政大法学评论》第50期。

7.[德]G.雅科布斯:《刑法保护什么:法益还是规范适用?》,王世洲译,《比较法研究》,2004年第1期。

8.[德]雅科布斯:《罪责原则》,许玉秀译,《刑事法杂志》,第40卷第2期。

9.[德]雅科布斯:《市民刑法与敌人刑法》,徐育安译,载许玉秀主编:《刑事法之基础与界限》,台北学林文化事业有限公司,2003年。

10.[德]雅科布斯:《现今的刑罚理论》,冯军译,载夏勇主编《公法》(第2卷),法律出版社,2000年。

11.[德]雅科布斯:《刑法教义中的规范化理念》,冯军译,载《现代刑事法治问题探索》(第一卷),法律出版社,2004年。

12.[德]雅科布斯:《主观的犯罪层面》,徐育安译,载国际刑法学会台湾分会主编:《民主、人权、正义——苏俊雄教授七轶华诞祝寿论文集》,元照出版有限公司,2005年。

13.[德]叶瑟译:《环境保护——一个对刑法的挑战》,黄荣坚译,载(台湾)《环境刑法国际学术讨论会论文集》。

14.[德]埃泽尔:《环境保护——一个对刑法的挑战》,载《环境刑法国际学术研讨会论文集》。

15.[德]约克·艾斯勒:《抽象危险犯的基础和边界》,蔡桂生译,载高铭暄等主编:《刑法论丛》,法律出版社,2008年。

16.[德]许迺曼:《罪责原则在预防刑法中的功能》,载许玉秀、陈志辉合编:《不移不惑献身法与正义——许迺曼教授刑事法论文选译》,台湾新学林出版股份有限公司,2006年。

17.[德]哈塞默尔:《面对各种新型犯罪的刑法》,冯军译,载中国人民大学刑事法律科学研究中心组织编写:《刑事法学的当代展开》(上),中国检察出版社,2008年。

18.[德]乌尔里希·齐白:《刑法的边界——马普外国与国际刑法研究所最新刑法研究项目的基础和挑战》,周遵友译,载赵秉志主编:《刑法论丛》,法律出版社,2008年。

19. [德]伯恩特·许逎曼：《后现代社会的刑事立法原则》，王秀梅译，载《现代刑事法治问题探索》，法律出版社，2004年。

20. [美]马库斯·德克·达博：《积极的一般预防与法益理论——一个美国人眼里的德国刑法学的两个重要成就》，杨萌译，徐久生校，《刑事法评论》，2007年第21卷。

21. [日]新谷一幸：《ハセマ——"象征的刑法与法益保护"》，《修道法学》，第17卷2号。

22. [日]高桥则夫：《刑法的保护の早期化と刑法の限界》，《法律时报》，2003年第75卷第2号。

23. [日]井田良：《刑事立法の活性化とそのゆくえ》，《法律时报》，2003年第75卷第2号。

24. [日]中山研一：《刑事法·刑事法学的课题》，《犯罪与刑罚》，2007年第15号。

25. [日]山中敬一：《刑法理论的展望》，《犯罪与刑罚》，2007年第15号。

26. [日]甲斐克则：《刑事立法与法益概念的机能》，《法律时报》，2003年第75卷第2号。

27. [日]松宫孝明：《德国刑法学界的近况与日本刑法学》，《现代刑事法》，2002年第1号。

28. [日]松宫孝明：《法益论的意义与界限》，《刑法杂志》，2008年第47卷第1号。

29. [日]川口浩一：《トイツにおける法益保护主义批判とそれに对する反论》，《刑法杂志》，2008年第47卷第1号。

30. [日]平野龙一：《时代的挑战与刑法学的对应》，《现代刑事法》，2001年第5号。

31. [日]金尚均：《现代社会中的刑法机能》，《刑法杂志》，第40卷2号。

32.[日]斋野彦弥:《刑法学的机能及其新展开》,《刑法杂志》,第40卷2号。

33.[日]山口厚:《危险犯总论》,《危险犯与危险概念》,21世纪第四次中日刑事法学术研讨会论文集,2002年。

34.[日]冈本胜:《抽象危险犯的问题性》,《法学》,第38卷第2号。

35.[日]内藤谦:《法益论の一考察》,《团藤重光博士古稀祝贺论文集》(第三卷),1984年。

36.[日]平野龙一:《刑法机能的考察》,《刑事法研究》(第一卷),1984年。

37.[日]浅田和茂:《刑法介入早期化与刑法的作用》,《井户田侃先生古稀祝贺论文集——转换期的形式法学》(1999年)。

38.[日]伊东研祐:《作为环境保护手段的刑法机能》,《团藤重光先生古稀祝贺论文集第三卷》(1984年)。

39.[日]伊东研祐:《环境刑法中保护法益与保护的样态》,《内藤谦先生古稀祝贺论文集》,1994年。

40.[日]伊东研祐:《现代社会中的刑法解释论机能与视角》,《刑法杂志》第40卷2号。

41.[日]伊东研祐:《现代社会中危险犯的新类型》,《危险犯与危险概念》,21世纪第四次中日刑事法学术研讨会论文集,2002年。

42.[日]北野通世:《抽象危险犯的处罚根据》,《大野真义先生古稀祝贺－刑事法学的潮流与展望》(2000年)。

43.[日]崛内捷三:《责任主义的现代意义》,《警察研究》61卷10号(1990年)。

44.[日]宫本弘典:《刑法体系正当化的新局面——统合预防理论与Baratta的批判》,载《犯罪与刑罚》7号(1991年)。

45.[日]吉冈一男:《量刑与积极的一般预防论》,《现代刑事法》2001年第

1号。

46.[日]大谷实:《日本最近的刑事立法》,黎宏译,《刑法评论》(第六卷)法律出版社,2005年。

47.[日]浅田和茂:《日本环境刑法之现状与问题》,王海南译,《环境刑法国际学术讨论会论文集》。

48.[日]嘉门优:《法益论的现代展开——法益论与犯罪构造》,《国学院法学》,2007年第44卷第4号。

49.[韩]许一泰:《在危险社会之刑法的任务》,韩相敦译,《现代刑事法治问题探索》法律出版社,2004年。

50.[日]关哲夫:《いわゆる机能主义刑法学について——机能主义刑法学的检讨》。

51.[日]关哲夫:《法益概念与多元的保护法益论》,王充译,《吉林大学社会科学学报》,2006年第3期。

**五、硕、博士论文:**

1.李仲轩:《风险社会与法治国家——以科技风险之预防为立法核心》,台湾大学,2007年硕士研究生毕业论文。

2.蔡惠芳:《从危险理论论不能安全驾驶罪》,台湾大学,2000年博士研究生毕业论文。

3.林宗翰:《风险与功能——论风险刑法的理论基础》,台湾大学,2006年硕士研究生毕业论文。

4.林建宏:《刑法危险概念的思考研究》,中原大学,2004年硕士研究生毕业论文。

5.曾传益:《刑法罪责原则之研究》,台湾警察大学,2002年硕士研究生毕业论文。

6.高志明:《刑法法益概念学说史初探——以德国学说为主》,台北大学,2002年硕士研究生毕业论文。

7.王拓:《风险刑法理论的现代展开》,中国政法大学,2009年博士研究生毕业论文。